André HOLLEY

# LE CERVEAU GOURMAND

Odile Jacob

15, rue Soufflot, 75005 Paris

www.odilejacob.fr

ISBN 2-7381-1696-5

À Bénédicte

Chapitre I

# INTRODUCTION : LE GOÛT, À QUOI ÇA SERT ?

## *La menace*

Il va être question dans ce livre d'aliments, de saveurs et d'arômes, de faim et de satiété et aussi de plaisir. Nous allons donc parler, d'une certaine façon, de nos expériences les plus familières. Quoi de plus familier que d'apprécier le goût d'un aliment quand on a de l'appétit et d'en tirer du plaisir. Quoi de plus naturel que de refuser de manger quand on n'a pas faim ou que l'aliment n'est pas bon. Ce sont des expériences de tous les jours, sources de menues satisfactions ou de petites déceptions. Ce sont aussi des moments plus rares, ces repas de fête que l'on prépare avec soin, que l'on met en scène, que l'on vit avec exaltation et que l'on commente ensuite en abondance.

Mais voici que cette bienheureuse simplicité est menacée[1]. Décidément, rien ne peut être simple dans ce monde qui n'en finit pas de

1. Jean-Marie Amat et Jean-Didier Vincent se font l'écho, non sans humour, de cette menace dans « La complainte inaugurale » qui introduit leur ouvrage, en hommage à Brillat-Savarin, *Pour une nouvelle physiologie du goût* (2000).

se transformer. Le goût, dit-on, se déprave, et sans doute la qualité du plaisir s'affaiblit-elle aussi. La merveilleuse variété des saveurs ne se réduit-elle pas de façon dramatique du fait de la standardisation des produits, de la culture intensive, de l'élevage en batterie et de la pernicieuse substitution des plats industriellement préparés à la cuisine traditionnelle, pour ne rien dire des règlements de Bruxelles qui traquent des traces de substances suspectes dans les produits goûteux de nos terroirs ? Nos enfants ne vont-ils pas définitivement se gâter les papilles en cédant très tôt à l'attrait de fausses valeurs culinaires qui se parent de couleurs invraisemblables dans les temples de la grande bouffe ?

Plus grave, le plaisir lui-même, le plaisir que nous voulions croire innocent, ne serait-il pas coupable ? Des aliments trop riches, trop appétissants, conçus par des industries plus soucieuses de leur chiffre d'affaires que de la santé des consommateurs font violence à la sagesse du corps séduit par le mélange de sucre et de corps gras et gonflent la masse adipeuse d'un nombre toujours plus grand de consommateurs. Le surpoids qui était jadis signe d'opulence, car il signifiait l'aisance financière qui donne accès aux bonnes tables, ne devient-il pas une maladie des classes pauvres dans les sociétés riches ?

Manger bien et en tirer un plaisir légitime n'est donc pas aussi simple qu'on voudrait le penser. Nous allons donc en parler. Notre point de vue, cependant, ne sera pas normatif. Nous ne proclamerons pas les commandements de la santé alimentaire. Nous chercherons plutôt à comprendre ce qui se passe et pour cela nous ne prendrons pas le chemin le plus court, ni le plus aisé. Nous développerons un scénario et nous suivrons une idée. Le scénario situera les unes par rapport aux autres, données biologiques à l'appui, des notions telles que celles de saveur, d'arôme, de motivation, de faim, de satiété, et de plaisir. Quant à l'idée, elle aura la forme d'une interrogation sur le sens qu'il faut attribuer aux défaillances que semble connaître de nos jours la régulation biologique de la consommation alimentaire.

## *En guise de menu*

Le scénario est simple dans ses grandes lignes, même si son exposé peut nous conduire à des développements plus difficiles. Le voici. Notre corps a besoin de consommer des substances nutritives et de se les assimiler. Pour ce faire, il dispose d'un tube digestif, d'un cerveau, d'organes sensoriels et d'un système moteur. Le cerveau mène le jeu. Il connaît l'état des besoins que lui communiquent le corps en général et le tube digestif en particulier. Ce besoin s'exprime par la motivation de faim qui active le système moteur pour la recherche et l'ingestion des aliments que les organes sensoriels évaluent au passage. Quand les aliments sont conformes à l'attente, les sens parlent un langage de plaisir, l'ingestion va son train. Quand les aliments ne plaisent pas, ou ne plaisent plus parce que le tube digestif envoie des signaux de rassasiement, l'ingestion s'arrête jusqu'au prochain épisode. Plus tard, cela recommence : un nouveau repas. Et ainsi de suite. La consommation doit équilibrer le besoin, en quantité et en qualité. En général, quand tout va bien, cet équilibre est réalisé sur vingt-quatre heures ou en peu de jours, avec une grande précision.

Il va sans dire que ce schéma est simplifié au point de friser la caricature mais nous veillerons à lui donner de la substance. Ce qu'il faut encore souligner, malgré notre souci de faire bref à ce stade, c'est que dans cet ajustement de la consommation au besoin, dans cette recherche de *l'équilibre de l'énergie*, comme disent les spécialistes, le goût et le plaisir ne sont pas des acteurs mineurs, des à-côtés facultatifs ou « la cerise sur le gâteau ». Parce qu'ils orientent le choix des mets, stimulent ou inhibent le maniement de la fourchette, ils sont partie prenante dans cette fonction biologique essentielle qu'est la nutrition.

En fait, le plaisir et ses fluctuations en plus ou en moins, c'est le truc que l'Évolution a trouvé pour amener les humains – et sans doute les plus évolués des animaux – à accomplir les actes appropriés à leur survie et à celle de leur espèce, sans les enfermer dans les contraintes draconiennes de l'automatisme strict qui gère la vie des espèces inférieures. Le plaisir s'apparente davantage à l'aimable invitation qu'à l'ordre qui ne se discute pas. Le déplaisir, ce n'est pas l'interdiction mais plutôt le conseil de s'abstenir. À la rigueur, on peut passer outre. Mais bouder le plaisir ou ignorer le déplaisir demande un effort, et même pour certains d'entre nous, un gros effort, et il faut de bonnes raisons pour le faire.

## *Une idée troublante*

Venons-en à l'idée que nous comptons développer. C'est la suivante. Les mécanismes biologiques qui orchestrent des fonctions aussi différentes que le choix de la nourriture, les actes motivés de sa saisie et de son ingestion, l'assimilation de ses constituants et leur transformation en énergie ou en matière vivante, ces mécanismes sont, on s'en doute, d'une très grande complexité. Parce qu'ils nécessitent la prise en compte par l'organisme de nombreuses contraintes, ils ne sont efficaces que parce qu'ils ont été élaborés au cours d'un très long processus d'adaptation de l'organisme à son milieu et à ses conditions d'existence. Ce processus n'a pas débuté avec l'hominisation mais des millions d'années plus tôt. Les poissons possèdent déjà certains des gènes qui, dans notre espèce, commandent la production des récepteurs olfactifs et permettent ainsi la détection des odeurs. La plupart des circuits cérébraux qui forment les supports de la faim et du plaisir étaient en place avant l'apparition des primates. Vinrent ensuite de lentes adaptations qui ont fait du mangeur ce qu'il est aujourd'hui.

Mais voici qu'en quelques décennies – si peu à l'échelle de l'évolution – l'explosion technologique avec ses conséquences économiques et culturelles vient bouleverser radicalement le paysage alimentaire tandis que le mangeur reste, biologiquement parlant, ce qu'il était des centaines de milliers d'années plus tôt. La nourriture qui, depuis des temps immémoriaux, était rare, dure à obtenir pour la plupart des humains et de disponibilité épisodique devient abondante, d'un accès aisé et de disponibilité permanente. De passablement monotone qu'il était par nécessité, le choix alimentaire ne cesse de se diversifier et la richesse calorique des produits ne fait que s'accroître. Et puisque le moteur de cette abondance est le profit, et que pour vendre il faut séduire, des efforts considérables sont déployés pour combler l'attente hédoniste du consommateur. Nous mangeons trop, des nourritures trop riches, nous ne faisons pas assez d'efforts pour les obtenir, et nous souffrons de maladies de surabondance, de maladies de pléthore.

Le domaine de la régulation de la prise alimentaire n'est pas, tant s'en faut, le seul qui trouve les humains désemparés devant les transformations rapides de la société. Ce qui est en cause ici, cependant, est assez particulier, c'est l'adaptation biologique. Or, selon toute vraisemblance, l'adaptation biologique ne nous aidera pas. Elle n'inversera pas sa tendance – qui a été plutôt de gérer le manque – pour protéger de l'abondance une partie de l'humanité que nous pourrions appeler privilégiée si elle ne souffrait pas précisément de cette abondance. Nos gènes ne muteront pas, en tout cas ils ne le feront pas au rythme qui conviendrait, et de toute façon nous ne sommes pas prêts à payer le prix exorbitant que requerrait la sélection naturelle des plus aptes dans ce nouveau contexte.

Une large part des moyens de contrôle de l'organisme sur la prise d'aliments passe par l'usage des sens que l'on appelle chimiques, l'odorat et le goût, qui sont dotés par apprentissage de l'étonnante capacité d'engendrer le plaisir, le déplaisir ou le dégoût. Nous allons évoquer ces sens, et en particulier l'odorat, comme exemple de l'adaptation problématique d'une fonction biologique à ses conditions d'exercice.

À la différence du sens gustatif qui est exclusivement dédié à la connaissance des aliments, le sens olfactif, cette autre composante du goût, a un champ d'applications large. Chez de nombreuses espèces, il s'investit aussi bien dans l'exploration de l'environnement sous son aspect chimique que dans la recherche d'indices sur le statut social, l'état physiologique ou les dispositions amoureuses d'éventuels partenaires sexuels. Selon la formule consacrée, il intervient dans de multiples comportements orientés vers la survie de l'individu comme vers la préservation de l'espèce[2].

Chez les humains, certaines des fonctions de l'odorat ont, dit-on avec quelque raison, perdu une partie de l'importance qui est la leur pour nombre d'espèces animales. Nous avons abandonné, nous dit-on

2. Pour une présentation de l'odorat, voir notamment Holley (1999).

encore, l'usage des deux tiers des récepteurs olfactifs que nous tenions de notre ascendance mammifère. Nos chromosomes hébergent quantité de gènes qui savaient autrefois fabriquer de minuscules machines moléculaires à détecter les odeurs et qui ne savent plus le faire. Ce sont des *pseudogènes*. Ils ont muté, mais ils sont restés en place. L'Évolution a négligé de les faire disparaître, sans doute parce que, s'ils ne servaient plus, au moins ne gênaient-ils pas.

Il est vrai qu'il est des domaines de comportement où l'odorat n'est plus ce qu'il était. Vous pouvez encore détecter les émanations de la raffinerie ou du champ d'épandage, au point d'en être incommodé, mais essayez donc de retrouver par l'odorat la piste de l'homme qui a traversé la prairie une heure plus tôt. Malgré les efforts méritoires des chercheurs pour prouver le contraire, il est peu probable que les humains égalent en acuité olfactive les canidés, les rongeurs et autres champions du sentir olfactif que l'on appelle *macrosmates* parce qu'ils ont un appareil olfactif très développé. On peut en débattre, mais ce n'est pas le lieu, car s'il est une utilisation des odeurs qui a conservé chez l'homme toute sa force et son efficacité, c'est bien celle qui, conjointement avec le goût, porte sur l'appréciation des aliments. Il faut croire qu'en constituant le stock initial, pléthorique, des gènes olfactifs, la nature avait prévu large puisque après une aussi sévère réduction les performances restent étonnantes pour ce qui concerne ce que l'on mange et ce que l'on boit.

L'homme moderne n'attend certes pas de son odorat qu'il le conduise vers les sources de nourriture. C'était peut-être le cas pour les chasseurs-cueilleurs de Cro-Magnon et davantage encore pour ces *Homo habilis* plus lointains qui ne dédaignaient pas, pense-t-on, de disputer aux charognards les carcasses odorantes des grands mammifères. Ce qui est plus nouveau, c'est que le consommateur du présent millénaire n'est pas davantage, ou n'est plus, sauf exception, tributaire de son nez et de ses papilles gustatives pour savoir si une substance est comestible ou pour s'assurer qu'elle n'est pas toxique. Ce sont des informations précieuses, vitales, mais qui peuvent désormais être obtenues autrement. En général, c'est écrit sur l'emballage, et en détail depuis quelque temps. La société a mis en place des systèmes d'information qui, de connivence avec la vision, ont pris le relais des indices olfactifs et gustatifs qui furent pendant des millions d'années les principaux moyens d'orienter les individus vers leur nourriture et les principaux garants de sa valeur nutritionnelle.

Pourtant, ni le goût ni l'odorat n'ont abandonné la partie. Ils n'ont pas renoncé à donner leur avis. Ils sont présents. Ils montent la garde dans l'antichambre du tube digestif et à ses abords. Ils agissent, ils continuent de signaler le délicieux, le seulement bon, l'acceptable et le franchement mauvais, de recommander l'ingestion ou de préconiser l'abstention ou le rejet, rivalisant ainsi avec le savoir des nutritionnistes et les principes de la diététique. Qui plus est, leur avis n'est pas seulement consultatif. Comme ils l'ont toujours fait, ils continuent d'accompagner leurs diagnostics d'une insistante pression à consommer ou, au contraire, d'imposer à l'ingestion un veto difficile à transgresser. C'est qu'ils exercent toujours une emprise sans faille sur les circuits cérébraux de la décision de manger.

C'est une évidente source de conflits. D'un côté des informations fiables et certifiées sur la valeur nutritive, la non-toxicité et la sûreté microbienne, accessibles à l'entendement pour peu que l'on s'en préoccupe ; de l'autre des messages sensoriels riches mais faillibles, qui n'apportent qu'une connaissance approximative de ce qui convient ou ne convient pas au mangeur et qui n'en exercent pas moins sur lui un pouvoir tyrannique. Ne serait-il pas plus simple qu'un être rationnel incorpore sa dose journalière de sucres lents et rapides, d'acides aminés essentiels, d'oméga-3 et d'oméga-6, de fibres, de vitamines et d'oligo-éléments dans les proportions requises, sans s'embarrasser d'avis sensoriels plus gênants qu'utiles ? Plus besoin de chercher à tromper les sens avec des édulcorants sans valeur calorique, de pseudo-corps gras sans contenu énergétique, des molécules qui bloquent les récepteurs de l'amer, et autres artifices.

Bien sûr, nous forçons le trait. Nous ne pouvons pas imaginer ce mangeur sans plaisir et donc sans désir. Nous ne pouvons pas l'imaginer mais nous pressentons que si d'aventure un moyen se présentait pour atteindre une telle fin, ce serait, cette fois, aller trop loin. Le plaisir du manger n'est pas qu'un accessoire des dispositifs de la prise alimentaire, c'est une composante de notre affectivité. Il reste que le problème subsiste. Inscrites dans notre être organique se trouvent des dispositions adaptatives qui paraissent avoir survécu aux conditions dans lesquelles elles ont montré leur efficacité.

Avons-nous raison de penser ainsi ? Et si oui, comment le scénario peut-il se développer ? Pour tenter d'y voir plus clair, dans les chapitres qui suivent nous ferons plus ample connaissance avec les organes sensoriels et leurs messages, nous chercherons à comprendre comment naît la faim et comment s'installe la satiété, par quelle alchimie le goût se dote d'une valence affective et comment il joue son rôle dans la décision de consommer. Nous ferons aussi une part aux graves échecs de ces régulations délicates. Chemin faisant les gènes montreront leur toute-puissance. Sans doute aurons-nous alors posé assez d'interrogations et rassemblé assez de données pour ébaucher une réponse à cette question, à vrai dire ambiguë : le goût, à quoi ça sert ?

Chapitre II

# LES ALIMENTS ET LEURS FLAVEURS

*À l'origine des arômes et des saveurs qui se combinent dans le « goût » se trouvent des substances chimiques, en grand nombre. Identifier ces substances, découvrir comment elles s'échappent, en bouche, de l'aliment qui les piège et rejoignent papilles gustatives et cellules olfactives, voilà qui relève de la connaissance des aliments. Quand il faut repérer et nommer les sensations qu'elles engendrent chez le consommateur, ou composer des préparations aromatisantes qui donnent du goût à ce qui n'en a pas, la physicochimie des aliments trouve un complément indispensable dans le savoir sensoriel.*

## *Les sciences du goût*

Le mangeur est loin de se douter – et c'est bien ainsi – de la complexité des questions scientifiques et techniques que suscite sa nourriture comme source de stimulation pour les récepteurs qui officient dans la tiédeur de ses cavités nasale et buccale. Nous allons nous intéresser un temps à cette branche de la *science des aliments* qui se préoccupe de décrire et de comprendre comment les substances qui composent la nourriture deviennent des stimuli olfactifs et gustatifs. C'est un monde de recherche en pleine effervescence, dopé par l'intérêt des industriels qui ont bien compris qu'il ne suffit pas de fabriquer des produits de bonne valeur nutritive et garantir qu'ils sont sains pour assurer leur succès commercial. Encore faut-il qu'ils plaisent et qu'ils plaisent davantage que d'autres offerts par la concurrence. Mais se contenter de consulter le consommateur pour savoir ce qu'il aime et ce qu'il n'aime pas n'est pas à la hauteur des enjeux économiques. Il faut en savoir bien plus pour commencer à déchiffrer sur quoi sont fondées les préférences alimentaires et les rejets des populations de mangeurs.

Les aliments sont le plus souvent des mélanges de centaines de constituants chimiques en proportions très variées. Les produits naturels sont en ce sens tout aussi « chimiques » que les autres. Dans les lignes qui suivent nous n'aborderons pas – ou nous ne le ferons que de façon marginale – celles des propriétés des aliments qui relèvent de leurs fonctions proprement nutritives, domaine des *sciences de la nutrition*. Comment les aliments nourrissent est aussi un domaine de recherche très actif. Selon leur nature chimique et grâce aux enzymes et autres constituants de l'appareil digestif, les composantes de l'aliment sont transformées au cours des nombreuses étapes de la digestion et de l'assimilation avant d'être utilisées par le métabolisme ou mises en réserve. Nous focaliserons notre exploration sur une autre face de l'interaction de l'aliment et de l'organisme, à savoir ce qui relève de la connaissance spontanée que le cerveau peut avoir sur la nature des substances que l'organisme se prépare à ingérer. C'est le sujet des *sciences du goût*. Mais qu'est-ce au juste que le goût ?

## *Le goût, qu'est-ce que c'est ?*

Si nous n'y mettons pas tout de suite bon ordre, parlant du goût, nous allons au-devant d'incessantes confusions linguistiques. Qu'est-ce que le « goût » ? Le terme est fortement polysémique, comme le sont les mots qui se rapportent à la sensibilité. Écartons d'emblée la référence à une forme de jugement esthétique que l'on trouve dans des expressions telles que : « il a du goût », « il a un goût sûr » ou « il a bon goût », lorsqu'elles se rapportent à une personne. Écartons aussi le sens d'« inclination », de « penchant vers » qui s'exprime dans l'expression « le goût pour... ». Avec « le goût de... », qui fait référence à une substance de la catégorie des aliments ou des boissons, nous nous rapprochons de l'acception sensorielle que nous allons privilégier.

Même en limitant le champ sémantique au domaine de la nourriture et de la boisson, le terme de goût comporte encore de sérieuses ambiguïtés qu'il nous faut lever. Dans l'acception la plus commune, non technique, le goût désigne ce qu'éprouve celui qui prend en bouche un aliment ou une boisson. Dire qu'un aliment à bon goût signifie qu'il procure des sensations agréables, sans préjuger l'origine de ces sensations. On dit aussi d'un tel aliment, en un sens plus technique, qu'il est *palatable*. Cependant, une approche analytique du goût conduit à préciser encore davantage et à restreindre le champ. Au sens plus étroit qui sera utilisé le plus souvent dans les lignes qui suivent, le goût est une forme de sensibilité élaborée par un système sensoriel particulier, le système gustatif, qui a pour point de départ des cellules spécialisées situées dans la bouche au sein de papilles gustatives. Ce système gustatif est à l'origine de saveurs telles que le sucré, le salé, l'acide et l'amer, et sans doute d'autres encore qui n'ont pas de noms pour les désigner. Nous en reparlerons plus loin. La gustation est la fonction de ce système sensoriel.

Il nous faut maintenant réintroduire des sensations qui contribuent au goût compris dans son usage commun. Il s'agit d'abord des sensations olfactives qui reposent sur le fonctionnement de l'odorat. Les aliments ont une odeur. Cette odeur est perçue en général avant que les aliments ne soient introduits dans la bouche. Mais, une fois ingérés, mastiqués et au besoin réchauffés, les aliments ont encore une odeur, ils en ont même davantage car la mastication a libéré beaucoup de molécules volatiles. Celles-ci s'échappent de la bouche par l'arrière et remontent dans la cavité nasale en suivant un trajet que l'on désigne comme la *voie rétronasale*, parce que ce trajet est de sens opposé à celui suivi par l'air inhalé lors de la respiration. L'odeur engendrée par l'arrivée sur la muqueuse olfactive de ces molécules qui vont à contre-courant est souvent appelée *arôme*. Il n'est pas rare que l'on désigne par le même mot, non plus la sensation, mais les substances qui sont à l'origine de l'arôme, comme on appelle souvent odeurs les substances odorantes elles-mêmes. L'aromaticien qui confectionne ce qu'il appelle un arôme fraise pour parfumer un yaourt ne fait que rassembler des substances ; l'arôme, lui, sera dans la tête du consommateur du yaourt.

Le goût selon l'acception commune serait-il donc constitué de saveurs et d'arômes ? Oui, en un sens, mais avec une réserve importante. Il existe en effet des sensations en provenance de la bouche et du nez qui ne sont à proprement parler ni des saveurs ni des arômes, ce sont les sensations engendrées par l'action des aliments et des boissons sur les terminaisons du nerf crânien n° 5, le *nerf trijumeau*. La contribution de ce nerf au « goût » se fait sur un registre presque douloureux avec les sensations aiguës de piquant, de brûlant, d'astringent qu'engendrent la moutarde, l'ammoniaque, le piment, le poivre et autres substances proprement insupportables ou délicieusement irritantes.

Les trois catégories de sensations, saveurs, arômes et sensations trigéminales, relèvent de ce que l'on a appelé la *sensibilité chimique* parce qu'elles se rapportent à des propriétés moléculaires des stimuli, par opposition à des sensibilités qui portent sur des propriétés physiques, comme le toucher et la sensibilité thermique. Les regrouper n'est pas arbitraire car les diverses formes de sensibilité chimique ne peuvent pas être dissociées par simple introspection. S'il venait à l'esprit d'un goûteur l'idée d'identifier l'origine de ses sensations « chimiques », il ne pourrait pas séparer saveurs, arômes et sensations trigéminales sans utiliser son savoir académique ainsi que des artifices de stimulation tels que ceux en usage au laboratoire.

En un sens large, le « goût » est donc assimilable aux sensations apportées par les sens chimiques. Il existe toutefois un sens plus large encore. On n'hésite guère à faire entrer dans le « goût » d'un aliment, sans doute parce qu'elles contribuent fortement au plaisir, des sensations comme le croustillant, le craquant, l'onctueux qui ne relèvent pas des sens chimiques mais du toucher et de son appréciation de la texture. Enfin, bien qu'elle donne lieu à des sensations propres, la sensibilité thermique apporte sa voix au concert.

Une dernière précision avant de clore cette mise au point linguistique. Le mot « flaveur » qui appartient à la langue française et a été remis en usage en raison de sa proximité avec le terme de *flavour* très utilisé par les auteurs de langue anglaise, a un sens assez voisin du sens commun de « goût » ; il désigne le complexe de sensations gustatives et olfactives. Bien que certains puristes s'insurgent contre son emploi, il se peut qu'il se glisse dans les lignes qui suivent. Que le lecteur veuille bien nous le pardonner.

Un mot encore. Le besoin de clarification qui a inspiré ce préambule sémantique indique clairement que l'expérience sensorielle commune des aliments n'est pas analytique. Le mangeur intègre les sensations qui lui parviennent sans se soucier des trois sensibilités qui les lui procurent, ce qui ne veut pas dire qu'il manque de finesse dans leur détection. Simplement, il n'a rien à faire de la voie qui transmet les messages nerveux. Il faut dire que les chemins suivis par ces messages, s'ils sont distincts au départ, ne manquent pas d'occasions de se croiser et de se mêler lorsqu'ils parviennent au cerveau.

## *À la recherche des arômes : le mariage du nez et du chromatographe*

Une question qui vient rapidement à l'esprit est celle de savoir à quels constituants d'un bon vin, d'un fruit mûr ou d'un fromage bien affiné, la qualité sensorielle de ces aliments est redevable. Pour le savoir il faut réaliser l'analyse chimique de l'aliment. Supposons que l'on s'intéresse aux arômes. Il est inutile alors d'analyser le produit dans sa totalité car la plus grande partie est inactive pour le sens olfactif. Dans une bouchée de quelques grammes, les composés actifs au plan sensoriel représentent souvent bien moins d'un milligramme, l'unité de mesure employée pour exprimer la concentration des composés odorants volatils étant le *ppm*, c'est-à-dire la partie par million. Comme les arômes sont, par définition, engendrés par des molécules volatiles, il suffit de faire porter l'analyse sur ces molécules et d'ignorer les autres. Voici la recette.

Placez le produit dans un récipient clos. Laissez les molécules volatiles quitter le produit et remplir l'espace du récipient en suivant les lois physiques de la volatilité. Au bout d'un certain temps un équilibre s'établit entre les molécules qui quittent la substance et celles qui y retournent. Quand cet équilibre est atteint, le volume d'air chargé de ces molécules et que l'on appelle « espace de tête » ou *headspace* contient les constituants volatils recherchés.

L'analyse proprement dite commence par la séparation des molécules, ce qui est fait à l'aide d'un *chromatographe* (Fig. 1). Pour l'essen-

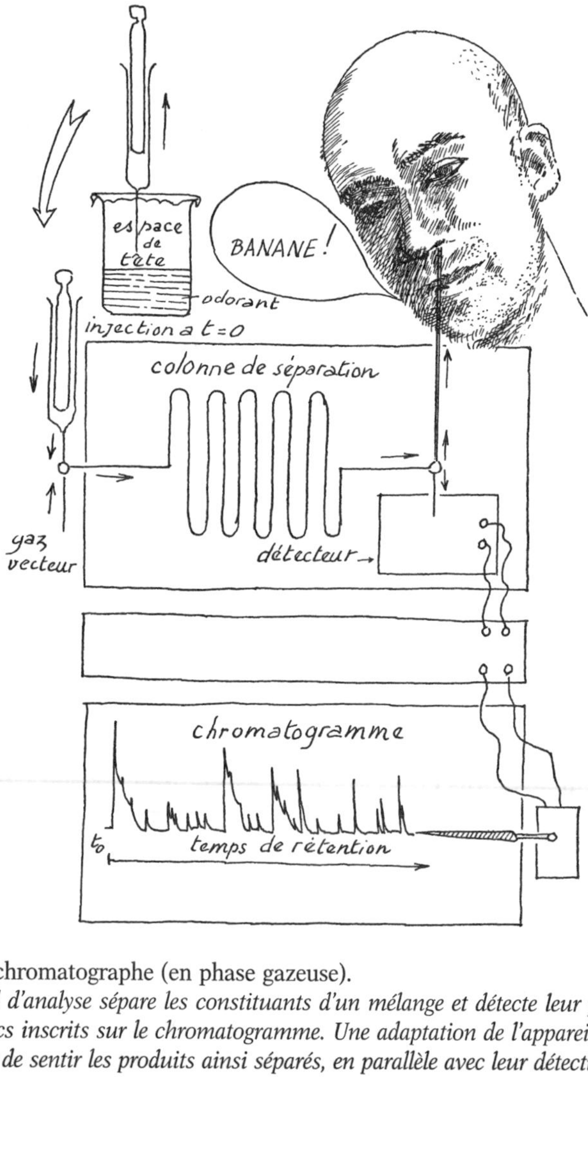


Fig. 1 : Le chromatographe (en phase gazeuse).
*Cet appareil d'analyse sépare les constituants d'un mélange et détecte leur présence sous forme de pics inscrits sur le chromatogramme. Une adaptation de l'appareil permet à un observateur de sentir les produits ainsi séparés, en parallèle avec leur détection physique.*

tiel, cet appareil est formé d'un long tube capillaire, la *colonne*, à l'entrée de laquelle on injecte un échantillon de l'espace de tête, entraîné par un courant gazeux. La colonne retient plus ou moins longtemps les molécules selon leurs propriétés physiques d'adsorption sur ses parois, de sorte qu'en sortie de colonne, les composés volatils sont séparés les uns des autres et sortent un à un – dans le meilleur des cas – ou en petits groupes. Un détecteur signale leur arrivée sous la forme d'un *pic chromatographique*. Les pics se succèdent au fil du temps, plus ou moins grands. Il reste alors à identifier les molécules ainsi séparées, ce qui est fait en mesurant leur temps de rétention dans la colonne ou, plus sûrement, en associant la sortie du chromatographe à un autre appareil d'analyse, le *spectrographe de masse*.

Il n'est pas sans intérêt de remarquer que le principe de fonctionnement de la colonne chromatographique est aussi à l'œuvre dans la bouche et le nez. C'est le même phénomène d'interaction physique, l'adsorption, qui ralentit le cheminement des molécules dans la colonne et, dans la bouche et le nez, retient les arômes ou freine leurs déplacements dans la substance de l'aliment et enfin participe à la réception de ces molécules par les récepteurs sensoriels.

C'est déjà une tâche difficile que d'identifier toutes les substances qui portent les arômes, mais ce n'est pas suffisant. Il faut encore faire le lien entre la nature chimique des molécules et la sensation qu'elles engendrent : attribuer au *méthane thiol* l'odeur de choux cuit d'un fromage, à tel *sulfure* sa note aillée ou à l'*octanone* sa note champignon. Une habile procédure a été mise au point. Elle consiste à faire fonctionner en parallèle, à la sortie de la colonne chromatographique, le détecteur physico-chimique et le nez humain. L'un détecte physiquement, l'autre sensoriellement. Quand arrive une bouffée de molécules, le détecteur annonce un pic et le « nez » de service s'efforce de nommer la sensation qui lui parvient au même moment.

Bien sûr, les choses ne sont pas aussi simples qu'elles le paraissent. Parfois, les grands pics signalant une arrivée massive de molécules n'ont pas d'odeur détectable et des pics de taille minuscule se révèlent très odorants. Le paradoxe n'est qu'apparent. C'est qu'à concentration égale les molécules volatiles ont des activités stimulantes très inégales sur les cellules olfactives. Des substances qui n'existent dans l'aliment que sous la forme de traces à peine mesurables par les instruments d'analyse chimique peuvent se manifester puissamment à l'odorat alors que d'autres, abondantes, sont très peu efficaces. Autre source de difficultés : identifier une sensation olfactive fugace avec assez de précision pour pouvoir la nommer exige une forte concentration mentale, laquelle se maintient avec peine pendant toute l'analyse. La procédure d'évaluation sensorielle dont nous reparlerons plus loin rencontre continuellement ce problème.

Lors de la mastication des aliments, un espace analogue à l'espace de tête se trouve reproduit dans le nez et dans la bouche, « espace de nez », « espace de bouche » (*nose space, mouth space*) dont les chercheurs ont appris à prélever et analyser le contenu avec les méthodes utilisées pour analyser l'espace de tête[3].

## *Complexité chimique et richesse sensorielle*

L'usage répandu du chromatographe et autres instruments d'analyse chimique impose une première constatation : les substances odorantes volatiles libérées par les aliments sont extrêmement nombreuses. Sait-on que plus de 650 molécules constituent la note cacao et que le café doit son arôme à environ 800 composés de différentes classes chimiques qui pourtant représentent, en poids, moins de deux pour mille de la matière sèche du grain torréfié ? Le chocolat en contient au moins autant. Plus de 300 substances ont été identifiées dans l'arôme de la fraise et 250 dans l'arôme de la banane. Leur nature chimique est d'une grande diversité mais certains composés sont d'une importance particulière parce qu'ils sont actifs à des concentrations très faibles et ont une grande volatilité.

Un exemple d'arômes puissants est fourni par des composés qui contiennent un ou plusieurs atomes de soufre dont on estime qu'ils représentent environ 10 % des molécules volatiles détectées dans les aliments et les boissons. Selon leur composition ils ont noms *thiazoles*,

3. Andrew Taylor et Rob Linforth de l'Université de Nottingham réalisent l'analyse de l'« espace de nez », ou *nose space*, en insérant un tube dans une seule narine pour échantillonner les produits volatils pendant la mastication sans trop perturber le mangeur (Linforth *et al.*, 1996).

*thiophènes, polysulfures*... Ils contribuent à la fois aux odeurs plaisantes et aux odeurs déplaisantes. Nous les retrouvons dans des aliments très différents comme les fromages, le vin, les choux, les oignons, l'ail, le pain, la viande, le café, la pomme de terre, la bière, la tomate, le fruit de la passion, le cassis, le melon et bien d'autres. Il n'est donc pas étonnant que de mêmes mots apparaissent dans les descriptions que fournit l'évaluation sensorielle d'aliments bien différents. De même, lorsqu'un nez humain se place à la sortie du chromatographe qui analyse la composition d'une synthèse de nombreux thiols réalisée suivant les méthodes de la chimie combinatoire, ce sont des termes descripteurs tels que pomme de terre, cassis, sueur, lait cuit, oignon cru, rhubarbe, soupe, viande, fromage, pâte à pain, peau d'orange... qui viennent à l'esprit du « flaireur » qui sent les composés sortant un à un de la colonne[4].

Il y a une explication à l'abondance de ces molécules soufrées. Les aliments ont été des organismes vivants, ou des parties d'organismes vivants, animaux ou végétaux, avant d'être convertis en denrées alimentaires. Ils contiennent donc des protéines, lesquelles sont faites d'acides aminés. Parmi ces derniers se trouvent des composés qui, comme la *méthionine*, possèdent des atomes de soufre et sont transformés par la cuisson ou par les micro-organismes, levures et bactéries, naturellement associés aux procédés de fermentation.

Une autre catégorie de substances qui engendrent de riches arômes est celle des composés azotés de la famille des *pyrazines*. La plupart des arômes « rôti », « grillé » de la viande cuite sont produits par ces molécules qui résultent d'une réaction chimique connue sous le nom de *réaction de Maillard* dans laquelle les acides aminés réagissent avec des sucres. La cuisson n'est pas seule à l'origine de ces pyrazines, elles peuvent aussi être produites par des microbes. C'est une source possible de production industrielle d'arômes chimiques naturels, des « bio-flaveurs » comme on les désigne[5]. Mais il n'est pas possible de s'aventurer davantage dans la chimie très complexe de ces molécules dont certaines composent les aliments bruts tandis que d'autres, sans doute en plus grand nombre encore, naissent lors de

4. Vermeulen et Collin (2003).
5. Demyttenaere *et al.* (2003).

leurs transformations. On illustrera seulement quelques-uns de ces processus de transformation.

Les fruits mûrissent, ce faisant ils perdent certains constituants et en gagnent d'autres ; ainsi, l'*hexenal* et l'*hexanal* qui sont les mieux représentés parmi la trentaine de *carbonyles* de la banane verte s'effacent au profit de l'*isopentyl acétate* et de l'*isobutyl acétate* qui sont les principaux esters de la banane mûre. Même cueillies rouges, les tomates voient la teneur d'une douzaine de leurs substances volatiles changer significativement pendant la dizaine de jours qui suit leur récolte[6]. Les pêches et les nectarines bien mûres et bien odorantes doivent leur délicieuse flaveur à l'augmentation de la concentration de leurs *lactones* et de certains *esters*[7].

À l'époque où fleurissaient les pratiques alchimiques, on expliquait la cuisson comme une sorte de maturation, maturation accélérée par la chaleur ; on aurait plutôt tendance maintenant à inverser le sens de l'explication et à rendre compte de la maturation, phénomène biologique, par la cuisson, processus physico-chimique. Toujours est-il qu'en domestiquant le feu, il y a des centaines de milliers d'années[8], les humains s'engageaient dans la voie de la cuisson de leur nourriture, pratique qui devait considérablement élargir l'étendue de la gamme des arômes que libèrent les aliments et fonder la cuisine. Nous avons déjà entrevu la vertu aromatique de la réaction de Maillard qui fait la délicieuse flaveur des viandes rôties. D'autres arômes naissent de la libération des *thiols* par les protéines, de l'oxydation des lipides, de la dégradation thermique de l'acide aminé *thiamine*. On n'oubliera pas les transformations, certaines délibérées, d'autres involontaires, des produits de base que sont les fermentations dont les composantes volatiles varient avec la nature du substrat et l'identité des micro-organismes qui les produisent. L'art culinaire met à profit un grand nombre de transformations que la « gastronomie moléculaire[9] » entreprend de révéler et d'identifier.

---

6. Krumbein et Peters (2003).
7. Farmer *et al.* (2003).
8. Selon des chercheurs israéliens qui ont exploré un site d'occupation humaine vieux de 790 000 ans (Goren-Inbar *et al.* 2004).
9. Discipline dont Hervé This s'est fait le chantre enthousiaste.

## *De la libération des arômes piégés*

Il ne suffit pas qu'un aliment contienne des molécules aromatiques pour faire de cet aliment un efficace dispensateur d'arômes. Encore faut-il, pour stimuler les récepteurs sensoriels, que ces molécules soient exhalées et elles ne le sont pas lorsque les autres constituants de l'aliment les retiennent captives. De ce point de vue, les spécialistes distinguent, dans un aliment, les arômes eux-mêmes et la *matrice*[10]. La matrice est formée par les substances telles que les protéines, les polysaccharides et les lipides qui interagissent physiquement avec les substances volatiles. Ainsi les protéines ont-elles une forte propension à lier et retenir des composantes de la flaveur telles que les *aldéhydes* et les *cétones*, les *ionones* et les *esters*.

Dans les aliments contenant des corps gras, les flaveurs sont réparties entre le milieu aqueux et les graisses selon les affinités relatives de ces molécules pour ces deux milieux. Ainsi, les arômes de confiture libérés par une tartine de pain beurré sont-ils moins intenses que les arômes de la tartine de confiture sans beurre. De la même façon, réduire la quantité de gras dans une nourriture qui en contient beaucoup, par exemple pour confectionner un produit *light,* conduit à déséquilibrer la flaveur si on ne change pas la teneur en arômes. Les polysaccharides, largement utilisés comme agents épaississants, induisent une baisse de la flaveur en modifiant la viscosité de la matrice. Ce sont des phénomènes qui doivent être présents à l'esprit de l'aromaticien chargé de formuler des mélanges d'arômes adaptés à la nature des produits.

Puisqu'il est établi que nombre d'aliments ne livrent pas spontanément toute la richesse de leur flaveur potentielle, il est utile de connaître assez précisément comment leur mastication bouscule les interactions arômes/matrice et influence la libération de cette flaveur dans la bouche. Réchauffés un peu au-delà de 30 °C, imprégnés de la salive et de ses enzymes, les aliments relâchent plus rapidement et en plus grande quantité leurs composantes actives sur les sens chimiques. Des arômes à peine perceptibles avant la prise en bouche se

10. Guichard (2002).

manifestent dès que l'appareil masticateur entre en action et que la langue effectue le brassage et l'étalement du broyat. La concentration dynamique des produits volatils à chaque instant dans les cavités buccale et nasale, c'est-à-dire le *mouth space* et le *nose space*, s'écarte donc sensiblement de la concentration mesurée à l'équilibre dans le *headspace*. Tantôt elle est supérieure, parce que la libération est massive, tantôt elle est inférieure, parce que la bouchée est avalée avant que l'équilibre ne soit atteint.

Le profil temporel de la libération des molécules volatiles peut être mis en regard de l'évolution de la sensation. Dans la durée de chaque bouchée, de chaque gorgée, les facettes de la flaveur et surtout leur intensité évoluent avec le temps. Telle note est prompte à apparaître, telle autre ne se manifeste que quelques secondes plus tard. L'une est brève, l'autre dure longtemps en bouche. Le consommateur n'est pas indifférent à cette dynamique qui retentit sur la complexité de ses sensations et influe sur ses préférences. Il est donc utile de rechercher des méthodes permettant de coupler l'analyse temporelle de la sensation avec l'analyse physico-chimique, en temps réel, des constituants odorants libérés dans l'air exhalé. La tâche n'est pas aisée et l'objectif encore loin d'être atteint. Parallèlement, des bouches artificielles sont construites – des modèles de bouche – dans lesquelles les chercheurs peuvent faire varier à la demande et indépendamment les caractéristiques de la mastication et de la salivation pour en étudier les conséquences sur la libération d'arômes par des aliments standard, liquides ou solides. C'est l'occasion de constater que les deux actions de mastication et de salivation exercent, comme on pouvait s'y attendre, un effet important sur les concentrations absolues d'arômes libérés, et aussi sur leurs proportions relatives.

Ainsi que nous le verrons bientôt, la pratique s'est répandue d'ajouter des arômes à des substances nutritives pour leur conférer une valeur hédonique qu'elles n'ont pas ou renforcer celle qu'elles ont déjà. Les arômes additifs interagissent avec la matrice, comme le font les arômes naturels, et peuvent aussi se modifier par des réactions chimiques avec cette matrice, les protéines par exemple, ou avec l'oxygène, ou bien encore s'échapper par évaporation durant le stockage. Pour limiter la perte des arômes ou leur détérioration, on fait appel à une méthode dite de *microencapsulation* qui consiste à les inclure dans de petites vésicules dont les parois sont faites de substances comestibles dérivées de protéines, d'amidon ou de gomme d'acacia.

## *Ne pas sous-estimer l'emballage*

Penchons-nous maintenant sur des problèmes relativement nouveaux qui sont apparus depuis qu'il s'est agi de transporter à une grande échelle et de stocker sur de longues durées des produits alimentaires dont beaucoup sont déjà préparés pour la consommation. C'est le domaine du *packaging*, terme de consonance passablement irritante qu'il est à peine besoin de traduire tant il s'est largement imposé. Disons qu'il s'agit d'emballage ou d'empaquetage. Il n'est plus question d'envelopper le produit – emballez, c'est pesé ! – dans la gazette de la veille. Ne médite-t-on pas maintenant de fabriquer des emballages « intelligents » ! L'emballage est un domaine de recherche à part entière, avec ses chercheurs spécialisés et ses colloques internationaux. Ne parlons pas de la forme elle-même ni des inscriptions que l'on fait figurer sur le paquet, c'est l'affaire du *marketing*. Parlons plutôt du fond du problème.

En principe, un emballage de bonne qualité doit être inerte, c'est-à-dire ne présenter aucune interaction avec le produit qu'il emballe. Il n'y a pas mieux que le verre sous cet angle. On comprend toutefois que son utilisation ne peut être généralisée : il est lourd et fragile. Il faut donc faire appel à d'autres matières comme les plastiques, le métal léger et des produits dérivés du bois et du carton, matériaux avec lesquels la nourriture interagit nécessairement. Les plus mobiles des constituants de la nourriture s'adsorbent sur les parois, les petites molécules diffusent même dans ces parois et quittent l'aliment. Mais, ce qui est plus grave, le flux s'effectue dans les deux sens. Ainsi, des molécules étrangères à l'aliment ou à la boisson, utilisant la perméabilité sélective du matériau d'emballage, viennent rejoindre le produit alimentaire. Même si ces contaminations sont infimes, elles peuvent produire des effets significatifs au plan sensoriel si les molécules qui diffusent ont des seuils de perception bas. C'est en partie ainsi que naissent les *off-flaveurs*, ces flaveurs indésirables, odeurs de carton, de moisi, d'autant plus redoutables qu'elles sont pratiquement indétectables par des mesures physiques. Elles sont un casse-tête pour les responsables du suivi de la qualité qui n'ont pas toujours la capacité sensorielle de se rendre compte par eux-mêmes de ce qui va pourtant alarmer les nez les plus sensibles de la population des consommateurs.

L'interaction du produit avec son emballage n'a pas que des conséquences négatives. Des films absorbants limitent la diffusion des molécules nauséabondes produites par un fromage bien fait tout en laissant s'échapper assez d'arôme pour signaler la nature du contenu. Dans les bouteilles en PVC, la paroi piège le *d-limonène* et réduit l'amertume des jus d'orange. Chacun sait que le vin et l'alcool qui vieillissent dans un tonneau de chêne deviennent plus agréables et plus limpides grâce à de nombreuses interactions qui se produisent pendant le vieillissement. L'oxygène contenu dans les pores du bois agit sur la couleur et diminue l'astringence. Des *lactones* volatiles à odeur de bois de chêne ou de noix de coco et des substances *phénoliques* sont libérées par les parois du tonneau. La *lignine* des chênes du Limousin ou de l'Allier se convertit doucement en *vanilline* dans les tonneaux où vieillit le cognac. Le bois influence aussi la concentration des constituants du vin et autres alcools par adsorption/désorption et migration, et modifie l'arôme. Les vertus de ce conditionnement traditionnel sont telles que l'on a inventé de les renforcer artificiellement en simulant le vieillissement en tonneaux par l'ajout de copeaux de chêne. On n'arrête pas le progrès !

## *Donner du goût à ce qui n'en a pas*

L'industrie alimentaire utilise des matières premières qui, pour être comestibles ct parfaitement satisfaisantes au plan nutritionnel, n'en sont pas pour autant consommables si elles sont dépourvues de flaveurs. De même, les étapes de la préparation et de la conservation des aliments fabriqués industriellement ont pu altérer ou faire disparaître les arômes contenus initialement dans les produits de base. Saler ou sucrer pour rehausser la saveur n'est pas suffisant et l'addition d'épices n'est pas toujours opportune. La pratique s'est donc répandue d'ajouter à l'aliment en cours de préparation des produits dont la seule finalité est d'enrichir ses propriétés olfactives. Des spécialistes, les aromaticiens ou *flavoristes,* sont chargés de composer ces « formules aromatisantes ».

Le métier d'aromaticien n'est pas sans rappeler celui du parfumeur : même combinaison de savoir empirique acquis par une longue pratique, d'intuition, de travail rigoureux et d'intelligence pour formuler des compositions créatrices d'*accords* à partir d'extraits naturels et de substances aromatisantes. On pourrait penser que pour aromatiser un aliment il suffit de lui ajouter les substances qu'une analyse chimique préalable d'aliments naturels aurait identifiées. Cela ne peut être ainsi pour plusieurs raisons. D'abord parce qu'aucune analyse ne peut, bien souvent, livrer la totalité des constituants très nombreux d'un arôme naturel. Ensuite, parce que certains constituants naturels de flaveurs sont d'un prix de revient trop élevé pour une utilisation industrielle. Il faut leur trouver des substituts économiquement acceptables. C'est donc une version stylisée, simplifiée, de l'arôme de référence que l'aromaticien va formuler[11].

À la différence du parfumeur qui a toute latitude pour créer des formes olfactives totalement originales, l'aromaticien ne peut s'éloigner sensiblement de son modèle naturel. En un sens, le terme d'*accord,* dont la signification est assez énigmatique en parfumerie, semble avoir un sens plus clair en aromatologie où il désigne une combinaison équilibrée de molécules aromatiques qui évoque l'image mentale d'une flaveur naturelle. Mais depuis que l'on dote des produits alimentaires de flaveurs dont ils sont naturellement dépourvus – pensons aux arômes de fruit qui parfument de nombreux produits laitiers – on assiste à un phénomène étrange : la copie se substitue à son modèle et devient la référence. Nombreux sont les consommateurs, surtout parmi les jeunes, qui n'ont qu'une expérience limitée de la dégustation des fraises réelles et pour qui l'arôme de fraise est d'abord l'arôme du yaourt à la fraise. De même, pour beaucoup de gens, l'odeur de la gousse de vanille se confond avec celle du *3-méthoxy-4-hydroxy-benzaldéhyde,* plus connu sous le nom de *vanilline.* On assiste peu à peu à la création d'un univers olfactif alimentaire parallèle au monde des arômes réellement naturels.

---

11. Chataigner et Richard (2003).

Les arômes sont composés à partir de matières premières aromatiques qui peuvent être des substances naturelles obtenues par extraction ou par biosynthèse, des substances dites *identiques aux naturelles,* partiellement ou totalement synthétiques, ou des substances artificielles. Bien que ces substances soient nombreuses, leur liste est pratiquement close tant il est difficile (et coûteux) de faire agréer par les autorités sanitaires nationales et européennes une molécule qui ne figurerait pas déjà dans la liste dite « positive » des substances nommément autorisées. Le choix de telle ou telle substance dépend non seulement des exigences de l'accord désiré mais est l'objet de nombreuses contraintes parmi lesquelles figurent son prix de revient, la législation sur les arômes et celle sur les aliments, la prise en compte des risques toxicologiques et allergiques ainsi qu'une kyrielle de contraintes technologiques qui vont de la miscibilité dans l'eau pour les boissons, la résistance à un saut thermique, la stabilité dans l'aliment, la viscosité et, finalement, jusqu'aux exigences spécifiques du client. Le savoir-faire du *flavoriste* doit donc composer avec ces contraintes. On comprend que dans ces conditions, si grand que soit l'art de l'aromaticien, le dégustateur averti qui a cueilli et savouré des fraises bien mûres, dans un jardin ensoleillé, ait quelque peine à en retrouver la saveur exacte dans son pot de yaourt à la fraise.

## *Introspection sensorielle à usage industriel*

Nous avons jusqu'à maintenant feint de croire que si on avait fort à faire pour identifier les phénomènes physico-chimiques dont dépendent les qualités sensorielles des aliments, au moins ces qualités elles-mêmes étaient-elles parfaitement connues puisqu'elles étaient ressenties par tout un chacun. Or, il n'en est rien. Ressentir des sensations complexes et les comparer à des souvenirs de perceptions antérieures pour les reconnaître dans leur globalité est chose facile et familière. C'est tout à fait naturel. Mais individualiser des entités sensorielles, décrire de façon consensuelle des flaveurs, les identifier en les nommant est une tout autre démarche qui aboutit beaucoup plus difficilement parce qu'elle ne fait pas partie de notre expérience habituelle.

Ce sont essentiellement des nécessités industrielles qui sont à l'origine de l'analyse sensorielle des aliments. Les entreprises qui commercialisent des produits alimentaires ont besoin de connaître leurs produits et leurs possibles variations sensorielles avec une objectivité maximum qu'aucun instrument ne peut, par principe, fournir. Le consommateur qui adopte un produit ou qui le boude ne donne généralement pas la raison de son attitude ou le fait en termes purement hédoniques, parce qu'il n'est pas entraîné à faire davantage et autrement. Une autre bonne raison d'acquérir une plus grande maîtrise de l'analyse des sensations est simplement le plaisir supplémentaire que l'on peut prendre, dans les cultures orientées comme l'est la nôtre vers la gastronomie, à parler des aliments et de leur préparation. Gageons qu'un peu de précision dans les termes ne gâterait en rien la sauce du discours gastronomique.

L'analyse sensorielle n'est pas à proprement parler une discipline scientifique, même si elle se veut objective et s'appuie sur les connaissances qu'offrent la psychologie de la perception et la psychophysique. C'est plutôt une méthode, une méthode d'étude des sensations évoquées par des produits, dans une perspective d'application[12]. Depuis que ses principes ont été constitués il y a un demi-siècle[13], elle a été abondamment appliquée au goût des produits alimentaires mais on fait également appel à elle pour analyser d'autres types de sensations, y compris celles évoquées par des produits non alimentaires. L'analyse ou évaluation sensorielle repose sur des principes méthodologiques et suit des procédures codifiées qui offrent une base relativement commune[14]. Des variantes ont été proposées pour répondre aux insuffisances de l'élaboration initiale et tenir compte d'acquis nouveaux, notamment dans le domaine des outils statistiques.

L'analyse sensorielle est un travail d'équipe. Un groupe de gens qui forment le *panel* ou jury d'évaluation, est recruté et placé sous

12. Sauvageot (1996).

13. Dans les années 1950, une société de conseil américaine, la société Arthur D. Little, proposait aux industriels la première méthode formalisée pour décrire le goût d'un aliment.

14. L'AFNOR a proposé une procédure intitulée *Recherche et sélection des descripteurs pour l'élaboration d'un profil sensoriel par approche multidimensionnelle* qui a donné naissance à la norme française NF ISO 11035.

l'autorité plus ou moins directive d'un animateur. Ce dernier s'assure d'abord que ses futurs évaluateurs ont une sensibilité normale et, faut-il le préciser, de bonnes capacités linguistiques. Il leur demande aussi, ce qui est plus difficile qu'on ne le croit généralement, d'être capables de reproduire leur jugement initial lorsque le même produit leur est présenté plusieurs fois. La tâche du groupe va être d'apprendre à décrire le goût de produits d'un même type, d'un même univers sensoriel. On ne saurait demander à un jury formé pour analyser des bières de décrire les qualités organoleptiques d'une viande.

Une phase importante de l'entraînement est celle qui conduit à établir une liste de termes ou qualificatifs caractérisant les sensations perçues lors de l'inspection. Recueillis d'abord par les sujets travaillant de façon isolée, les *descripteurs* spontanément énoncés par les individus sont ensuite rassemblés et le groupe discute de la pertinence de chacun d'eux, jusqu'à ce qu'un consensus soit obtenu, ce qui peut demander plusieurs séances. L'animateur veille à ce que la liste ne contienne pas de termes se rapportant à la valeur hédonique. Les jugements de valeur sont proscrits. C'est à d'autres panels constitués de consommateurs de se prononcer sur l'acceptabilité d'aliments ou de boissons ou d'indiquer leurs préférences. Aussi, sont évités les termes redondants et ceux qui désignent directement le produit. Dire d'un camembert qu'il a une délicieuse odeur de fromage est l'exemple de ce qu'il ne faut pas faire. Il n'est pas rare qu'une étape supplémentaire de sélection des descripteurs soit introduite pour éliminer les termes qui n'aident pas à différencier les échantillons. Ce sont des méthodes d'analyse des données, analyse multidimensionnelle et analyse de variance, par exemple, qui permettent d'épurer la liste, finalement ramenée assez arbitrairement à une quinzaine de termes.

Dénommer les composantes d'une flaveur complexe est déjà un bel exploit. Il faut pourtant satisfaire d'autres exigences. Un référent physique doit pouvoir être donné à chaque descripteur de façon à en réduire le plus possible l'ambiguïté. D'autre part, il est bon de caractériser l'intensité des notes une fois qu'elles ont été reconnues par leur qualité. Des « profils sensoriels » contenant les mêmes descripteurs peuvent sensiblement différer par l'intensité relative des sensations correspondantes. Le jury sera donc entraîné à affecter à chaque descripteur une note sur une échelle d'intensité.

La méthode d'analyse sensorielle que nous avons décrite vise donc à repérer, individualiser et finalement nommer des traits perceptifs supposés présents dans une expérience perceptive de prime abord plutôt floue et instable. L'un de ses présupposés forts est que ces traits sont accessibles aux individus qui constituent le panel, ce qui implique qu'ils perçoivent tous la même chose mais que, comme en témoigne la diversité de leurs descriptions spontanées individuelles, ils diffèrent dans leur façon de restituer leurs sensations par des mots. Similarité du perçu et diversité du formulé. Supposons acceptable la première partie de ce postulat et examinons la seconde. Il est vrai que les membres du jury ont chacun leur propre passé d'expériences sensorielles qui peut leur suggérer, pour des sensations semblables, des désignations métaphoriques en apparence divergentes. Ce que l'un appelle « brûlé » renvoie peut-être à la même perception que ce que l'autre qualifie de « grillé ». La discussion au sein du jury pourra sans doute résorber le différend.

Le consensus est plus problématique si nous n'admettons pas le postulat de la similitude des perceptions individuelles. Pourtant, il y a bien des raisons de penser qu'autant pour l'odorat que pour le goût, les univers sensoriels des sujets humains diffèrent sensiblement (voir chapitre IV). En général, dans la vie courante ces différences ne sont pas manifestes. Si Pierre ne sent pas comme Paul l'odeur des saucisses grillées, ils tomberont néanmoins d'accord pour attribuer correctement l'odeur à son référent parce que, quel que soit le vécu perceptif de chacun, il a toujours été associé au même objet « saucisses grillées ». En revanche, dans la situation de l'analyse sensorielle, lorsqu'il faut repérer des ressemblances entre la flaveur étudiée et d'autres flaveurs connues, il est bien possible que Pierre néglige de mentionner une certaine note, parce qu'il ne la perçoit pas ou la perçoit faiblement, alors que pour Paul elle s'impose avec évidence.

Malgré ces raisons de redouter une impossible convergence des évaluations individuelles, il semble bien qu'un panel bien entraîné parvienne à repérer avec assez d'exactitude les nuances subtiles par lesquelles se distinguent deux produits de la même gamme. Il devient alors possible de rechercher dans la composition physico-chimique de ces produits les causes possibles de leurs différences sensorielles et de tenter, par ailleurs, de discerner l'origine de la préférence que les consommateurs manifestent à l'égard de l'un d'eux[15].

Il ne faudrait pas croire toutefois que, bien appliquée, la méthode livre intégralement les constituants « primaires » de la sensation complexe, comme l'analyse chimique livre la composition moléculaire d'un mélange chimique. Les sensations particulières repérées ne sont pas des unités de perception, elles ne sont pas nécessairement plus simples que la sensation globale. Elles doivent être comprises, plutôt, comme des points de ressemblance entre la flaveur du produit et les flaveurs d'autres substances connues des membres du panel.

Quand le *profil sensoriel* d'un produit a été établi en suivant avec rigueur la méthode, peut-on dire que l'on a décrit ce produit d'une façon exhaustive permettant de le reconnaître et de l'identifier ? « Si décrire c'est permettre la reconnaissance ou l'identification, la réponse sera probablement négative », écrit François Sauvageot[16]. Certes, lorsque deux produits et deux profils sensoriels établis par des experts sont présentés à d'autres experts, ces derniers réalisent bien l'appariement correct des descriptions et des produits. Mais la tâche devient irréalisable dès que croissent un tant soit peu le nombre et la diversité des appariements à effectuer.

Notre point de vue sur les aliments comme sources de sensations a confronté la perspective physique et la perspective sensorielle. D'un côté, un mélange hétérogène de systèmes dispersés où des molécules migrent ou s'agrègent, s'adsorbent ou se désorbent, ne livrant aux détecteurs biologiques situés sur leur trajet vers l'intérieur du corps qu'une image très partielle de leur nature chimique et de leur valeur nutritive. De l'autre, d'innombrables sensations évoquées par des systèmes sensoriels composites et qui ont davantage tendance à fusionner qu'à singulariser leurs qualités respectives. Il faudra pourtant que le cerveau tire des données des sens chimiques assez d'indices pour exercer son contrôle de la prise alimentaire en qualité et en quantité. Nous commencerons à avoir une idée de la façon dont il le fait dans les chapitres qui suivent.

---

15. Schlich (1995).
16. Sauvageot (1996).

Chapitre III

# LA NAISSANCE DES ARÔMES

*Les arômes sont les odeurs de l'aliment perçues par une voie qui relie la bouche à la cavité nasale. Bien des propriétés des arômes, leur qualité, leur intensité, sont déterminées au sein même de l'organe olfactif, grâce à des centaines de types différents de récepteurs dont le nombre et la variété permettent, selon une riche combinatoire, de représenter chaque odeur dans sa singularité, c'est l'« image olfactive ».*

## *Un avant-goût*

Le chimiste qui applique ses outils d'analyse au plus odorant des aliments ne rencontre pas d'arômes dans ses éprouvettes. Il rencontre des molécules. Il n'y a d'arômes, il n'y a d'odeurs que s'il existe un dispositif biologique pour réagir à ces molécules et un système nerveux pour recueillir ses réactions et élaborer une perception. C'est vers ce dispositif grâce auquel les molécules deviennent arômes que nous allons nous tourner maintenant.

Sans les arômes, les aliments manqueraient assurément de « goût ». C'est la triste expérience que vivent les personnes à qui l'odorat vient subitement à manquer après un traumatisme crânien ou une mauvaise infection des voies respiratoires. Leur *anosmie* les prive d'une grande partie de la richesse sensorielle de la nourriture et beaucoup en sont très tristes, au point de perdre dangereusement l'appétit et de sombrer parfois dans la dépression. Ils n'ont plus, disent-ils, de goût pour la vie. Qu'ils ne comptent pas trop pourtant sur la compassion de leurs voisins ni sur la sollicitude du corps médical qui n'y peut à peu près rien. Ce n'est pas vraiment grave puisqu'ils voient et qu'ils entendent ! Pire encore, peut-être, est le sort des patients qui n'ont pas perdu toute sensibilité olfactive mais se retrouvent avec des sensations déformées qui ne ressemblent plus du tout aux souvenirs qu'ils ont conservés. Quand le café sent systématiquement le benzène la vie n'est plus tout à fait comme avant.

L'odorat contribue donc au « goût ». Dans quelle proportion ? demande-t-on parfois. Une grande proportion est sans doute la meilleure réponse tant il est vrai que personne n'est en mesure de dénombrer les sensations apportées par chacune des formes de sensibilité.

De nombreuses questions se posent à propos des arômes, comme l'a fait apparaître notre incursion dans l'analyse sensorielle des aliments au chapitre précédent. Comment sont-ils perçus ? Combien y en a-t-il ? Peut-on les classer ? Se mélangent-ils ? Dans ce chapitre nous essaierons de répondre à des questions de ce genre. Pour cela nous rassemblerons d'abord des données d'observation sur la perception olfactive de façon à repérer les propriétés de cette perception qui peuvent recevoir une explication physiologique. Ensuite, nous rechercherons cette explication en examinant comment les substances odorantes sont détectées par les cellules réceptrices de la muqueuse olfactive. Ce que nous apprendrons alors nous éclairera sur la composition du message nerveux qui porte la qualité et l'intensité des sensations olfactives. Nous suivrons enfin ce message jusqu'à son arrivée dans le bulbe olfactif, étape obligée avant l'entrée dans le cerveau.

## *Points de vue sur les arômes*

Rappelons tout d'abord que rien ne distingue les odeurs que l'on désigne comme arômes de toutes les autres, si ce n'est qu'elles ont pour origine des aliments ou des boissons. Ce qui va être dit des odeurs en général s'applique donc tout à fait aux arômes. Un arôme, comme n'importe quelle odeur, peut être considéré de plusieurs points de vue. On dit qu'il possède différents attributs ou dimensions : qualité, intensité et valence hédonique. Ce sont des notions commodes pour mettre de l'ordre dans les observations mais il ne faut pas les prendre pour des catégories platoniciennes et sous-estimer leur propension à interférer les unes avec les autres.

### D'INNOMBRABLES QUALITÉS

La qualité d'un arôme est son identité sensorielle. Parler d'arôme de menthe, c'est désigner la qualité de cet arôme. Les humains ont une très bonne aptitude à discriminer les qualités olfactives. Au moins en théorie, le pouvoir de discrimination est si élevé qu'à peu d'exceptions près, toutes les molécules chimiquement différentes qui peuvent être perçues par l'odorat sont discriminables les unes des autres par le nez humain. Encore faut-il se placer dans de bonnes conditions, par exemple en flairant successivement, à intervalles rapprochés, les deux odorants d'une paire. Lorsque l'on pratique ainsi, la discrimination est meilleure et la fréquence de confusion moins probable pour certaines paires que pour d'autres. Il est clair que le degré de ressemblance entre odeurs est très variable.

La plus simple des méthodes utilisées pour étudier la discrimination consiste à demander à un groupe de sujets de juger si deux odeurs sont semblables ou différentes. Plusieurs paires sont présentées, les unes faites des mêmes odeurs, les autres d'odeurs différentes. La proportion de cas de discrimination correcte, corrigée pour les cas de discrimination erronée, mesure les capacités de discrimination des sujets vis-à-vis de ces odeurs. Une autre méthode est fondée sur la recherche de l'élément incongru dans un ensemble de plusieurs stimuli. Les échecs rencontrés dans la discrimination permettent de construire des *matrices de confusion* des odeurs qui peuvent être converties en *distances* interstimulus. Les odeurs les plus fréquemment confondues sont dites plus proches qualitativement que les odeurs fréquemment discriminées.

Il est utile de profiter de la puissance des méthodes mathématiques d'analyse des données pour rechercher la structure de ces données de ressemblances ou de dissemblances. Il apparaît alors que l'information contenue dans les mesures ne peut être correctement représentée que sur plusieurs dimensions. Cela veut dire que les odeurs se distinguent les unes des autres selon plusieurs facteurs, selon plusieurs points de vue. La dimension principale, la seule qui puisse être identifiée à une propriété sensorielle définie, est la dimension hédonique[1] ; les stimuli se trouvent en effet ordonnés sur cette dimension selon leur caractère plus ou moins plaisant ou déplaisant. Les gens manifestent ainsi l'importance qu'ils attachent naturellement à la valeur affective des arômes.

La capacité à discriminer n'est optimale, cependant, que si l'attention portée à la tâche est grande et si les stimuli à comparer sont présentés à de courts intervalles de temps pour rester dans la plage de fonctionnement optimal de cette mémoire à court terme que l'on appelle *mémoire de travail*. Combien d'odeurs peut-on ainsi distinguer ? Des chiffres circulent : dix mille, cent mille. Personne ne le sait pour la bonne raison que personne n'a fait le compte des molécules qui ont une odeur ou qui en auront une quand les chimistes les auront synthétisées.

### LE SEUIL ET L'INTENSITÉ

Une odeur n'est perceptible que si les molécules qui la portent atteignent une concentration suffisante au voisinage des cellules réceptrices de la muqueuse olfactive. C'est la notion de *seuil* de perception. Les études de psychophysique qui recherchent les lois reliant les caractéristiques des sensations aux paramètres physiques des stimuli nous enseignent qu'une fois le seuil de perception franchi, l'intensité de l'odeur croît lorsque la concentration des molécules odorantes augmente, selon une loi dite « loi de puissance » ou « loi de Stevens[2] ». Malheureusement, les paramètres de la relation changent selon la nature des odorants et selon les sujets sur lesquels on

1. Schiffman (1974) ; Yoshida (1975).

2. La loi énoncée par Stevens ou « loi de puissance » stipule que l'intensité de la sensation croît comme une certaine puissance de l'intensité du stimulus, ce qui revient à dire que le logarithme de l'intensité de la sensation croît comme le logarithme de l'intensité du stimulus.

réalise les mesures. Il est clair que, de ce point de vue, les individus ne sont pas semblables. Ils ne le sont pas davantage lorsqu'il ne s'agit plus d'intensité mais de qualité. La raison en est, comme on le verra bientôt, que les humains ne disposent pas tous des mêmes dispositifs moléculaires de détection, les récepteurs.

#### LA VALEUR DE PLAISIR OU DE DÉPLAISIR

La tonalité affective est l'un des trois attributs que l'on reconnaît communément aux odeurs. Comme nous venons de le voir, les gens en tiennent largement compte lorsqu'il s'agit de trouver des ressemblances et des dissemblances entre odeurs. Il n'est guère possible de juger qualitativement proches deux arômes dont l'un est agréable et l'autre désagréable. On admet généralement qu'une odeur quelconque se place quelque part sur un axe hédonique qui va du pôle « très agréable » au pôle « très désagréable » et que les sensations affectivement neutres ne sont pas les plus nombreuses. Cette présentation unidimensionnelle, bipolaire, de la valeur affective des sensations olfactives est très probablement une simplification excessive. Ainsi, des expériences affectives bien différentes sont confondues dans la catégorie du désagréable. Dans le cas des aliments, il y a sans nul doute plusieurs façons pour une odeur d'être désagréable. Elle peut être repoussante, au point de provoquer des nausées, surtout si elle est intense ; c'est ce qui se passe pour un arôme qui a acquis une valence négative à la suite d'un conditionnement aversif (voir chapitre XI). L'odeur d'un aliment qui vous a rendu malade vous détourne pour longtemps de cet aliment. Elle peut être jugée désagréable simplement parce qu'elle évoque la représentation mentale d'une source « dégoûtante ». L'arôme de l'huître soulève le cœur de certains en raison de son association au corps visqueux du mollusque. L'odeur sera jugée négativement, aussi, si sa présence est incongrue ou inattendue dans le contexte alimentaire et qu'elle inquiète le mangeur. Les différences que représentent ces exemples ne se réduisent probablement pas à de simples différences d'intensité de l'affect ; elles pourraient bien révéler une pluralité de dimensions du déplaisir.

### QUAND SE MÊLENT LES ATTRIBUTS

Bien qu'il soit légitime d'attribuer aux odeurs plusieurs dimensions que nous avons appelées qualité, intensité et valeur hédonique, il faut reconnaître que ces dimensions ne sont pas indépendantes. Ainsi, l'intensité influe souvent sur la qualité. Des facettes de l'odeur non perceptibles lorsque l'odorant est faiblement concentré apparaissent à plus forte concentration, tandis que d'autres disparaissent, masquées par des notes dominantes. Ce phénomène n'est pas aussi manifeste pour tous les odorants. Il peut être expliqué par des propriétés neurophysiologiques. Comme nous le verrons bientôt, le changement de force du stimulus est pour partie représenté par la variation du nombre de neurones olfactifs excités, alors que la qualité elle-même dépend de l'identité des neurones actifs. Quand des neurones ajoutent des influx à la réponse globale du message nerveux, ou en retranchent, suivant les variations de concentration de l'odorant, la qualité perçue subit aussi des variations. Des mécanismes neuraux existent bien pour réduire l'interdépendance entre intensité et qualité, dans le bulbe olfactif, par exemple, mais ils le font avec une efficacité variable selon les odorants.

La valeur affective de l'odeur subit aussi l'influence de l'intensité mais cette influence affecte différemment le pôle agréable et le pôle désagréable. En règle générale, une odeur désagréable à faible intensité le reste quand augmente la concentration de l'odorant, et devient plus désagréable encore. En revanche, il n'est pas rare que des odeurs considérées comme agréables à intensité faible et moyenne le soient moins à intensité élevée. Il faut donc résister à la tentation de surdoser un arôme réputé plaisant de crainte que, plus concentré, il ne devienne désagréable. L'interdépendance est, dans une certaine mesure, réciproque puisque les stimulations les plus agréables comme les plus désagréables tendent à accroître l'impression d'intensité.

## *Complexité moléculaire et complexité sensorielle*

Les odeurs naturelles et les compositions produites pour les simuler sont souvent des mélanges de nombreux constituants. Si l'on savait prédire la qualité et l'intensité de tels mélanges en connaissant la qualité et l'intensité individuelles de leurs constituants, la tâche des parfumeurs comme celle des formulateurs d'arômes s'en trouverait grandement allégée. La recherche est encore loin d'atteindre cet objectif. Notons tout d'abord que l'odorat n'est pas habile à déceler la complexité moléculaire d'un mélange. Au-delà de trois constituants, l'impression de complexité ne croît guère avec l'addition de nouveaux composés. Dans le même ordre d'idée, il a été établi que des sujets humains parviennent rarement à identifier plus de trois constituants d'un mélange inconnu[3], les experts n'étant pas beaucoup plus performants que les non-experts.

Sur ce point d'analyse sensorielle, il est important de bien distinguer la capacité des individus à décrire olfactivement une odeur et leur capacité à reconnaître les odorants qui la produisent. Les jurys d'analyse sensorielle qui utilisent un jeu d'une quinzaine de descripteurs pour qualifier les arômes d'un produit alimentaire ne sont pas en mesure de révéler la composition chimique de l'arôme et ce n'est pas leur objectif. L'examen olfactif d'un mélange ne permet à un expert de deviner la nature des constituants que si cet observateur dispose de connaissances *a priori* sur le produit ou sur les règles de composition que suivent habituellement les professionnels qui réalisent de tels mélanges.

Même sans intervention de réactions chimiques, les mélanges odorants donnent lieu à des interactions entre les qualités sensorielles des constituants. C'est un sujet difficile, qui comporte encore peu de recherches systématiques. Les compositeurs de parfums et d'arômes en ont l'expérience mais leur savoir-faire empirique ne fournit pas de lois de portée générale. Tout au plus peut-on noter qu'un constituant de forte intensité tend à imposer au mélange sa propre qualité.

---

3. Laing et Francis (1989) ; Livermore et Laing (1998).

Au plan de l'intensité, les mélanges d'odorants sont généralement perçus comme moins intenses que la somme de leurs constituants pris isolément, ce qui est appelé *hypoadditivité*. L'*additivité* simple, voire l'*hyperadditivité* – lorsque le mélange est plus fort que le laisse prévoir l'intensité de ses composantes – est aussi rencontrée, mais plus rarement. Le comportement intensitif du mélange dépend de la nature de ses composantes ainsi que de leurs concentrations relatives. Pour le cas des mélanges à deux constituants, les plus étudiés en psychophysique, un modèle mathématique des interactions a été proposé[4]. Il permet de calculer l'intensité résultante du mélange connaissant les intensités respectives des constituants et leur nature. Les odeurs sont représentées par des vecteurs de longueur proportionnelle à leur intensité. Les orientations des vecteurs définissent un angle caractéristique des odorants en présence. Le vecteur donnant l'intensité du mélange est construit comme la force résultante dans un parallélogramme de forces. Un autre modèle proposé par Paul Laffort[5] prend en compte le fait que les deux constituants ne suivent pas nécessairement la même relation intensité/concentration.

## *Peut-on classer les odeurs ?*

Devant l'extrême diversité des odeurs, nombreux sont les esprits classificateurs qui se sont demandé, et depuis très longtemps, si les qualités olfactives pouvaient être regroupées dans un nombre restreint de classes. Les saveurs, nous le verrons bientôt, ont suscité la même question. L'esprit humain est ainsi construit qu'il n'a de cesse de réduire la profusion des objets de ses perceptions en les faisant entrer dans des catégories. C'est sa façon de mettre de l'ordre dans les choses. Il est en effet possible de classer les odeurs mais la difficulté est de le faire sur des critères clairs. Ainsi, il est commun de distinguer les odeurs animales et les odeurs végétales, les odeurs de fleurs et les odeurs de fruits, les arômes de fruits rouges et les arômes de fruits blancs, les odeurs de cuisine et les odeurs d'hôpital… Il n'est

4. Berglund *et al.* (1973).
5. Laffort et Dravnieks (1982).

pas difficile, cependant, de s'apercevoir que de telles catégories sont fondées sur des critères qui ne concernent pas nécessairement les qualités des odeurs elles-mêmes, mais plutôt leurs sources, les lieux où on les trouve ou tout autre critère d'origine culturelle.

Les classifications à prétention plus scientifique ont généralement été inspirées par l'idée que, parmi les odeurs, il y en a de plus fondamentales que d'autres et que celui qui découvrirait ces odeurs-là, aurait progressé vers la connaissance des principes de construction de l'univers olfactif. Cette idée inspirait déjà la classification que H. Zwaardemaker[6] avait reprise de Linné en la modifiant. Le grand naturaliste reconnaissait les odeurs *aromatiques* du laurier, *fragrantes* du tilleul, du lys et du jasmin, *ambrosiacées* de l'ambre et du musc, *alliacées* de l'ail, *hircinées* ou odeur de bouc de certains acides gras courts, *tetri* des Solanées, *nauséabondes* des plantes putrides. Zwaardemaker ajouta les odeurs *éthérées* des fruits bien mûrs et les odeurs *empyreumatiques* du café torréfié, du pain grillé et du tabac.

Dans les années 1960, un chercheur américain, John Amoore[7], adopta un présupposé déjà présent chez ses prédécesseurs et défendit l'hypothèse que les innombrables odeurs résultaient de la combinaison d'un nombre restreint d'odeurs de base ou « odeurs primaires », lesquelles étaient déterminées par l'existence, sur les cellules olfactives, de « sites récepteurs » particuliers définis par leurs propriétés stéréochimiques. Amoore appuyait son argumentation sur l'existence des *anosmies sélectives*, ces déficits de détection qui privent certains individus de sensibilité à l'égard de quelques odeurs apparentées, par exemple les odeurs rances des acides *butyrique, valérique, isovalérique*, sans affecter leur perception de toutes les autres.

L'anosmie sélective était, pensait Amoore après quelques autres[8], un indice pouvant conduire à déchiffrer le *code olfactif*. Bien que la démonstration de ce lien supposé entre une anosmie sélective et

6. Dans son livre, *L'Odorat*, publié en français en 1925, H. Zwaardemaker présente de remarquables intuitions sur le fonctionnement du système olfactif. Ses idées influencèrent plusieurs des courants de recherche qui se développèrent jusqu'à nos jours.

7. Amoore (1967 ; 1977).

8. Zwaardemaker avait déjà fait cette hypothèse. Guillot (1948) a été parmi les premiers à explorer les anosmies sélectives.

l'absence ou le dysfonctionnement d'un récepteur n'ait pas encore été faite avec certitude, cette hypothèse reste plausible mais le très grand nombre de récepteurs olfactifs maintenant identifiés (voir *infra*) rend illusoire, et finalement sans objet, la tentative d'inférer la structure du dispositif de détection des odeurs à partir d'une éventuelle classification naturelle des qualités olfactives et même d'un problématique inventaire des anosmies sélectives.

La perception olfactive n'est pas construite à partir de traits indépendants aisément discernables, commutables et recomposables, comme le sont les lignes, les angles, les couleurs de la perception visuelle. Mais bien que la qualité d'une odeur soit globale plutôt qu'analytique, les spécialistes des arômes aussi bien que les parfumeurs cherchent à la caractériser en énonçant les *notes* ou *facettes* qu'elle paraît contenir. Cette démarche n'est pas seulement appliquée aux mélanges de nombreuses molécules mais aussi aux substances chimiquement pures. Les *descripteurs* utilisés comme « note boisée », « note jasmin », font le plus souvent référence à d'autres odeurs, de sorte qu'il est possible d'interpréter ces notes non pas comme des composantes plus simples que les odeurs elles-mêmes, mais plutôt comme des ressemblances avec d'autres odeurs. C'est la conclusion à laquelle nous avait conduit notre examen de l'analyse sensorielle.

Lorsqu'il s'agit de faciliter les échanges linguistiques sur les odeurs, notamment avec des visées techniques et industrielles, les experts cherchent à s'entendre sur un corpus limité de descripteurs. Les parfumeurs d'une même société se lancent parfois dans cette négociation linguistique difficile. C'est aussi ce que font les membres d'un jury d'analyse sensorielle. Les notes retenues, c'est-à-dire les odeurs qui serviront de références, sont probablement des odeurs plus familières que d'autres et donc mieux connues, à moins qu'elles ne soient choisies pour leur saillance sensorielle particulière.

Si difficile que soit l'interprétation du fondement des catégories d'odeurs, ces catégories sont suffisamment utilisées pour que l'on s'interroge sur la façon dont elles sont constituées. La *théorie des prototypes* développée par Eleanor Rosch à partir de travaux d'anthropologie[9] fournit un cadre théorique qui convient bien à la catégorisa-

9. Rosch (1978).

tion des objets olfactifs dont les regroupements n'ont jamais des frontières rigides[10]. Selon Rosch, les catégories sont construites autour d'un exemplaire, appelé *prototype*, qui est considéré comme le meilleur représentant de la catégorie. Les autres exemplaires se distribuent autour du prototype, à des distances qui sont fonction de leur degré de ressemblance avec lui, et l'ensemble présente un *air de famille*. Une hiérarchie simple comprenant peu de niveaux s'organise autour du prototype. Ainsi l'arôme de pomme pourrait représenter un niveau de base au-dessus duquel figurerait un niveau superordonné, celui de l'arôme de fruit, et un niveau subordonné où l'on retrouverait l'odeur de la pomme *golden*.

## *Ce qu'il faut expliquer*

À l'issue de ce tour d'horizon des principales propriétés reconnues à la perception olfactive et après l'évocation, au chapitre précédent, des questions posées par l'analyse sensorielle des aliments, nous sommes en mesure de préciser quels éclaircissements nous attendons de l'étude du système olfactif d'un point de vue biologique. Disons plus précisément que nous allons chercher à expliquer les propriétés des odeurs qui dépendent du fonctionnement de la partie la plus périphérique du système, essentiellement le niveau des cellules réceptrices des odorants et de leurs connexions avec cette avancée du cerveau qu'est le bulbe olfactif (Fig. 2). Nous savons bien que toutes les propriétés des odeurs ne sont pas constituées à cette première étape. C'est plus en aval dans le cerveau que le message olfactif est mis en mémoire, entre en relation avec des ensembles de neurones qui l'associent à d'autres messages, l'entraînent dans des processus d'apprentissage, le font participer à l'élaboration d'états affectifs, l'inscrivent dans la conscience et lui permettent de peser sur l'orien-

10. La *théorie des prototypes* se distingue de la théorie dite *classique* pour laquelle le regroupement d'objets dans une même catégorie – ou leur désignation par un même mot – se fait sur la base des propriétés communes à ces objets et donc l'appartenance à une catégorie est déterminée de façon logique par un ensemble de conditions nécessaires et suffisantes.

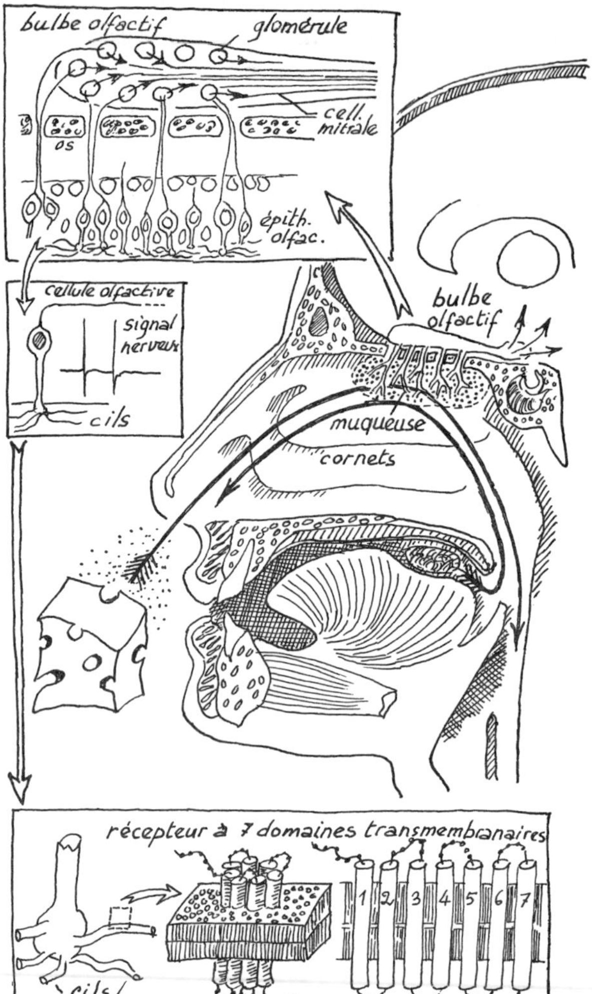


Fig. 2 : Le système olfactif.

*Le schéma central montre la muqueuse olfactive placée sur le trajet des deux voies suivies par l'air : la voie de la respiration et du flairage, ou voie « orthonasale », et la voie de sens inverse, ou « rétronasale », empruntée par les arômes libérés dans la bouche. Les figures encadrées présentent, de haut en bas, les relations entre l'épithélium olfactif et le bulbe olfactif, la cellule réceptrice et un exemple de récepteur d'odorant inséré dans la membrane d'un cil.*

tation du comportement. Nous aurons l'occasion de suivre ce devenir dans des chapitres ultérieurs. Mais il se trouve que, dès son origine, l'activité nerveuse, qui n'est pas encore odeur, est structurée de telle façon qu'elle permet ou qu'elle appelle certaines transformations par les neurones des étages supérieurs et qu'elle en refuse d'autres. Dès les débuts de la construction de l'odeur, certains de ses traits marquants sont déjà discernables. Ce sont ces traits que nous nous proposons de découvrir après avoir rappelé quelques-unes de propriétés qu'il convient d'expliquer.

Parmi ces propriétés nous relevons d'abord la sensibilité remarquable du sens olfactif souvent capable de détecter des composés volatils qui sont présents dans l'air inhalé à des concentrations qui ne dépassent pas le *ppb*, c'est-à-dire la « partie par *billion* » ou partie par milliard. Nous relevons aussi de grandes variations de cette sensibilité selon la nature des odorants et selon les sujets, un cas extrême étant représenté par les anosmies sélectives. Nous avons noté que les qualités olfactives sont perçues comme des totalités assez peu analysables, qu'elles sont extrêmement nombreuses, que nous savons les distinguer, voire les reconnaître quand nous les percevons isolément, mais que nous peinons à les identifier par un nom et que nous ne sommes pas habiles à les repérer individuellement quand elles se présentent en mélanges.

## *Un nombre impressionnant de récepteurs olfactifs*

Depuis de nombreuses années, les chercheurs soupçonnaient que les mécanismes de réception des odorants mettaient en jeu des protéines. Ils raisonnaient par analogie car ce sont des protéines qui reconnaissent les substances chimiques, les *neurotransmetteurs*, agents de la communication entre neurones. Cela a été confirmé il y a une quinzaine d'années grâce à des travaux réalisés d'abord sur le génome de rongeurs par Linda Buck et Richard Axel[11], puis sur celui

11. Buck et Axel (1991). Les auteurs viennent de voir leurs travaux couronnés par l'attribution du prix Nobel de physiologie et de médecine 2004.

de l'homme et de plusieurs autres espèces. Les récepteurs olfactifs (Fig. 2) font partie d'une très grande famille de protéines dites à *sept domaines transmembranaires* en raison de leur ancrage à l'aide de sept segments dans la membrane des cellules. Ils sont également caractérisés par leur association à des protéines essentielles à leur fonctionnement, les *protéines G*. Dans la même superfamille de protéines se trouvent aussi les photorécepteurs de la rétine, les *opsines*, ainsi que d'autres récepteurs de neurotransmetteurs comme la *dopamine* et des récepteurs de certaines hormones. Ces récepteurs sont présents sur les cils portés par les neurones sensoriels localisés dans la muqueuse olfactive.

La muqueuse olfactive (Fig. 2), comme on désigne souvent l'organe de l'odorat, est chez l'homme une région assez restreinte – quelques centimètres carrés dans chaque narine – et assez peu différenciée de la muqueuse nasale, qui occupe une partie du cornet supérieur et s'étend sur la cloison ou *septum* nasal. Elle est composée de deux strates superposées. La plus profonde et la plus épaisse contient des vaisseaux sanguins, des glandes sécrétrices du mucus, du tissu conjonctif ainsi que de nombreux filets nerveux regroupant les axones des neurones récepteurs. C'est la sous-muqueuse. La strate la plus superficielle est l'*épithélium olfactif*, dans lequel se trouvent les cellules réceptrices. Ces cellules sont des neurones, des neurones de forme assez inhabituelle puisqu'ils possèdent à leur extrémité réceptrice, la dendrite, une touffe de cils sur lesquels ont été localisées les protéines réceptrices. Un axone très fin, ou fibre nerveuse, quitte le pôle profond du neurone et rejoint les rameaux du nerf olfactif.

L'épithélium renferme deux autres catégories de cellules : des cellules dites *de soutien*, sortes de cellules gliales, et des cellules dites *basales* qui ont la remarquable propriété de se diviser et de donner naissance à de nouveaux neurones récepteurs bien au-delà de la période de développement du système nerveux. Très efficace chez de nombreux animaux, ce mécanisme de renouvellement et de réparation de l'épithélium olfactif lésé semble l'être nettement moins chez l'homme si on en juge par la proportion assez faible des cas de restauration de la fonction olfactive après une anosmie d'origine infectieuse ou traumatique.

La propriété la plus marquante de l'épithélium olfactif est le très grand nombre de ses récepteurs olfactifs et leur extrême diversité.

Plus de mille types différents ont été identifiés. Les protéines réceptrices possèdent des régions dont la séquence en acides aminés est très semblable d'un récepteur à l'autre. Ces séquences, dites de *consensus*, justifient l'appartenance à la superfamille. Mais, dans d'autres régions de la protéine, dites *hypervariables*, la séquence d'acides aminés change d'un récepteur à l'autre. C'est grâce à cette diversité que les récepteurs s'individualisent. C'est grâce à elle aussi qu'ils sont capables de faire des liaisons avec un grand nombre de molécules odorantes différentes et ainsi de les détecter. En effet, une molécule peut activer un récepteur si elle trouve, sur ce récepteur, une région avec laquelle elle est en mesure d'échanger des liaisons de faible énergie disposées selon une géométrie tridimensionnelle adéquate.

Le large pouvoir de discrimination du système olfactif dépend de ce que l'on appelle la *sélectivité* des récepteurs des surfaces cellulaires, c'est-à-dire du fait que, selon la séquence de leurs acides aminés, ils sont sensibles à un certain nombre d'odorants mais non à tous. Nous avons donc ainsi une explication de l'extrême étendue du monde des odeurs. Le spectre des molécules détectables comme odeurs est immense parce que le nombre des récepteurs olfactifs est lui-même très grand, chacun avec une composition définie de sa zone hypervariable.

Lorsqu'une molécule de petite taille, comme le sont les molécules d'odorants, rencontre à la surface de la cellule olfactive un récepteur qui possède un site de liaison adéquat, le récepteur est activé et il s'ensuit dans la cellule une cascade de réactions moléculaires enzymatiques génératrices finalement d'un composé appelé *second messager*. C'est ce messager intracellulaire – le premier messager est l'odorant lui-même – qui, en se fixant sur des canaux ioniques, déclenche une autre catégorie d'événements, électriques cette fois, en augmentant la perméabilité de la membrane cellulaire à certains ions. Cette séquence d'événements biochimiques puis électriques est appelée *transduction*. Pénétrant soudain dans la cellule, les ions qui sont des particules porteuses de charges électriques engendrent un courant électrique. Si un nombre suffisant de récepteurs et donc de canaux ioniques est activé ensemble – et cela dépend de la concentration de l'odorant – le courant engendré est assez fort pour susciter le départ d'un influx ou d'un train de plusieurs influx, ou *potentiels d'action*, le long de l'axone du neurone récepteur. Ces influx représentent l'unique moyen, pour le neurone, de signaler son activation au cerveau.

Lorsqu'une molécule d'odorant active un récepteur, l'énergie des liaisons physiques, intermoléculaires, mise en jeu est très faible. Cependant, certaines étapes de la cascade enzymatique qui est alors déclenchée possèdent un pouvoir d'amplification considérable parce qu'une molécule activée en active à son tour beaucoup d'autres. Finalement, malgré le peu d'énergie impliquée dans la liaison moléculaire initiale, il suffit d'un nombre assez réduit de récepteurs simultanément activés pour libérer l'énergie, comparativement bien plus considérable, que représente un influx. C'est en partie sur ces mécanismes d'amplification de signaux que repose la sensibilité très élevée du système olfactif. Un autre facteur favorable est le grand nombre des cellules olfactives – des centaines de milliers – qui engendrent en même temps des influx.

Certaines molécules d'odorants activent un récepteur donné et d'autres ne le peuvent pas. C'est la notion de sélectivité qui se rapporte à la spécificité de l'activation. Les récepteurs ont ainsi un profil de sensibilité défini par la collection des odorants capables de les exciter. Il n'existe pas d'exemples de récepteurs olfactifs dont le profil de sélectivité soit totalement connu. Certains paraissent assez étroitement sélectifs, au sens où ils sont activés par un petit nombre seulement des molécules utilisées pour les stimuler. Mais, pour des raisons évidentes, les chercheurs n'ont pu utiliser qu'une fraction infime de tous les stimuli potentiels et rien ne permet d'affirmer que les molécules qui n'ont pas été testées n'auraient pas déclenché de réponses.

Apparemment, la sélectivité plutôt étroite que l'on a rapportée pour les récepteurs est bien supérieure à la sélectivité des cellules olfactives telle qu'elle a été observée à partir de l'enregistrement des réponses électriques de ces cellules[12]. C'est donc, pensera-t-on, que

---

12. Faisant suite aux travaux de Robert Gesteland aux États-Unis (Gesteland *et al.*, 1965), le groupe de Lyon mena dans les années 1970 et 1980 une étude systématique des propriétés des cellules réceptrices sur la grenouille. André Duchamp, Marie-Françoise Revial, Gilles Sicard et l'auteur furent les acteurs de cette recherche à laquelle a été également associé Patrick Mac Leod. Des travaux plus récents de Duchamp-Viret *et al.* (1999) ont montré que les cellules réceptrices des mammifères ont une sélectivité assez semblable à celle des cellules de batraciens.

chaque cellule porte plusieurs types de récepteurs d'odorants, chacun contribuant au profil de sensibilité de la cellule[13]. En réalité, ce n'est pas le cas : un neurone sensoriel ne synthétise et ne place dans sa membrane qu'un seul type de récepteur. C'est du moins ce qu'affirment les biologistes moléculaires qui disposent des tests nécessaires et il n'y a pas de raison de douter de leur affirmation quasi unanime[14]. Il subsiste donc une interrogation sur la question de savoir comment un neurone qui n'exprime qu'un seul type de récepteur, et un récepteur de sensibilité plutôt étroite, peut avoir un spectre de réponses étendu.

## *La construction de l'« image olfactive »*

### LE MESSAGE DES NEURONES RÉCEPTEURS

Dire qu'un récepteur olfactif reconnaît un odorant n'est pas tout à fait exact. En réalité, le récepteur ne reconnaît pas une molécule en tant que telle ; il n'en reconnaît souvent qu'une partie, celle par laquelle cette molécule s'insinue dans son site et se lie à lui pour un bref instant. Il en résulte que si plusieurs molécules présentent une partie semblable, elles seront confondues par les récepteurs sensibles à cette partie commune, pour autant que le reste de la molécule ne soit pas un obstacle à l'accès au site actif. D'autre part, une molécule peut se lier à un récepteur par l'une de ses parties et à d'autres récepteurs par d'autres parties.

La conséquence de cette discrimination imparfaite au niveau moléculaire est que l'activité d'un neurone ne représente pas, pour le cerveau, une information dépourvue d'ambiguïté. Pour lever l'ambiguïté, le cerveau doit disposer des messages provenant d'une combinaison de neurones aux spectres de sensibilité différents mais se recouvrant en partie. C'est la notion de *codage de population*, également qualifié de codage par *across-fiber pattern*, selon une expression

---

13. C'est l'interprétation qui a longtemps paru la plus plausible aux chercheurs du groupe de Lyon.

14. Récemment, l'hypothèse d'un type de récepteur unique exprimé par cellule a cependant été remise en question (Mombaerts, 2004).

empruntée au domaine des fibres du nerf gustatif où ce mode de représentation de l'information a été caractérisé pour la première fois[15]. Elle signifie que l'information est distribuée sur un ensemble de neurones plutôt que confinée sur un seul ou sur un petit nombre de neurones identiques. Compte tenu du grand nombre de récepteurs non étroitement sélectifs, la combinatoire est extrêmement riche et nous percevons en effet un grand nombre d'odeurs.

Nous disposons maintenant d'assez de données pour concevoir comment est organisé le message sensoriel qui quitte l'épithélium olfactif en empruntant le nerf olfactif qui regroupe la totalité des axones des neurones récepteurs, soit une dizaine de millions chez l'homme pour chaque narine. Lorsqu'une bouffée d'arômes se présente à la muqueuse olfactive, une vague d'influx vient s'ajouter au trafic de l'activité spontanée comme un signal s'ajoute au bruit de fond. Toute l'information relative aux molécules inhalées est contenue dans ce message.

Au total, le cerveau va devoir réaliser sur ce message des opérations équivalentes à une *reconnaissance de forme*. Le terme de « forme » est pris ici en un sens abstrait mais pour en faciliter la compréhension, il est possible d'utiliser une métaphore spatiale. Imaginons que chaque neurone récepteur actif émette un signal lumineux. Le message sensoriel apparaîtrait alors, à qui serait capable d'observer l'épithélium sensoriel, comme une *image* ou une *carte* en deux dimensions. Deux odeurs différentes produiraient deux cartes en partie distinctes et en partie différentes et la ressemblance qualitative entre elles dépendrait du degré de similitude de leurs cartes respectives.

## LE BULBE OLFACTIF

C'est au bulbe olfactif (Fig. 2) d'abord, puis aux autres structures situées en aval du bulbe, en particulier la région du cortex olfactif primaire, qu'il revient d'accueillir le message et de le transmettre à leur tour, non sans lui avoir apporté certaines transformations. L'accueil du message nerveux porté par les millions d'axones est réa-

15. Pfaffmann (1956).

lisé dans les *glomérules* du bulbe olfactif. Ce sont de petites structures à peu près sphériques, assez bien individualisées pour se laisser dénombrer – leur nombre est de quelques milliers – où s'effectue la rencontre synaptique entre les terminaisons des fibres du nerf olfactif et le pôle récepteur, ou dendrite, des neurones relais appelés *cellules mitrales*.

Deux faits marquants méritent d'être signalés. Le premier est que le nombre des cellules mitrales qui relaient le message des récepteurs est environ mille fois plus petit que celui des cellules réceptrices. Autrement dit, les glomérules sont des lieux de forte convergence des influx de la périphérie. De la sorte, l'information sur l'odeur qui quitte le bulbe olfactif est répartie dans un nombre de canaux de transmission réduit de mille fois par rapport à ce qu'il était à l'entrée du bulbe. L'autre fait marquant concerne la façon dont est réalisée la convergence des influx dans les glomérules. Les axones du nerf olfactif ne rejoignent pas les glomérules au hasard. La projection est très organisée. Tous les axones qui pénètrent dans un glomérule donné ont en commun d'appartenir à des cellules réceptrices qui portent le même type de récepteurs d'odorants[16]. En raison de cette convergence sélective, tout se passe comme si la sensibilité aux mille facettes de l'épithélium olfactif était transposée à la surface du bulbe.

En dehors des terminaisons du nerf olfactif et des cellules mitrales, le bulbe olfactif contient d'autres éléments neuronaux. Il s'agit de petits neurones locaux, des *interneurones* inhibiteurs, qui entrent dans un grand nombre de boucles de rétroaction dont le rôle principal est de réguler le niveau d'activité des cellules mitrales. L'une des fonctions les plus claires des interneurones est de réaliser ce que l'on appelle une *inhibition de voisinage* entre les cellules mitrales qui innervent des glomérules voisins. Quand un glomérule est fortement activé par un stimulus olfactif, il adresse aux glomérules qui l'entourent, par l'intermédiaire des interneurones, une inhibition qui bloque les éventuelles activations d'intensité plus faible. Le contraste entre les neurones fortement actifs et ceux qui le sont moins est accentué, la netteté de l'image olfactive est accrue. C'est sans doute un facteur favorable à la discrimination d'odeurs différentes.

16. Vassar *et al.* (1994) ; Ressler *et al.* (1994).

## *Une interprétation*

Il devient possible, dans cette perspective, d'interpréter certaines propriétés des odeurs évoquées dans les paragraphes précédents. Les qualités olfactives, avons-nous dit, ne semblent pas construites à partir d'éléments discrets permutables. De fait, nous serions bien en peine de désigner de tels éléments, en dehors des neurones récepteurs eux-mêmes, beaucoup trop nombreux cependant pour que chacun d'eux puisse apporter une contribution reconnaissable à l'image globale.

Nous avons dit aussi que les personnes entraînées parvenaient à reconnaître des notes, qualifiées par l'emploi de descripteurs, dans l'odeur d'un mélange et même dans celle d'un corps pur. Cela revient, semble-t-il, à identifier une forme insérée dans une autre forme. Personne ne sait précisément comment les ensembles de neurones cérébraux réalisent cette opération. Il est permis de supposer, toutefois, que la mémoire y joue un rôle déterminant[17]. Dans le mécanisme de la reconnaissance des odeurs, la forme olfactive qui se présente à la perception est de toute évidence comparée automatiquement au stock des odeurs déjà mémorisées et cette comparaison fait surgir des formes connues qui présentent, avec l'objet de la perception, une ressemblance suffisante pour parvenir à la conscience. Ce rappel partiel, identifiable, peut être fugace parce que d'autres formes concurrentes surgissent et prennent sa place. D'où la difficulté, parfois, à confirmer l'existence d'une note un instant reconnue.

Ce qui vient d'être dit s'applique à la question de la qualité des mélanges. Dans certains mélanges, la forme globale est perçue comme composite, même si les composantes ne sont pas identifiables. Dans d'autres cas, la sensation est homogène, elle donne peu de prise à une tentative d'analyse, les composantes paraissent avoir fusionné. Sans doute les formes individuelles des composantes sont-elles trop entrelacées pour se prêter à une décomposition. Quant à l'intensité d'un mélange, nous avons vu qu'il était difficile de la prédire sur la base de l'intensité de ses constituants pris individuellement. Au moins une partie de l'explication est à chercher dans la

17. Wilson et Stevenson (2003).

sélectivité très imparfaite des récepteurs. Parmi les diverses molécules composant un mélange certaines se trouvent en compétition pour le même récepteur qui est en mesure de répondre à chacune d'elles mais avec une efficacité différente. Dans cette situation de compétition la simple additivité des effets est improbable mais on ne sait pas vraiment pourquoi le fait d'ajouter une certaine quantité de molécules B à une concentration de molécules A fait moins croître l'intensité que d'ajouter le même nombre de molécules A.

Il est une question que nous pouvons reprendre ici, celle de la signification des anosmies sélectives. Nous avons vu qu'une anosmie partielle pouvait trouver son explication dans l'absence ou le dysfonctionnement d'un type de récepteur. Cette interprétation soulève pourtant des difficultés. L'une d'elles est qu'il n'est pas facile d'imaginer comment la mise hors jeu d'un seul type de récepteur pourrait avoir une conséquence décisive sur la détection d'un odorant si l'on admet que, les récepteurs n'étant en général pas très sélectifs, un odorant est détecté par plusieurs types de récepteurs. Il faudrait admettre que les anosmies sélectives ne sont possibles que pour des odorants dépendants d'un seul récepteur ou d'un tout petit nombre pour leur détection. C'est en effet probable mais ce n'est pas prouvé.

Une autre observation troublante est que dans un cas d'anosmie humaine, l'anosmie sélective pour l'androsténone, la sensibilité des sujets anosmiques pouvait être au moins en partie restaurée par une exposition répétée à cette odeur[18]. Faut-il imaginer que l'exposition à l'odeur ait pu induire la production de récepteurs ou rendre fonctionnels des récepteurs qui auparavant ne l'étaient pas ? Faut-il considérer l'anosmie à l'androsténone, parce qu'elle est présente chez un très grand nombre de sujets, comme un cas à part ? Ou bien peut-on considérer que les autres anosmies sélectives, plus rares, sont aussi susceptibles de bénéficier de l'effet restaurateur de l'exposition au stimulus initialement ignoré ? La question reste posée. Notons cependant qu'une semblable restauration de sensibilité a été obtenue en exposant à l'androsténone des souris appartenant à une souche habituellement insensible à la substance[19]. Dans ce cas l'apparition de la

18. Wysocki *et al.* (1989).
19. Wang *et al.* (1993).

sensibilité a été attestée par des enregistrements électriques de la réponse de l'épithélium olfactif à la stimulation. Le processus de restauration semble donc bien prendre place au niveau le plus périphérique et non à quelque niveau plus central.

Dans la mesure où elles paraissent mettre en cause le fonctionnement des récepteurs, les anosmies sélectives attirent l'attention sur les gènes de ces récepteurs. Des données de génétique moléculaire sur l'immense répertoire de ces gènes ont été obtenues ces dernières années. Elles ouvrent un nouveau chapitre de la connaissance du système olfactif en commençant à mettre en lumière son évolution. C'est ce dont nous allons parler maintenant.

Chapitre IV

# L'HÉRITAGE OLFACTIF DE L'HOMME

*Le génome humain contient presque autant de gènes olfactifs que celui d'autres mammifères. Toutefois, plus de la moitié d'entre eux se sont détériorés au cours de l'évolution et sont devenus incapables de produire des récepteurs d'odorants. Le processus avait commencé déjà chez les grands singes, au moment où s'affinait la vision des couleurs. Moins de gènes, donc moins de récepteurs : l'odorat n'est pas à son apogée dans l'espèce humaine. N'en concluons pas trop vite qu'il a renoncé à nous procurer du plaisir.*

Le chapitre précédent a décrit un système olfactif implicitement humain, alors que bien des connaissances ayant permis cette description ont été obtenues sur des animaux. Jusqu'à un certain point, l'extrapolation de l'animal à l'homme est licite car le plan d'organisation du système olfactif et les principes de son fonctionnement sont très semblables chez tous les mammifères. C'est même un exemple de remarquable conservation d'un appareil sensoriel à travers l'évolution des espèces. Cependant, sur un fond de similitude indéniable, se présentent des différences quantitatives qui ne peuvent être négligées, d'autant qu'elles concernent au premier chef le système olfactif humain. Nous allons donc concentrer notre attention sur le domaine de recherche où viennent récemment d'être présentées les preuves les plus claires d'une évolution de l'olfaction qui affecte notre espèce, le domaine de la génétique moléculaire des récepteurs.

### *Les gènes olfactifs humains : les vrais et les pseudos*

Les gènes des récepteurs olfactifs humains sont maintenant connus. Ils ressemblent beaucoup à ceux des autres espèces. Il est ainsi possible de retrouver dans le génome d'une espèce la séquence d'ADN qui correspond à un gène olfactif de la nôtre. Le répertoire de nos gènes de récepteurs olfactifs présente toutefois une différence importante par rapport à ceux de la souris, du rat et de bien d'autres mammifères : beaucoup des gènes olfactifs humains, environ les deux tiers, sont des *pseudo-gènes,* c'est-à-dire qu'ils ressemblent à de vrais gènes mais ne sont pas exprimés sous forme de récepteurs[1]. Ils sont présents, disséminés sur à peu près tous les chromosomes, mais seuls environ 350 d'entre eux peuvent diriger la synthèse de protéines réceptrices. Les autres ont sans doute été fonctionnels chez les lointains ancêtres des humains, mais ils ne le sont plus. Faut-il voir dans cette forte réduction du nombre des gènes actifs, et par conséquent des récepteurs en état de répondre aux odorants, un nouveau signe, voire une cause, du déclin de l'importance fonctionnelle de l'odorat ?

Il y a bien longtemps que l'on débat des capacités olfactives comparées des humains et des autres animaux. La tendance majoritaire est de reconnaître que l'homme est un *microsmate,* un animal à l'odorat comparativement peu développé. D'un simple point de vue anatomique, il est vrai que le volume cérébral qu'*Homo sapiens sapiens* consacre au traitement des messages olfactifs apparaît modeste par rapport à celui qu'il mobilise pour sa vision ou son audition. Bien qu'il se chiffre en millions, le nombre des cellules réceptrices est modeste quand il est comparé à celui d'autres espèces de mammifères. Les bulbes olfactifs sont de petite taille ; le cortex olfactif primaire, étendu dans le cerveau des rongeurs, n'occupe comparativement qu'une faible surface dans notre cerveau. Les proportions

1. Rouquier *et al.* (2000).

sont inversées chez beaucoup d'animaux que l'on qualifie de *macrosmates*. Bien que ces données d'anatomie ne soient pas à elles seules une indication de performance réduite, elles peuvent être interprétées en ce sens. Au plan fonctionnel des performances, on fait valoir l'extraordinaire acuité olfactive de telle ou telle espèce – le chien est souvent cité – et l'on s'émerveille de son extrême sensibilité, mais les études systématiques, comparées, des seuils de détection et de reconnaissance d'animaux et d'humains sont rares. Elles sont rares parce qu'elles sont difficiles. De temps à autre apparaît une étude qui conclut que, tout bien considéré, les allégations sur l'infériorité olfactive des humains ne sont pas vraiment fondées. Sans doute faut-il se méfier des généralisations et conserver à l'esprit que les humains peuvent être des « flaireurs » tout à fait performants avec certaines odeurs et tout à fait médiocres avec d'autres. Cependant, la découverte de nombreux gènes inopérants chez l'homme relance sans conteste le débat.

Les résultats des recherches sur le génome olfactif humain soulèvent plusieurs interrogations. La première est celle des conséquences, pour un organisme, d'avoir plus ou moins de récepteurs olfactifs. Le bon sens incline à penser que puisque les récepteurs servent à détecter les molécules volatiles de l'environnement, plus l'organisme dispose de récepteurs et mieux il détecte les molécules. « Mieux » peut signifier qu'il en détecte davantage, c'est-à-dire qu'il est globalement plus sensible, ou qu'il les distingue mieux les unes des autres, qu'il les discrimine davantage. Cette dernière hypothèse paraît être la plus vraisemblable. Avec davantage de récepteurs pour examiner les molécules, des différences plus fines peuvent être distinguées. Perdre des récepteurs serait donc perdre des capacités de discrimination. Ceci n'est vrai, toutefois, que si le système s'efforce d'exercer la même surveillance sur la totalité des substances volatiles. Il en va autrement s'il se spécialise, s'il renonce à reconnaître des familles de molécules qui ne présentent pas un intérêt majeur pour l'espèce, par exemple parce que cette espèce vit dans un environnement qui n'est plus celui que ses ancêtres ont connu. Même avec un nombre plus restreint de récepteurs, le système peut conserver de très bonnes capacités dans un secteur du monde des odeurs au prix de l'abandon de ses performances dans un autre secteur. Qu'en est-il pour l'espèce humaine ?

Des recherches récentes[2] apportent un début d'éclairage à ce débat en comparant les génomes olfactifs de l'homme et de la souris. Les chercheurs ont commencé par identifier les récepteurs olfactifs de la souris en utilisant une base de données sur le génome de cette espèce qui est maintenant décrypté de façon à peu près complète. Ils ont trouvé près de 1 300 gènes de récepteurs olfactifs qui ont pu être classés en 228 familles selon les ressemblances de leurs séquences. Comme le génome humain est également connu, il a été possible d'identifier les gènes intacts des récepteurs olfactifs de notre espèce et de les classer eux aussi, puis de tenter de les apparier avec des familles correspondantes de la souris. La comparaison des deux classements est très intéressante. Elle montre que les gènes humains qui restent fonctionnels ont leurs homologues souris dispersés dans toute l'étendue du génome olfactif du rongeur. Ils auraient pu disparaître dans certaines familles et rester dans d'autres mais ce n'est pas ce qui est observé. Un bon nombre d'entre eux figure même dans une classe appelée *classe 1* qui regroupe des gènes qui ressemblent à ceux qui équipaient déjà les poissons. Faut-il y voir l'indication que le système olfactif humain est capable d'accéder au même univers d'odorants que celui des autres mammifères ? Probablement. L'interprétation doit cependant être nuancée car il ne va pas de soi que des récepteurs classés proches d'après la séquence de leurs acides aminés reconnaissent nécessairement des molécules proches au plan chimique et *a fortiori* des molécules proches au plan de la qualité odorante.

## *Mieux voir les couleurs mais sentir un peu moins ?*

Une autre interrogation soulevée par l'abondance des pseudogènes est celle de la signification évolutive de leur présence. Puisqu'ils ne peuvent plus contrôler la synthèse de récepteurs, pourquoi sont-ils restés dans le génome ? Une hypothèse est qu'ils sont toujours là, d'une part parce qu'ils ne sont pas nuisibles et d'autre part, parce que leur mutation n'a pas eu des conséquences suffisamment graves sur

2. Zhang et Firestein (2002).

la survie de leurs porteurs. Si la détérioration du gène avait mis en danger l'organisme porteur, le gène aurait sans doute disparu de la population avec son porteur. Supposons qu'une mutation prive un souriceau ou un lapereau nouveau-né de la perception d'un indice olfactif précis, crucial pour son orientation vers la mamelle maternelle, le gène muté n'aurait pas un grand avenir car il disparaîtrait avec le nouveau-né rapidement mort de faim. Que la mutation affecte, en revanche, la perception d'odorants sans intérêt biologique vital pour l'espèce considérée, le gène muté peut subsister. Si donc une espèce peut perdre beaucoup de gènes de récepteurs olfactifs sans voir son avenir compromis, c'est qu'elle n'a plus un besoin crucial des fonctions auxquelles ces gènes étaient autrefois associés chez ses ancêtres. Même dans le cas de substances d'importance biologique, les récepteurs olfactifs sont assez nombreux et assez redondants pour que la défaillance de tel ou tel d'entre eux n'ait pas de conséquences dramatiques. Il n'en va évidemment pas de même pour la perte des deux tiers du génome olfactif.

L'existence de pseudo-gènes de récepteurs olfactifs est-elle une singularité de l'espèce humaine ? Elle ne l'est pas. Bien qu'il y ait plusieurs façons d'apprécier la fonctionnalité d'un gène en examinant sa séquence de nucléotides, on estime que les pseudo-gènes représentent déjà environ 20 % de tous les gènes olfactifs chez la souris et le chien, espèces auxquelles on ne dispute pas de réelles compétences olfactives. Sans doute faut-il croire que la présence de pseudo-gènes est inhérente à la nature redondante du génome olfactif et à sa grande taille.

Qu'en est-il, alors, chez des espèces plus proches de l'homme ? Deux équipes, l'une allemande, l'autre israélienne, ont étudié conjointement cette question en examinant le génome de 19 espèces de primates[3]. Ces espèces incluaient un humain, quatre grands singes, six singes de l'Ancien Monde, sept singes du Nouveau Monde – ceux qui possèdent une queue – et un prosimien. Les chercheurs ont pris un échantillon au hasard de 100 gènes du répertoire olfactif de chaque espèce et ont estimé la proportion de pseudo-gènes dans chaque échantillon. Les résultats conduisent à diviser l'ensemble des primates en trois groupes. Dans un premier groupe se trouvent les singes du

3. Gilad *et al.* (2004).

Nouveau Monde, comme le capucin, le singe écureuil, le marmouset... et un prosimien, le lémur. Chez ces espèces, le taux de pseudo-gènes, un peu inférieur à 20 %, est très voisin de celui de la souris. Le deuxième groupe comprend les grands singes comme le chimpanzé, le gorille, l'orang-outan et le gibbon, ainsi que les singes de l'Ancien Monde tels que le rhésus et le babouin. Dans ce deuxième groupe, le taux de pseudo-gènes s'accroît pour atteindre une valeur proche de 30 %. Curieusement, le singe hurleur ne se trouve pas dans le premier groupe avec ses cousins du Nouveau Monde, mais avec les grands singes. Enfin, un deuxième saut est réalisé avec l'unique exemplaire du groupe humain, lequel culmine vers 50 %. Ces données indiquent que la réduction des gènes olfactifs fonctionnels s'accentue une première fois chez les grands singes et autres primates non humains du Vieux Monde et une seconde fois chez l'homme.

Fait intéressant, la place surprenante du singe hurleur dans le groupe des primates à fort pourcentage de pseudo-gènes n'est pas la seule singularité de cette espèce. Une autre particularité concerne un autre organe sensoriel, la rétine et une autre fonction, la vision. Ce singe possède trois gènes de photorécepteurs qui lui assurent une vision trichromatique semblable à celle des grands singes, alors que les autres singes du Nouveau Monde n'ont que deux de ces gènes. Comme l'écrivent Yoav Gilad et ses collègues : « Ainsi, l'évolution vers la vision pleinement trichromatique a coïncidé avec une augmentation de la fraction des pseudo-gènes olfactifs indicatrice d'une détérioration du sens de l'odorat. »

Si la coïncidence n'est pas fortuite, il faut supposer que la possession d'une vision des couleurs très efficace a permis aux primates dotés de cette vision de ne pas connaître de désadaptation à leur milieu de vie malgré l'appauvrissement de leur équipement en récepteurs olfactifs. Supposons, par exemple, que la détection et la sélection des aliments principaux de ces espèces, primitivement réalisée sur une base olfactive, soit devenue possible et même plus efficace sur la base de leurs couleurs. Mais n'est-ce pas le cas chez les espèces qui, comme les primates anthropoïdes, se nourrissent de fruits et autres produits végétaux ? Il a été montré en laboratoire[4] que pour

4. Smith *et al.* (2003).

distinguer les fruits des feuilles et les fruits mûrs des fruits verts, des singes à vision trichromatique avaient une supériorité sur d'autres singes qui ne possédaient que deux types de photorécepteurs. Il y a là une piste de recherche à explorer.

Un calcul basé sur une estimation du taux de fixation des gènes perturbés a été effectué par Gilad et coll. Le calcul montre que le singe hurleur, les grands singes et les singes du Vieux Monde devraient avoir beaucoup plus de pseudo-gènes qu'ils n'en ont de fait si la perte des gènes fonctionnels s'était effectuée à taux constant depuis l'apparition de la vision trichromatique, il y a environ 23 millions d'années chez les singes du Vieux Monde et plus récemment (entre 7 et 16 millions d'années) chez le singe hurleur. Il semble, au contraire, que le processus a dû être ralenti, voire arrêté chez ces espèces. Cela laisse penser que tous les gènes olfactifs n'ont pas nécessairement la même valeur adaptative pour une espèce (ou un groupe d'espèces) vivant dans un milieu donné, et que l'espèce peut se passer de certains gènes mais ne peut pas se passer impunément des autres. Les gènes restés actifs pourraient être ceux qui possèdent toujours une grande valeur adaptative et ceux devenus inactifs, des gènes qui n'ont plus cette valeur.

Le même raisonnement peut être appliqué à l'espèce humaine. Si la perte de gènes fonctionnels entraîne l'affaiblissement du sens olfactif, comme on l'a admis, il reste encore possible que ce sens soit aussi efficace qu'il l'était chez les ancêtres des primates dans certains domaines de son utilisation, tout en étant moins performant dans d'autres domaines. Il est vrai que la comparaison du génome olfactif de la souris et de celui de l'homme que nous avons rapporté plus haut ne plaide pas, à première vue, pour cette interprétation.

## *Tous les gens n'ont pas le même nez*

Une autre question est celle de savoir si la coexistence des gènes fonctionnels et des pseudo-gènes est la même chez tous les humains. Bien des observations indiquent que les hommes diffèrent sensiblement les uns des autres quand il s'agit de détecter des odeurs ou de les reconnaître. C'est ce que l'on pourrait attendre si l'équipement en récepteurs olfactifs était variable d'un individu à l'autre. L'existence des nombreux pseudo-gènes expliquerait cette hétérogénéité fonctionnelle si les gènes mutés étaient différemment répartis chez les humains. Une étude israélienne du groupe de Doron Lancet[5] vient d'apporter des données qui éclairent la diversité génétique humaine.

Un même gène peut exister, on le sait, sous plusieurs formes, appelées allèles. Il est fréquent que deux allèles différents soient présents dans le génome d'un individu, l'un venant du père, l'autre venant de la mère. L'individu est hétérozygote pour ce gène. Parfois, un allèle domine l'autre et s'exprime seul. L'individu a alors un *phénotype* déterminé par ce gène dominant. Parfois, les deux gènes s'expriment et le phénotype est intermédiaire. Dans le cas des gènes des récepteurs olfactifs, un phénomène d'*exclusion de l'allèle* fait qu'un seul allèle s'exprime. Les chercheurs ont voulu savoir si certains des pseudo-gènes, les plus récemment perturbés, avaient encore des allèles sains qui pouvaient coexister avec eux dans le génome d'un individu et se séparer chez un autre.

L'étude a été réalisée sur un total de 189 humains appartenant à deux groupes ethniques, des Américains d'origine africaine et des non-Africains. Le résultat a montré qu'en effet, le gène sain et son allèle non fonctionnel pouvaient se joindre et se disjoindre, ce qui a pour conséquence une grande diversité fonctionnelle de la population humaine. En effet, à côté des individus qui possèdent deux exemplaires de l'allèle sain et synthétisent donc le récepteur, se trouvent les sujets hétérozygotes pour ce gène qui, eux aussi, sont dotés du récepteur en vertu de la dominance de l'allèle sain sur l'allèle muté. Il n'y a que les individus homozygotes pour l'allèle perturbé qui ne synthétisent pas le récepteur concerné. Mais l'étude apporte une autre information : les deux populations humaines étudiées se distinguent clairement l'une de l'autre pour ce qui est de la ségrégation des formes intactes et perturbées, et la conséquence en est que la population d'origine africaine produit en moyenne davantage de récepteurs olfactifs que la population non africaine. Il sera nécessaire de faire intervenir les méthodes psychophysiques de mesure directe de la

5. Menashe *et al.* (2003).

sensibilité olfactive sur différents groupes humains pour rechercher si la prédiction de la génétique se vérifie bien.

Ainsi, à ne considérer que ses gènes, l'espèce humaine montre des signes patents d'une réduction de ses potentialités olfactives par rapport à celles de beaucoup d'autres espèces de mammifères. Cette réduction coïncide avec un perfectionnement du système visuel, ce qui pourrait signifier que des fonctions adaptatives de l'odorat ont été reprises par la vision et en particulier la vision des couleurs. Le processus n'est cependant pas uniforme. Il est plus prononcé dans certaines populations humaines que dans d'autres et il est possible qu'il ne porte pas uniformément sur toutes les familles de molécules odorantes. Il serait des plus instructif de savoir de quelles familles de molécules la perception est la plus perturbées par la transformation de gènes actifs en pseudo-gènes. Il faudra attendre, pour le savoir, que l'on en sache davantage sur les profils de sensibilité des récepteurs individuels, car si la connaissance des gènes olfactifs est maintenant considérable, celle des récepteurs eux-mêmes est surtout indirecte, déduite de la séquence de leurs gènes.

C'est une situation assez semblable que nous allons rencontrer en nous familiarisant au chapitre suivant avec l'appareil gustatif dont les mécanismes récepteurs des molécules sapides ne sont pas sans rappeler ceux des récepteurs des odorants.

Chapitre V

# LA RÉCEPTION DES SAVEURS

*La connaissance du goût* stricto sensu, *comme celle de l'odorat, s'est récemment enrichie de la découverte de nouveaux récepteurs. Il est de plus en plus difficile d'enfermer la richesse des saveurs dans la traditionnelle classification qui n'en reconnaissait que quatre.*

## *Ultime contrôle avant l'entrée*

Les différentes sensibilités chimiques se complètent heureusement. Le système olfactif détecte les composantes de l'aliment qui sont assez volatiles pour atteindre l'épithélium sensoriel de la cavité nasale. Il revient au système gustatif de signaler au cerveau celles des propriétés chimiques des aliments qui ne sont pas accessibles à l'odorat, soit parce que les substances constituantes sont trop lourdes et trop peu volatiles, soit parce qu'elles sont captives de l'eau ou des corps gras. Les éléments récepteurs de la gustation, les cellules gustatives, sont donc disposés sur la langue et le palais en des lieux atteints directement par l'aliment mastiqué et imprégné de salive. Ces cellules gustatives procèdent à l'ultime examen des substances avant qu'elles ne soient bientôt introduites dans le tube digestif par l'acte de déglutition. La plupart du temps, dans le cours du repas, l'examen se traduit par un cortège de sensations familières où les impressions gustatives ne sont pas dissociées des sensations olfactives rétronasales et se distinguent mal des impressions tactiles et thermiques pour le mangeur inattentif. Mais si cet examen fait apparaître un signal insolite comme une saveur amère inattendue, la déglutition est immédiatement interrompue par une réaction automatique de protection.

Lorsque le mangeur dirige le foyer de son attention gourmande sur ce qu'il déguste, il repère dans les impressions complexes qui envahissent son champ de conscience des sensations qu'il a appris à nommer sucré, salé, acide, amer. Ce sont les contributions les plus saillantes de son système gustatif à sa perception globale de l'aliment. On a pris l'habitude de désigner ces sensations comme « saveurs fondamentales » ou encore « qualités gustatives primaires », avec le présupposé que le répertoire des qualités gustatives est limité à ces quatre saveurs et à leur combinaison, ce qui est encore enseigné dans les manuels de physiologie. Tous les chercheurs ne partagent pas cette façon de présenter la réalité. Un peu d'histoire des recherches sur la gustation nous permettra de mieux saisir les éléments d'un débat aussi vieux que ces recherches.

La perception des qualités gustatives des aliments repose sur l'activation de récepteurs moléculaires portés par les cellules gustatives. C'est un sujet de recherches qui, après avoir longtemps stagné, a connu des progrès soudains et considérables au cours des quelques dernières années grâce aux méthodes puissantes de la biologie moléculaire et à l'impulsion donnée par les découvertes sur les récepteurs olfactifs à l'aide des mêmes méthodes. Nous tenterons de faire le point sur ce nouveau savoir encore mal stabilisé et d'évaluer comment il relativise maintenant l'importance du débat sur les saveurs fondamentales.

## *Les modalités de la saveur*

Comme les sensations olfactives, les sensations gustatives sont caractérisées par leur qualité, leur intensité et leur valence affective. Nous allons centrer notre examen sur les qualités, les autres attributs des saveurs seront considérés plus tard. Pour qui cherche à faire comprendre à un interlocuteur ce qu'il faut entendre par « goût », il est commode d'évoquer les quatre catégories du sucré, du salé, de l'acide et de l'amer. S'il est besoin de préciser davantage, on mentionne alors les stimuli familiers qui leur sont associés, à savoir le sucre, le sel, le vinaigre (acide) ou le citron (acide). Plus difficile est de caractériser l'amer car les substances amères sont nombreuses et aucune de celles qui sont couramment consommées – le café par exemple – ne se caractérise exclusivement par son amertume, et la quinine qui est utilisée dans les laboratoires comme prototype de stimulus amer n'est pas consommée par beaucoup de gens.

L'interaction des aliments avec le sens du goût est donc à l'origine de sensations désignées comme qualités gustatives. La question qui se pose est celle de savoir à quoi correspondent les quatre qualités que l'on désigne communément. S'agit-il des seules formes d'expression dont soit capable l'appareil gustatif ? S'agit-il, au contraire, d'un échantillon de quelques sensations choisies, parmi beaucoup d'autres, pour représenter le goût, parce qu'elles sont particulièrement saillantes, parce qu'on sait les nommer, parce qu'elles peuvent être perçues sans trop de confusion avec les autres sensations qui prennent naissance dans la bouche et le nez ? Dans ce cas, retenir seulement quatre qualités serait largement arbitraire. Ou bien faut-il considérer qu'il existe des saveurs nombreuses mais qu'elles peuvent être regroupées en quatre ensembles, en quatre catégories, sur la base de leurs ressemblances mutuelles et de leurs différences ?

Il n'est pas aisé à chacun de se faire une opinion en se fondant sur son expérience de goûteur. Si l'on a l'impression qu'un aliment possède une saveur qui ne se confond clairement avec aucune des quatre qualités traditionnellement reconnues, il se peut que ce soit le résultat de la perception mêlée de plusieurs de ces qualités. Et si cette hypothèse vient à être exclue, il reste que la saveur proprement dite est peut-être mêlée à une sensation olfactive qui la travestit et lui fait perdre sa pureté, car séparer ce qui revient au nez de ce qui revient aux papilles est impossible sans quelque artifice. L'introspection n'apporte rien de décisif.

## *Le continu ou le discontinu dans le monde des saveurs*

Abandonnant le terrain décevant de l'introspection, nous nous tournons vers le discours savant. Il n'est pas unanime, c'est le moins que l'on puisse dire. En réalité, deux options ont longtemps divisé les chercheurs et les divisent encore. La première thèse peut être qualifiée de *réaliste.* Elle tient qu'il existe bien réellement un petit nombre de qualités gustatives séparées qui trouvent leur origine dans la biologie du système sensoriel. La seconde thèse peut être qualifiée de *relativiste,* car elle soutient que les catégories traditionnelles sont des entités plus ou moins arbitraires qui doivent plus à l'habitude et à la culture qu'à la biologie du système ; la structure de l'univers des sensations gustatives est celle d'un continuum.

Avant de confronter les termes de ce débat aux connaissances sur les récepteurs, ce que nous ferons un peu plus tard, remontons à la fin du XIXe siècle et au début du XXe, à une époque où les seules données disponibles étaient celles de l'introspection ou des études menées en psychophysique. En 1916, H. Henning proposa un modèle de la perception gustative qui a connu une grande popularité, c'est le « tétraèdre des saveurs ». Les principales qualités du sucré, du salé, de l'acide et de l'amer sont disposées aux quatre sommets d'un tétraèdre. Dans l'esprit de Henning, de nombreuses saveurs se plaçaient sur les arêtes et les faces du tétraèdre, mais comme le font remarquer Robert Erickson[1] et Annick Faurion[2], la thèse réaliste a par la suite biaisé l'interprétation originelle en ne retenant que les sommets. L'idée qu'il existait quatre saveurs fondamentales, abusivement attribuée à Henning, est devenue la thèse majoritaire des chercheurs et s'est installée dans le savoir commun.

Vint ensuite l'époque des premiers travaux de neurophysiologie. Au début des années 1940, il devint possible d'interroger directement les fibres gustatives en enregistrant leurs signaux électriques. Ce fut

1. Erickson (2000).
2. Faurion (1996).

une étape importante car pour la première fois on accédait aux messages que les cellules gustatives adressaient au cerveau.

## *Papilles, bourgeons et cellules*

Avant de nous engager plus avant dans l'exposé de ce que révélèrent les messages neuraux, il est temps de présenter les cellules qui produisent ces messages (Fig. 3). Les cellules gustatives sont des cellules épithéliales bipolaires dont un pôle, orienté vers la cavité orale, porte de fins filaments, appelés villosités, qui hébergent dans leur membrane les récepteurs moléculaires des saveurs. Les cellules réceptrices sont regroupées par ensembles de plusieurs dizaines dans de petites structures, appelées *bourgeons gustatifs*. Ces bourgeons sont eux-mêmes logés dans trois classes de *papilles*, dites *fongiformes, foliées* et *caliciformes*, réparties sur la langue, le palais et le pharynx.

Quoi que l'on ait écrit parfois, les différentes parties de la langue ne sont pas étroitement spécialisées dans leur sensibilité aux saveurs. Cette question de la topographie de la sensibilité gustative n'est pas neutre par rapport à l'opinion que l'on se fait sur l'existence ou non de saveurs fondamentales. Une compartimentation géographique des sensibilités serait une preuve de leur réalité objective. Une répartition homogène et diffuse favoriserait, au contraire, la position adverse. La réalité expérimentale est nuancée. Il est vrai que les seuils de réponse sont plus bas à la pointe de la langue pour les stimuli du sucré et du salé, à l'arrière de la langue pour les acides et au niveau du palais pour l'amer[3]. Mais, chez les humains, le sucré, l'amer, l'acide et le salé peuvent être décelés dans toute l'étendue de la zone de réception des saveurs. Les différences, cependant, sont plus marquées chez les rongeurs.

Les cellules gustatives ont une durée de vie courte, de l'ordre d'une dizaine de jours. Elles sont donc continuellement renouvelées, ce qui a des conséquences fonctionnelles importantes. En effet, les cellules sont innervées par des fibres nerveuses auxquelles elles communiquent leur excitation par les substances sapides, grâce à des

3. Collings (1974).

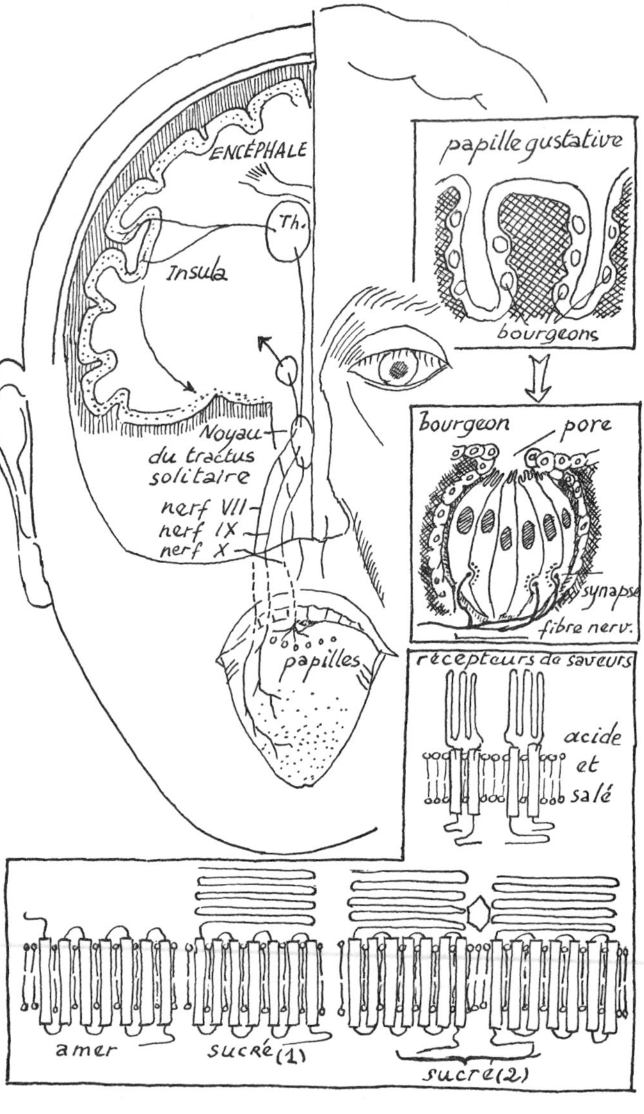


Fig. 3 : Le système gustatif.
*Schéma succinct des voies gustatives. Les encadrés illustrent, de bas en haut : une coupe de papille, un bourgeon et quelques exemples de récepteurs qui équipent les cellules gustatives.*

synapses chimiques. Lorsqu'une cellule dégénère, les synapses la quittent tandis que d'autres se forment sur une nouvelle cellule en développement. Seulement, comme on le verra bientôt, toutes les cellules d'un même bourgeon n'ont pas la même sensibilité. Pour ne pas perturber le message nerveux, il paraît nécessaire que la fibre qui retire ses synapses choisisse, pour les reconstituer, une cellule de même profil de sensibilité que celle qui disparaît. On suppose que des molécules de surface guident sélectivement la fibre vers sa nouvelle cible. Peut-être les molécules réceptrices elles-mêmes jouent-elles ce rôle de guide.

Les fibres nerveuses reliées aux cellules gustatives appartiennent à trois nerfs (Fig. 3). L'un d'eux est la corde du tympan, branche du nerf crânien n° VII ou nerf facial. C'est ce rameau nerveux que l'on désigne le plus souvent comme le nerf gustatif. Deux autres nerfs, le nerf glosso-pharyngien, nerf crânien n° IX, et le nerf vague, nerf n° X, sont aussi des messagers des saveurs. Les trois nerfs rejoignent le *noyau du tractus solitaire,* dans la partie postérieure du cerveau, où le nerf vague adresse aussi des messages issus des viscères.

## *Lignes dédiées ou codage combinatoire*

Revenons à l'observation des messages nerveux. En plaçant de fines électrodes sur le trajet de la corde du tympan, chez des animaux de différentes espèces, les électrophysiologistes purent recueillir la trace des influx que les fibres nerveuses transmettaient lorsque des substances génératrices de saveurs étaient déposées sur la langue. L'un des premiers à réaliser ce genre d'expériences, Carl Pfaffmann, constata que lorsqu'il parvenait à interroger une seule fibre nerveuse à la fois, cette fibre « unique » répondait rarement à un seul des types de stimulus qu'il utilisait. Bien peu fournissaient une réponse exclusive à un stimulus sucré, acide, amer ou salé, mais beaucoup répondaient plus ou moins fortement à plusieurs stimuli supposés représentatifs de différentes qualités gustatives.

Des études ultérieures montrèrent que le manque de sélectivité des fibres n'était pas dû seulement à la contribution de plusieurs cellules au message d'une seule fibre puisque, lorsqu'elles purent être directement interrogées, les cellules se révélèrent, elles aussi, non sélectives. Pfaffmann comprit qu'une fibre unique ne pouvait pas, à elle seule, porter l'identité du stimulus et que cette identité ne pouvait être appréhendée par le système nerveux que sur la base des informations transmises simultanément par de nombreuses fibres. « Dans un tel système, la qualité sensorielle ne dépend pas simplement de l'activation "par tout ou rien" de certains groupes particuliers de fibres, mais aussi du *pattern* des autres fibres actives[4]. » Pfaffmann systématisa ses observations et proposa l'idée, à l'époque très nouvelle, que la qualité gustative était encodée dans les quantités relatives d'activité engendrées par le stimulus. Comme les fibres gustatives pouvaient être classées en groupes selon leur sensibilité préférée (mais non exclusive) pour un type de stimulus, on admit que la qualité était représentée par l'activité différentielle des groupes (*cross-group coding*), notion qui allait être plus tard reformulée par Erickson[5] comme l'hypothèse *across-fiber pattern coding*, hypothèse qui sera plus tard étendue au système olfactif.

Deux formes concurrentes de représentation des informations sensorielles étaient ainsi envisagées. Une première forme était le codage par « lignes étiquetées » (*labeled line*). Cette représentation est postulée quand l'activité dans une voie sensorielle signale sans ambiguïté la nature du stimulus qui est présent à l'entrée. La voie nerveuse excitée représente à elle seule l'identité de ce stimulus. Si un téléphone n'a qu'un abonné, il n'est pas difficile de deviner qui appelle. Cette forme simple de codage s'avère rare, au moins sous sa forme pure. C'est ainsi que sont transmis et représentés les messages produits par les phéromones de certains insectes. Selon l'autre modèle, l'*across-fiber pattern coding*, la représentation de l'identité du stimulus est distribuée parmi un ensemble de neurones actifs. Chaque neurone fournit en quelque sorte un point de vue sur le stimulus et il faut plusieurs points de vue pour individualiser l'objet représenté. Ce mode distribué de représentation de l'information, conçu pour rendre compte des observations sur le système gustatif, peut être illustré

4. Pfaffmann (1941).
5. Erickson (1963 ; 1982).

aussi bien, et de façon plus consensuelle, par les propriétés des cellules olfactives, comme nous l'avons vu au chapitre III.

Les données neurophysiologiques fournies par la corde du tympan, branche gustative du nerf VII, et les vues de Pfaffmann reprises par Erickson, si elles ne s'attaquaient pas de front à la thèse réaliste des quatre saveurs fondamentales, posaient néanmoins à cette thèse un sérieux problème. Il était difficile de trouver un fondement aux saveurs fondamentales dans la biologie du système puisque les messages les plus précoces ne semblaient pas les représenter de façon distincte. Sans doute les stimuli les plus représentatifs que l'on utilisait, comme le glucose, le chlorure de sodium, l'acide chlorhydrique, la quinine, n'étaient-ils pas qualitativement purs. Ils induisaient chacun majoritairement l'une des qualités fondamentales mais en provoquaient secondairement une ou plusieurs autres. Ainsi naquit très tôt l'idée de classer les réponses des fibres gustatives d'après leur sensibilité préférentielle. Les fibres nerveuses furent donc réparties selon leur « meilleur stimulus[6] » et il fut d'autant moins difficile de retrouver les quatre classes de sensibilité postulées que l'on utilisait en général les quatre stimuli qui étaient supposés les représenter.

Comme le fait remarquer Erickson[7] : « Comment des neurones pourraient-ils ne pas répondre mieux à un des quatre stimuli qu'aux autres ? » Pour soutenir que les données neurophysiologiques appuyaient la thèse des saveurs fondamentales, il fallait considérer que les réponses pertinentes pour constituer les sensations étaient les réponses majoritaires des neurones aux stimuli prototypiques et que les réponses minoritaires étaient purement ignorées par le système nerveux ou contribuaient à former des saveurs marginales. Cela revenait à se rallier à l'hypothèse des lignes dédiées. On pouvait tout aussi bien défendre que toutes les réponses étaient importantes, ce qui favorisait alors la notion d'un continuum de qualités et le modèle de l'*across-fiber pattern*.

Les enregistrements des messages de la périphérie n'ayant pas permis de réfuter l'une ou l'autre des théories rivales, le débat se poursuivit pendant plusieurs décennies. La recherche s'enrichit des

6. Frank (1974).
7. Erickson (2000).

enregistrements pratiqués sur les neurones gustatifs dans des régions plus centrales du cerveau, sans que l'on parvienne à trouver la trace de classes de neurones montrant exclusivement l'une des sensibilités fondamentales. Les chercheurs couplèrent, dans leurs expériences, des mesures psychophysiques et des enregistrements neuronaux ; on utilisa des stimuli plus nombreux et divers, les réponses des neurones furent analysées avec des méthodes sophistiquées ; on mit à profit les propriétés d'adaptation du système gustatif ; la génétique fut convoquée avec l'étude de souches de souris différemment sensibles à des stimuli définis.

Une brèche s'ouvrit dans la théorie des quatre saveurs fondamentales quand, sous l'impulsion de chercheurs japonais, la liste de ces saveurs s'allongea d'une unité avec l'introduction de la saveur *umami* (qui signifie « délicieux »), décrite depuis le début du siècle par un Japonais, Ikeda. C'est le goût du glutamate qui caractérise nombre de mets asiatiques. Comme l'a écrit Thomas R. Scott[8] : « Les résultats ont clairement montré que le système gustatif n'est uniformément continu à aucun de ses niveaux. Il n'est pas davantage établi que les discontinuités sont suffisamment abruptes pour considérer que le goût est un composite de quatre sous-modalités ou quelque chose d'approchant. »

Avant de considérer bientôt les nouvelles connaissances sur les mécanismes de la réception et de la transduction gustatives, il est utile de tirer quelques leçons du débat scientifique que nous avons exposé. La première remarque pourrait être que l'on ne sait toujours pas de façon sûre s'il est légitime de décrire les sensations gustatives comme quatre – ou cinq – entités de base ou s'il est plus conforme à la réalité de voir le monde des saveurs, comme on voit le monde des odeurs, sous la forme d'un continuum de sensations. Si les expériences conçues pour départager les thèses en présence peuvent être interprétées dans un sens ou dans un autre, cela revient à dire, d'un point de vue épistémologique, que les thèses en présence ne sont pas réfutables. Karl Popper en conclurait sans doute que la question des saveurs fondamentales ne relève pas de la connaissance empirique. La racine de la difficulté pourrait bien être dans le manque de

8. Scott (1987).

conception claire de ce qu'est *une* saveur. Supposons que l'on sache clairement repérer une saveur dans sa singularité, il serait alors possible de dire si tel stimulus évoque une saveur ou plusieurs. Mais reconnaître la singularité d'une saveur est précisément ce que l'on ne sait pas faire.

Le débat appelle une deuxième remarque. La démarche de classification qui est à la racine de la querelle peut être vue non comme une fin en soi, mais comme une étape préalable à la connaissance du fonctionnement du système gustatif. Nous avons vu au chapitre III que les tentatives savantes de classer les odeurs servaient ce même projet. Repérer les phénomènes que l'on cherche à expliquer, les classer, distinguer ce qui est simple de ce qui est composite, cela fait partie intégrante de la démarche scientifique. Il est clair que les études sur la façon de catégoriser les saveurs n'étaient pas exemptes d'arrière-pensées sur la nature des processus qui se déroulent à l'entrée du système gustatif ou plus haut dans le cerveau. Il est tout aussi clair que les recherches directes sur ces processus allaient être guidées et influencées, ne serait-ce que par le choix des stimuli pertinents, par la façon dont les chercheurs concevaient la structure des catégories perceptives. Il se trouve cependant que les phénomènes mentaux tels que les sensations sont particulièrement rebelles à l'analyse et que les saveurs ne font pas exception à la règle.

La querelle des qualités fondamentales paraît actuellement perdre de sa vigueur. Ce n'est pas dû au triomphe incontestable de l'une ou l'autre des hypothèses. C'est plutôt que le débat perd de son actualité et que le foyer des recherches se déplace. Il devient moins urgent de décider si une saveur est ou non fondamentale dès lors que l'on possède d'autres clés pour accéder au substrat biologique de la perception.

## *Les récepteurs des saveurs*

Il est apparu assez tôt que les dispositifs utilisés par le système gustatif pour engendrer les saveurs pouvaient ne pas constituer une classe homogène de récepteurs puisque les stimuli efficaces appartenaient à des entités moléculaires très différentes. Les études psychophysiques avaient orienté les recherches relatives au mécanisme de détection de l'acide vers des structures membranaires sensibles au pH, c'est-à-dire à la concentration des ions $H^+$, conformément à la définition physique de l'acidité. Celles sur la perception du salé pointaient vers des dispositifs sensibles à d'autres ions, notamment l'ion $Na^+$. Il en allait autrement de la détection de saveurs du type sucré ou amer car ces saveurs semblaient déterminées par des molécules relativement volumineuses qui requéraient leur reconnaissance par des récepteurs chimiques assez semblables à ceux qui permettent le fonctionnement des synapses dans le système nerveux central ou la détection des odorants dans le système olfactif.

### LE SALÉ ET L'ACIDE

Le goût salé est induit par beaucoup d'espèces ioniques parmi lesquelles l'ion sodium ($Na^+$) figure en première place. Chez les rongeurs, il est bien établi[9] que la saveur du chlorure de sodium est due à un canal membranaire sélectif pour les ions $Na^+$ appelé ENaC, canal défini par sa propriété d'être bloqué par une substance, l'*amiloride*. Ce récepteur est composé de plusieurs unités protéiques qui forment un édifice délimitant un pore par lequel les ions $Na^+$ présents en abondance dans le milieu pénètrent dans la cellule. Le courant électrique qui résulte du mouvement des ions, particules électriquement chargées, déclenche des potentiels d'action qui activent la synapse entre la cellule réceptrice et la fibre gustative. Chez les humains, la sensibilité du goût salé aux effets bloquants de l'amiloride est moins prononcée que chez d'autres espèces, ce qui laisse penser qu'un autre mécanisme pourrait être impliqué.

Venons-en au goût acide. Plusieurs mécanismes sont mis en jeu par la réception de cette saveur. L'un d'eux fait appel à un canal ionique analogue au récepteur ENaC du goût salé mais les ions concernés sont les ions $H^+$, c'est-à-dire les protons. Selon un autre mécanisme, les protons agissent non plus en circulant dans un canal mais en contrôlant la perméabilité d'un canal emprunté par un autre type d'ions, les ions potassium ($K^+$) notamment.

---

9. Revues de Lindemann (1996 ; 2001).

### L'AMER, LE SUCRÉ ET LES RÉCEPTEURS À SEPT DOMAINES TRANSMEMBRANAIRES

La découverte de la nature des récepteurs des odorants a eu pour conséquence d'aiguiller la recherche des récepteurs gustatifs vers une superfamille de protéines que nous avons déjà eu l'occasion de présenter à propos de l'odorat, les récepteurs à sept domaines transmembranaires (Fig. 3). Pour désigner ces récepteurs on ajoute « couplés à des protéines G ». Nous allons focaliser notre présentation sur cette dernière catégorie de récepteurs qui a été identifiée au cours des quelques dernières années et se trouve encore à l'étude[10].

Les récepteurs à sept domaines transmembranaires sont, on s'en souvient, des récepteurs qui ont comme propriété de provoquer, lorsqu'ils font une liaison réversible avec leurs ligands – en l'occurrence des molécules sapides – une chaîne de réactions enzymatiques qui aboutissent à la formation d'un messager chimique intracellulaire. Ce « second » messager (le premier est le ligand) interfère avec le fonctionnement de canaux ioniques membranaires, ce qui crée un signal électrique que la cellule gustative transmet, grâce à une synapse, à une ou plusieurs fibres gustatives qui la contactent. À la différence des cellules olfactives, les cellules gustatives ne sont pas des neurones, c'est-à-dire qu'elles ne propagent pas directement d'influx vers le cerveau, fonction qui revient aux fibres dendritiques du nerf gustatif branchées sur ces cellules.

L'*amer.* La première mise en évidence d'un récepteur gustatif date de 1999[11]. On découvrait alors deux récepteurs qui furent désignés plus tard comme T1R1 et T1R2[12]. Ils étaient exprimés par certaines cellules gustatives de mammifères. Quelques indices permettaient de penser qu'ils contribuaient à la sensibilité au sucré mais ce n'était pas démontré.

---

10. Montmayeur et Matsunami (2002).
11. Hoon *et al.* (1999).
12. T1 signifie : première classe identifiée de récepteurs du goût (Taste) ; R1 et R2 signifient respectivement : premier et deuxième récepteurs identifiés dans la classe T1.

L'année suivante plusieurs groupes[13] identifièrent chez la souris et chez l'homme une nouvelle famille de récepteurs à sept domaines transmembranaires, couplés à des protéines G, la famille des T2R. Pour y parvenir ils firent appel à des travaux de génétique qui avaient permis de localiser sur les chromosomes humains, notamment le chromosome 5, la région limitée ou *locus* qui hébergeait des gènes commandant la sensibilité à des substances amères[14]. En effet, des différences génétiques affectent la sensibilité à certains composés amers parmi lesquels le *phénylthiocarbamide* (PTC) et le *6-n-propyl-2-thiouracil* (PROP), deux substances possédant un groupement chimique commun. Certains individus, dits « goûteurs » (*tasters*), se montrent normalement sensibles tandis que d'autres, les « non-goûteurs » (*non-tasters)*, le sont nettement moins. Des différences génétiques de sensibilité existent aussi entre des souches de souris pour d'autres molécules au goût amer comme l'*octo-acétate de saccharose* (SOA) ou le *cycloheximide.*

Les chercheurs mirent à profit le séquençage du génome humain de même que la connaissance du génome de la souris pour rechercher si les *loci* chromosomiques associés aux déficits de perception de l'amer contenaient des gènes susceptibles d'être des gènes de récepteurs de l'amer. La recherche fut fructueuse : une famille de 26 gènes potentiellement fonctionnels chez les humains fut ainsi identifiée, et 33 le furent chez la souris.

Les récepteurs des molécules dites amères se comptent ainsi par dizaines et quelques-uns au moins manifestent, en outre, un polymorphisme du fait de la substitution de certains acides aminés à d'autres dans la chaîne protéique. La pluralité des récepteurs est sans doute à rapprocher de la diversité des molécules sapides qui induisent des sensations d'amer. Il est, en effet, difficile de concevoir qu'un seul récepteur convienne à toutes ces molécules aux propriétés chimiques bien différentes. En revanche, on a trouvé que la plupart des cellules qui expriment un récepteur de la famille T2R expriment aussi un type particulier de protéine G, la *gustducine.*

13. Adler *et al.* (2000) ; Matsunami *et al.* ( 2000).
14. Reed *et al.* (1999).

Une question importante, qui n'est pas encore tranchée parce qu'elle a reçu des réponses divergentes, est de savoir si les versions différentes de ces récepteurs sont toutes exprimées à la fois dans une cellule gustative ou si une cellule ne synthétise qu'un seul récepteur[15]. On sait qu'à la même question concernant les récepteurs olfactifs, la recherche hésite encore à trancher en faveur de l'expression d'un seul type de récepteur par cellule. Dans le cas de l'expression de récepteurs multiples, il ne pourrait y avoir qu'une seule sensation amère, car la confusion initiale des stimuli amers ne pourrait pas être levée à d'autres étages du système gustatif ; dans l'autre cas, celui de l'expression unique, la possibilité resterait ouverte que des substances différentes puissent être trouvées différemment amères. Des études de psychophysique ont montré une discrimination au moins partielle entre molécules amères, discrimination que réalisent aussi les fibres gustatives du rat[16] et les cellules du cortex gustatif primaire chez le singe[17]. La balance penche donc, jusqu'à plus ample informé, vers l'expression non groupée des récepteurs T2R.

Les récepteurs de la famille T2R semblent inégalement répartis dans la cavité buccale. Ils sont davantage exprimés dans les cellules des papilles caliciformes et des papilles foliées, soit plutôt à l'arrière de la langue, et sont plus rares dans les papilles fongiformes, à l'avant. Cette répartition est conforme à celle de la sensibilité à l'amer.

Un lieu où l'on n'attendait pas les récepteurs de l'amer et où ils ont pourtant été trouvés[18] est le tractus gastro-intestinal. Quel rôle y jouent les récepteurs T2R est une question ouverte. Leur présence n'implique pas, bien entendu, que des sensations d'amer naissent dans l'estomac ou le tube digestif car la nature des sensations ne dépend pas des récepteurs mais des régions du cerveau avec lesquelles ils sont mis en relation. Cependant leur découverte est une donnée de plus en faveur de la richesse de la sensibilité chimique du tube digestif (*cf.* chapitre VIII). On peut y voir aussi l'indication que la

15. Des conclusions opposées résultent des travaux d'Adler *et al.* (2000) et de Caicedo et Roper (2001).

16. Dahl *et al.* (1997).

17. Scott et Plata-Salaman (1999).

18. Wu *et al.* (2002).

catégorie des sensibilités extéroceptives recouvre en partie celle des sensibilités intéroceptives.

La démarche complexe qui aboutit à l'identification de récepteurs est largement tributaire de la connaissance des gènes qui codent ces récepteurs et de l'ARN messager, intermédiaire de leur expression. Quand on connaît la structure des gènes, la séquence d'acides aminés qui composent le récepteur est déduite aisément. Il reste toutefois à découvrir quelles molécules sont effectivement capables d'activer le récepteur. Un moyen d'y parvenir consiste à utiliser les méthodes du génie génétique pour insérer le gène candidat et le faire s'exprimer dans une catégorie de cellules qui ne l'expriment pas naturellement. En stimulant les cellules ainsi transformées avec une batterie de stimuli présomptifs, on observe les réponses par une méthode appropriée, et on identifie les ligands préférés du récepteur. Cependant, les récepteurs de la superfamille à laquelle appartiennent les T2R, comme les récepteurs des odorants, se prêtent très mal à cette procédure, si bien que ce n'est encore que sur un petit nombre d'exemples que la sensibilité des récepteurs T2R à des molécules amères a été complètement démontrée.

Tous les composés qui ont une saveur amère ne sollicitent pas exclusivement les récepteurs couplés à des protéines G. Certains peptides amers et d'autres molécules comme la quinine qui peuvent s'insérer dans la membrane lipidique de la cellule stimulent directement des protéines G, court-circuitant ainsi le récepteur. À cette source de complexité s'ajoute un facteur supplémentaire qui est la pluralité des voies de la transduction. Il existe en effet plusieurs chemins, pavés d'enzymes et de messagers différents, qui conduisent de l'arrivée des molécules-stimuli à l'activation de la synapse et l'on comprend mal pourquoi il en est ainsi.

Le *sucré*. Il y a de nombreuses années que des chercheurs s'évertuent à deviner la configuration moléculaire du *site de liaison* dans lequel peuvent s'insérer les molécules sucrées pour activer leur(s) récepteur(s). En comparant les propriétés moléculaires de centaines de telles molécules, ils cherchaient à découvrir les propriétés corrélatives du site, une quête qui n'était pas dépourvue de promesses économiques. Certains des modèles ainsi conçus ont été assez justes pour guider la découverte de puissants édulcorants. En 2001, un pas de plus a été accompli avec l'identification simultanée, par plusieurs équipes[19], d'un récepteur qui a les propriétés attendues de récepteurs de la saveur sucrée. Il a été appelé T1R3 car il appartient à la même famille, T1, que les deux récepteurs T1R1 et T1R2 découverts plus tôt mais dont la fonction n'avait pas été identifiée. Ce nouveau récepteur est apparenté aux récepteurs de la famille T2R mais s'en distingue, entre autres, par la possession d'une très longue chaîne extracellulaire.

La méthode suivie pour identifier ce nouveau récepteur est très voisine de celle qui a permis la découverte des T2R. Il existe chez la souris une différence génétique portant sur la sensibilité à la saccharine, au saccharose et autres substances au goût sucré. Cette différence est manifestée par des souches de souris dont certaines ont une sensibilité normale aux stimuli sucrés, les goûteurs (*tasters*) et d'autres une sensibilité affaiblie, les non-goûteurs (*non-tasters*). La sensibilité est contrôlée par des gènes localisés sur un chromosome, en un locus appelé *Sac*. Les chercheurs commencèrent par inventorier les gènes présents au voisinage de ce locus, non chez la souris, mais dans la région correspondante du génome humain. Ils identifièrent ainsi un gène, *T1R3*, dont ils poursuivirent l'étude chez la souris qui le possédait aussi. Ils découvrirent alors que le gène avait plusieurs allèles qui conduisaient à la synthèse de récepteurs différents de par la séquence de leurs acides aminés ; l'un des allèles était exprimé par la souche de souris *taster*, l'autre par la souche *non-taster*. Grâce à cette observation et à quelques autres, il fut possible non seulement d'identifier la fonction du gène mais aussi d'expliquer la différence de sensibilité au sucré des deux lignées de souris.

Les récepteurs T1R3 sont synthétisés dans les trois catégories de papilles gustatives. En revanche, les deux autres membres de la famille T1, c'est-à-dire R1 et R2, sont localisés de façon plus hétérogène. En analysant la coexpression de ces récepteurs, c'est-à-dire les cas où on en décèle deux de la famille T1 dans une même cellule, et en s'appuyant sur des preuves plus directes, des chercheurs aboutirent à la conclusion que certains récepteurs étaient des dimères, à

19. En 2001, en l'espace de quelques mois, 6 équipes ont publié leurs travaux identifiant un gène responsable d'un goût sucré.

savoir qu'ils étaient constitués par l'association de deux unités. Ainsi T1R2 et T1R3 forment un complexe récepteur qui est sensible à plusieurs molécules sucrées.

Nous avons vu que le génome olfactif comporte un grand nombre de pseudo-gènes. Il en existe également au moins un exemple dans le génome du système gustatif. On vient de découvrir[20] que le gène Tas1r2 ne peut pas, chez le chat, exprimer la protéine réceptrice correspondante T1R2. De la sorte, bien que T1R3 soit synthétisé, le complexe T1R2-T1R3 ne peut se former. C'est la raison probable de l'indifférence du chat à l'égard du sucré : il ne perçoit pas cette saveur.

La transduction des signaux captés par les récepteurs du sucré, comme celle des signaux de l'amer, bien qu'incomplètement connue, apparaît complexe. Il est possible, en simplifiant, de distinguer au moins deux voies conduisant à la synthèse de messagers intracellulaires différents grâce à des protéines G distinctes. Le choix d'une voie ou d'une autre paraît dépendre de la position de la cellule considérée, à l'avant ou à l'arrière de la langue, et aussi de la nature chimique du stimulus sucré, saccharose ou édulcorant de synthèse.

Nous avons vu qu'un récepteur de substances sucrées était formé par l'association des unités T1R2 et T1R3. Une autre combinaison s'est révélée fonctionnelle, celle dans laquelle T1R3 est associé à T1R1. Cependant, malgré la présence de T1R3 dans le complexe, la sensibilité du dimère formé ne peut pas être identifiée comme une sensibilité au sucré puisque presque tous les L-acides aminés[21] activent ce récepteur composite. Il faut admettre que le type de sensibilité d'une protéine réceptrice ne dépend pas seulement de ses propriétés intrinsèques ; sa sélectivité peut changer quand elle s'associe à une autre, formant un assemblage aux propriétés nouvelles.

La *saveur umami*. Une autre notion importante est que les petites différences qui existent entre les gènes homonymes de deux espè-

20. Li *et al.* (2005).

21. Les L-acides aminés, par opposition aux D-acides aminés, sont dits lévogyres, ils dévient vers la gauche le plan de polarisation de la lumière, alors que les D, dextrogyres, le dévient vers la droite.

ces peuvent conduire à l'expression de propriétés réceptrices bien distinctes. Ainsi, le dimère T1R1/T1R3 qui, chez la souris, répond à de nombreux acides aminés, se montre, chez l'homme, spécialement réactif à deux acides aminés, le *L-glutamate* et le *L-aspartate*. Cela explique que le rat, l'homme et la souris n'aient pas des sensibilités totalement superposables. Mais le glutamate et l'aspartate sont des molécules qui engendrent le goût *umami*. Voici donc le récepteur humain soupçonné d'être à l'origine de cette saveur.

En réalité, il n'est pas seul candidat à la fonction de détection de la saveur « délicieuse ». Des chercheurs[22] ont identifié dans des cellules gustatives une variante d'un récepteur qui, dans le système nerveux central, fonctionne comme récepteur du L-glutamate. On sait que cet acide aminé n'est pas seulement un intéressant ingrédient culinaire, il est aussi un neurotransmetteur très répandu dans le cerveau et à ce titre il bénéficie de plusieurs récepteurs dont un appelé *récepteur métabotropique* du glutamate. La variante identifiée dans les cellules gustatives est proche du récepteur cérébral, à ceci près que son long segment externe a subi une amputation.

### ET QU'EN EST-IL DU GOÛT DES CORPS GRAS ?

Les graisses sont particulièrement appréciées par les humains aussi bien que par les animaux ; il est donc évident qu'elles sont perçues. Le mécanisme de leur détection n'est cependant pas bien compris. L'opinion majoritaire est que le sens du goût proprement dit n'est pas en cause mais que les substances grasses sont reconnues par leur texture onctueuse et par les odeurs des produits volatils qu'elles incluent. Pourtant, des travaux récents indiquent qu'une détection chimique orale des lipides ne doit pas être exclue. Ainsi, des sujets humains auxquels on délivre une stimulation orale par un aliment lipidique (fromage), en prenant les précautions nécessaires pour éviter une stimulation rétronasale du système olfactif, présentent une élévation du niveau du *triacylglycérol* sanguin, qui est l'indice d'une réponse physiologique de l'organisme et donc d'une détection[23].

---

22. Chaudhari *et al.* (2000).
23. Mattes (2001).

D'autres expériences[24] ont été pratiquées avec certains constituants des lipides, les acides gras libres à longue chaîne. Réalisées chez des rats porteurs d'une ligature de l'œsophage, elles indiquent que l'introduction d'acides gras non saturés dans la bouche des animaux – mais non celle d'acides gras saturés – induit, dans les minutes qui suivent, une augmentation de la sécrétion de la bile et une élévation du contenu protéique du suc pancréatique. La sécrétion digestive paraît ainsi anticiper l'arrivée prochaine de substances lipidiques à digérer. Puisque les acides gras à longue chaîne ne sont pas des stimuli olfactifs et qu'ils n'ont pas pu parvenir à l'estomac, c'est très vraisemblablement dans la bouche qu'ils ont été détectés. Or, les papilles de la langue contiennent un type de molécule, CD36, connu comme transporteur d'acides gras dans le tube digestif. Cette molécule pourrait jouer un rôle dans la détection de certains lipides dans la bouche.

Si la détection orale de substances de nature lipidique paraît ainsi bien réelle, les données ne permettent pas de savoir avec certitude si elle est seulement à l'origine de réponses viscérales ou si elle donne aussi lieu à une perception consciente. Le fait que les souris normales manifestent une préférence pour une solution contenant des acides gras à longue chaîne, tandis que cette préférence disparaît chez les souris dépourvues de CD36 est clairement en faveur d'une détection *extéroceptive* des lipides. C'est un sujet pour de futures études qui devront également élucider le mécanisme moléculaire de cette détection périphérique. Nul doute que les travaux vont se multiplier tant sont importantes leurs implications pour l'économie et la santé.

## *Conclusion provisoire*

On peut résumer ainsi l'état actuel des recherches sur les récepteurs des saveurs : les types de récepteurs jusqu'à maintenant identifiés sont nettement plus nombreux que les saveurs dites fondamentales qui sont traditionnellement postulées. Comme la découverte des récepteurs à sept domaines transmembranaires des cellules gustati-

24. Laugerette *et al.* (2005).

ves est très récente, il ne peut être exclu que d'autres soient encore identifiés. Supposons cependant que le tableau actuel ne soit pas sensiblement modifié par les recherches à venir et interrogeons-nous sur l'éclairage qu'il apporte à l'organisation problématique de l'univers des saveurs.

À première vue, une correspondance peut être établie entre les catégories gustatives telles qu'elles sont postulées par la tradition de la psychophysique et les catégories de récepteurs identifiés. À l'acide et au salé correspondraient des récepteurs distincts ayant la structure de canaux ioniques tandis que les trois autres saveurs se partageraient des familles de récepteurs à sept domaines transmembranaires. La correspondance ne serait pas entre un récepteur et une saveur mais entre une classe de récepteurs et une catégorie de saveurs. Puisque de nombreux récepteurs ont été reconnus sensibles à des molécules au goût amer, et sous réserve que ces récepteurs ne soient pas tous coexprimés par les mêmes cellules, la distinction perceptive de plusieurs sortes d'amer serait possible. Pour la catégorie du sucré, au moins deux récepteurs ont été décrits, un monomère et un dimère. La possibilité existe donc que des molécules sucrées soient discriminées les unes des autres, ce qui est un fait d'observation[25]. Quant à la saveur *umami*, elle pourrait disposer de deux récepteurs.

Avons-nous, par cette présentation, réconcilié les points de vue réaliste et relativiste sur les qualités gustatives ? En apparence oui, puisqu'il suffirait d'admettre que les qualités primaires sont des catégories regroupant chacune plusieurs saveurs fortement apparentées. Cependant, dans cette hypothèse on ne pourrait pas décrire l'univers des saveurs comme un vrai continuum. La solution serait plus proche de la version réaliste.

Si les opposants à la théorie relativiste des saveurs fondamentales ne veulent pas se laisser convaincre, ils disposent d'un argument qui ne manque pas de force. Nous avons laissé entendre que la forte influence de la théorie des saveurs fondamentales sur les esprits avait biaisé les recherches anciennes, ne serait-ce que par le choix des protocoles expérimentaux et des stimuli utilisés. La question qui se pose alors est celle de savoir si les travaux plus récents ayant conduit

---

25. Faurion *et al.* (1980).

à l'identification de récepteurs n'ont pas eux-mêmes été sélectivement orientés. Il ne peut guère en être autrement puisque la stratégie qui a été suivie pour identifier certains d'entre eux, en partant de déficits génétiques portant sur des saveurs clairement identifiées, le sucré, le salé, l'umami, ciblait la recherche sur certaines catégories de récepteurs. Dans ce cas, il ne serait pas autrement étonnant que des récepteurs de saveurs innommées attendent encore leur identification.

Avec l'odorat et le goût, nous n'avons pas encore terminé la présentation des systèmes de détection chimique qui participent à la flaveur des aliments. Il nous faut aussi faire la connaissance d'un système sensitif moins connu, dont la sensibilité est multiple, le nerf trijumeau. Par sa sensibilité chimique, il apporte sa contribution à la flaveur, tout en assurant la détection d'autres précieux indices sur les aliments, et notamment leur texture ainsi que leur température.

Chapitre VI

# UNE SENSIBILITÉ MOINS CONNUE

*Le cinquième nerf crânien, un nerf très polyvalent, vient enrichir de ses sensibilités diverses, tactiles, thermiques, douloureuses et chimiques, celles déjà complexes de l'odorat et du goût. Et quand le piment se fait brûlure et le menthol fraîcheur, c'est que certaines fibres de ce nerf, sensibles au chaud ou au froid, prêtent leurs récepteurs à des molécules qui ne sont ni chaudes ni froides, et qui les trompent.*

## *Tous les sens mobilisés*

S'alimenter est une fonction si importante pour l'organisme que presque tous les sens sont sollicités pour recueillir le maximum d'indices sur les substances qui se présentent comme aliments. Les signaux nerveux engendrés par les organes des sens ou par les terminaisons sensibles des muqueuses de la bouche et du nez déterminent le devenir de l'aliment en participant à des réponses réflexes comme celle de salivation, ou à des actions partiellement automatiques et partiellement volontaires, comme celles de mastication, de déglutition ou de rejet. Ce rôle est important mais il n'est pas le seul. Les signaux nerveux non chimiques s'associent aux arômes et aux saveurs pour constituer par apprentissage la valence affective de l'aliment. Chaque forme de sensibilité apporte sa contribution et aucune n'est négligeable. Les cuisiniers le savent bien qui soignent la présentation visuelle des plats, surveillent attentivement la cuisson qui commande le degré de tendreté ou de dureté, tirent parti des textures, veillent à servir les mets à la bonne température.

Parmi tous les sens et sensibilités dont bénéficie notre corps il n'y a guère que le sens de l'équilibre qui ne soit pas invité au repas. La vue est d'une grande importance dans la phase de détection et de sélection de la nourriture. Si nous n'en étions pas persuadés, l'étonnante concomitance entre l'apparition de la pleine vision trichromatique chez les primates et la soudaine augmentation de la proportion de gènes olfactifs non fonctionnels viendrait nous alerter. Nous réalisons alors que la couleur est un indice très subtil, perçu à distance, de l'état de maturation d'un fruit ou de la fraîcheur d'une viande.

L'ouïe est aussi de la fête. Pris en bouche et mastiqués, les aliments broyés engendrent des vibrations acoustiques qui trahissent leur consistance et leurs propriétés mécaniques en stimulant l'oreille de l'intérieur, par conduction osseuse, comme l'on dit. Les substances s'effritent, craquent, croustillent, produisant autant de sons complexes, parfaitement discriminés qui participent à l'évaluation du produit et à l'acquisition de préférences.

Le toucher n'est pas en reste. Il prend en charge l'appréciation de la texture, distinguant le solide et le liquide, l'onctueux, le velouté, le visqueux, le moelleux, le fibreux... et détecte, de concert avec la sensibilité des dents, les particules dures qui résistent à l'écrasement. La résistance que l'aliment oppose avec plus ou moins d'opiniâtreté à la mastication est elle-même évaluée par les mécanorécepteurs des puissants muscles masticateurs et des récepteurs articulaires. Leurs indications servent aux neurones du cerveau postérieur à déclencher ou non la déglutition. Enfin, autre modalité de la sensibilité générale de la tête, le sens thermique détecte le chaud, le froid et le tiède avec une grande précision.

## *Le nerf à trois branches*

En dehors des sens qui disposent d'organes bien individualisés comme l'œil, la cochlée de l'oreille interne, l'épithélium olfactif et les papilles gustatives, les aliments sollicitent des terminaisons nerveuses disséminées dans les tissus de la bouche et du nez. Ces terminaisons sont les vecteurs de la sensibilité générale ou *somesthésie*. Elles appartiennent à la cinquième paire de nerfs crâniens ou *nerfs trijumeaux* (Fig. 4), chaque élément de la paire innervant une moitié de la face. Le nerf doit son nom au fait qu'à la sortie du ganglion de Gasser qui le relie au tronc cérébral, il est composé de trois branches maîtresses qui se ramifient à leur tour. Bien que le nerf soit principalement un nerf sensitif, il contient dans sa branche mandibulaire des fibres motrices qui commandent les muscles de la mastication. Au total, le nerf trijumeau innerve une grande partie de la face et, pour ce qui nous intéresse plus particulièrement, la cavité nasale et la bouche (langue et palais).

Le nerf trijumeau qui contient plusieurs catégories de fibres nerveuses assure aussi plusieurs types de sensibilité. À côté de la détection de stimuli tactiles, thermiques et douloureux, il manifeste par certaines de ses fibres une sensibilité que l'on peut qualifier de chimique et, à ce titre, prend place dans les sens chimiques avec l'odorat et le goût. Il n'est pas certain, cependant, que cette sensibilité « moléculaire » dispose de détecteurs qui lui soient propres. Il se pourrait bien qu'elle tire parti, comme on va le voir bientôt, de mécanismes de réception polyvalents, ce qui expliquerait peut-être que les sensations « chimiques » dues au nerf V s'apparentent à des sensations tactiles, thermiques ou douloureuses. C'est sur cet aspect chimique de la sensibilité trigéminale que nous allons nous arrêter un moment.

## *Ça vous chatouille ou ça vous gratouille ?*

À quels stimuli chimiques les terminaisons du nerf trijumeau sont-elles sensibles ? Cette question simple ne suscite malheureusement pas une réponse aussi simple. À première approximation nous

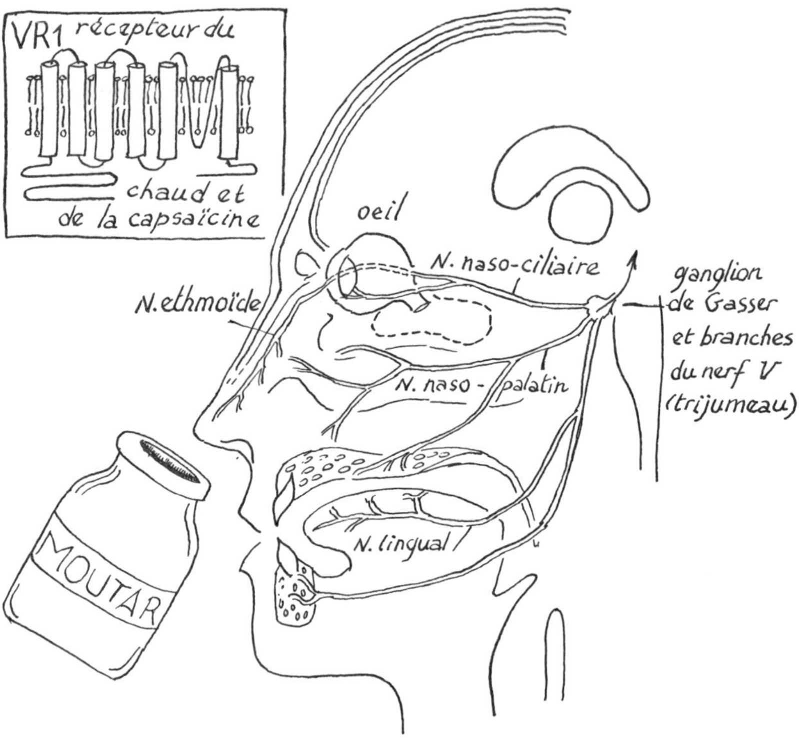


Fig. 4 : Le nerf trijumeau.
*En plus de sa sensibilité tactile, thermique et à la douleur, ce nerf possède une sensibilité chimique qui s'exprime dans les muqueuses des fosses nasales, de la bouche et à la surface de l'œil. L'encadré illustre un exemple de récepteur sensible à la fois à la température et au principe actif du piment.*

pouvons dire que le nerf réagit à des substances irritantes. Sa stimulation est, en effet, à l'origine de réactions qui paraissent s'opposer à l'inhalation ou à l'ingestion de produits agressifs pour les muqueuses. Ces réactions sont des réflexes comme le ralentissement de la respiration ou son arrêt momentané, l'augmentation de la sécrétion nasale et lacrymale et l'éternuement. En même temps, se produisent de vives sensations qui confinent parfois à la douleur. L'anglais utilise l'adjectif *pungent* pour les qualifier globalement.

Les sensations trigéminales présentent des différences qualitatives selon les stimuli. Il s'agit de fourmillements, de picotements, de morsures, d'impression de chaleur, de brûlure, ou de sensation de froid. Beaucoup des stimuli les plus patents sont des molécules solubles dans les lipides. Certaines comportent du soufre comme les *thiocyanates* du radis noir, des graines de moutarde, du poivre, de l'oignon... Des épices telles que le piment et le poivre possèdent un constituant très actif, la *capsaïcine*. Son application dans les narines ou la bouche engendre une forte sensation de brûlure. Au registre opposé de la fraîcheur, on trouve le *menthol*, abondamment utilisé dans les bonbons et produits cosmétiques.

À côté de ces molécules aux effets indéniables et caractérisés, il en existe beaucoup d'autres, moins sûrement identifiées, qui sont à la fois des stimuli du nerf trijumeau et des odorants capables d'activer les récepteurs olfactifs. Il est en général admis que l'action trigéminale d'une molécule nécessite une concentration plus élevée que son action proprement olfactive. En moyenne, les seuils de détection sont obtenus pour des concentrations cent fois supérieures à celles qui déclenchent la perception olfactive des mêmes stimuli. Parfois la sensibilité trigéminale est encore plus faible, mais parfois aussi elle approche la sensibilité olfactive. Des concentrations un peu fortes d'odorants sont donc en mesure de solliciter à la fois l'odorat et le nerf trijumeau, de sorte que l'expérimentateur qui entend interroger le système olfactif seul doit choisir ses stimuli parmi un petit nombre de substances que des travaux antérieurs ont déclarées purement olfactives, la *vanilline* par exemple, ou l'*hydrogène sulfuré*.

Une façon de prendre la mesure du recouvrement des sensibilités olfactive et trigéminale est d'étudier la détection et la discrimination de molécules volatiles par des sujets qui souffrent d'une anosmie supposée totale. On s'aperçoit alors que les anosmiques détectent encore la présence de certaines de ces molécules, même s'ils ne sont pas en mesure de leur attribuer à chacune une qualité spécifique. Richard Doty et ses collègues[1] ont étudié la fréquence de détection de différents odorants par des sujets anosmiques. Ils ont observé qu'aucun anosmique ne détectait la *vanilline*, un seul réagissait à la

1. Doty *et al.* (1978).

stimulation par l'*alcool phényl éthylique*, constituant de l'odeur de rose, et à l'*eugénol* à l'odeur de clou de girofle, tandis que des odorants comme le *limonène*, l'*anéthol*, le *salicylate de méthyle* étaient détectés par 2 à 13 sujets, la palme revenant au *menthol* avec une détection par 15 sujets. La conclusion est donc que la vanilline, qui n'est pas perçue par les sujets dépourvus d'odorat au sens strict, est un pur stimulus olfactif alors que le menthol est un excellent stimulus du système trigéminal, les autres substances ayant des degrés différents d'effets sur les deux systèmes.

Interroger directement le nerf trijumeau en enregistrant son activité sous stimulation est une autre stratégie de recherche, mais elle suppose d'accéder au nerf et ne peut être conduite que sur l'animal. Dans les travaux anciens réalisés à l'aide d'électrodes qui captaient les influx du nerf V, il avait déjà été observé qu'un grand nombre de molécules dites odorantes étaient aussi des stimuli pour ce nerf. Plus récemment, des chercheurs sont parvenus à montrer que l'activité électrique cérébrale que l'on capte sur le cuir chevelu pouvait, dans une certaine mesure, servir à départager les stimuli odorants des stimuli trigéminaux. Lorsqu'une stimulation olfactive est délivrée au nez, des ondes électriques appelées *potentiels évoqués* apparaissent en certaines localisations, c'est-à-dire sous certaines des électrodes réparties sur le scalp[2]. Les ondes proviennent de l'arrivée des influx évoqués à partir des fosses nasales puis de la réaction des neurones du cortex cérébral à ces influx. Mais le système olfactif et le système trigéminal adressant leurs messages respectifs à des aires différentes du cerveau, ces messages sont mieux détectés sous certaines électrodes que sous d'autres, de sorte qu'avec de l'expérience les expérimentateurs peuvent discerner quel système a répondu à la stimulation. Ainsi la *vanilline*, déjà repérée par Doty, sera considérée comme une molécule typiquement olfactive tandis que le *dioxyde de carbone*, générateur des bulles du champagne et d'autres boissons pétillantes, apparaîtra comme un stimulus typiquement trigéminal.

2. Hummel et Kobal (1992).

## *Comment le menthol se déguise en glaçon et la capsaïcine en charbon ardent*

Le fait que le nerf trijumeau transmette des informations relatives au toucher et à la température en même temps qu'il possède aussi une sensibilité chimique pose la question de la nature de ses récepteurs. Comme le nerf est formé de fibres anatomiquement différentes, myélinisées ou non, il se pourrait que chaque sensibilité repose sur un contingent distinct de fibres équipées de récepteurs qui leur seraient propres. On s'est longtemps demandé, en particulier, quels pouvaient être les récepteurs de la sensibilité chimique. S'agit-il de récepteurs de la catégorie de ceux qui équipent les cellules olfactives ou s'agit-il de récepteurs d'un autre type ? Au moins pour certains d'entre eux la réponse est connue depuis peu. Elle est assez surprenante. En un mot, la sensibilité chimique emprunte ses récepteurs à la sensibilité thermique.

Disons tout d'abord que l'on a identifié dans les neurones qui émettent des fibres nerveuses sensibles à la température plusieurs protéines réceptrices qui rendent ces fibres réactives à des plages de températures différentes[3]. Il s'agit de récepteurs distincts des récepteurs d'odorants mais qui ont cependant, eux aussi, plusieurs segments transmembranaires (Fig. 4). L'un d'eux, VR1[4], signale le chaud : il est activé par des températures supérieures à 40 °C. Un autre, CMR1[5], sensible à une plage thermique de 5 à 25 °C, signale le froid. Il a été possible, grâce aux méthodes du génie génétique, de faire exprimer ces récepteurs par des cellules d'une tout autre origine. Munies artificiellement de ces récepteurs, les cellules modifiées répondent à un abaissement de la température quand elles sont équipées de CMR1, à une élévation de température quand elles expriment VR1, et aussi bien au froid qu'au chaud si elles possèdent les deux récepteurs.

---

3. McKemy *et al.* (2002).
4. VR pour *Vanilloid Receptor ;* ce récepteur a la structure d'un canal ionique.
5. CMR pour *Cold- and Menthol-sensitive Receptor.*

Mais, dira-t-on, qu'en est-il de la sensibilité chimique ? Rappelons d'abord que certaines molécules induisent, lorsqu'elles sont inhalées, des sensations qui sont décrites comme des sensations thermiques. Pensons au *menthol*, par exemple, qui, en plus de son odeur de menthe, évoque une forte impression de fraîcheur. Pensons aux sensations de chaleur, voire de brûlure que communiquent les épices contenant de la *capsaïcine*, ou la moutarde. Ce n'est pas abusivement que ces sensations sont rapportées au registre de la température. On a montré, il y a peu, que la capsaïcine[6] et le menthol[7] sont des stimuli reconnus comme ligands, le premier par les récepteurs du chaud et le second par les récepteurs du froid. Voici donc une situation peu ordinaire où des récepteurs acceptent de répondre aussi bien à des phénomènes physiques, les variations thermiques, qu'à des substances chimiques.

## *Un nerf qui ne fait rien comme les autres*

Il était admis que les terminaisons du nerf trijumeau étaient ce que l'on appelle des terminaisons libres, c'est-à-dire qu'elles n'étaient pas associées à des structures terminales comme on le trouve pour certaines fibres tactiles dotées de corpuscules comme les récepteurs de Meissner ou de Pacini dans la peau. Ce n'est plus vrai pour certaines de ces terminaisons. Thomas Finger et ses collègues[8] de l'Université du Colorado ont en effet identifié, dans la zone dite respiratoire de l'épithélium nasal, chez le rat et la souris, des cellules épithéliales qui présentent plusieurs ressemblances avec des cellules gustatives. Elles expriment des récepteurs de la famille T2R, identifiés comme récepteurs de l'amer dans l'organe gustatif, et elles contiennent la protéine *gustducine*, également caractéristique de récepteurs gustatifs. Ces cellules sont aussi contactées par des fibres du nerf trijumeau avec lesquelles elles font des synapses et se trouvent donc dans une position analogue à celle des cellules gustatives vis-à-vis du nerf

6. Caterina *et al.* (1997).
7. McKemy *et al.* (*op. cit.*).
8. Finger *et al.* (2003).

gustatif. De plus, il est apparu, en enregistrant l'activité électrique de rameaux du nerf trijumeau, que la stimulation de l'épithélium nasal avec des substances typiquement amères comme le *dénatonium*, la *quinine* et la *cycloheximide* induisait des réponses de ces rameaux. Il ne faut pas en conclure pour autant que les terminaisons du nerf trijumeau dans la cavité nasale donnent naissance à des sensations amères car, comme on l'a noté à propos des T2R trouvés dans le tube digestif, la qualité de la sensation dépend essentiellement de la région cérébrale qui reçoit les influx. Or, les voies empruntées par les fibres trigéminales sont nettement différentes de celles suivies par les fibres gustatives. Il est probable que les effets sensoriels restent dans le registre de l'irritation. On ne sait pas si de telles cellules sont présentes chez l'homme.

Le nerf trijumeau a d'autres propriétés inhabituelles que celles que lui confèrent ses récepteurs. Comme les branches sensitives des nerfs rachidiens dont il est l'équivalent pour la région cérébrale, il est composé de fibres dont les corps cellulaires sont situés dans un ganglion, en l'occurrence le ganglion de Gasser. Les neurones qui émettent ces fibres sont des cellules bipolaires au sens où elles produisent deux longs prolongements, l'un à destination des tissus, l'autre à destination du tronc cérébral. Par rapport au sens du parcours des influx, les fibres qui innervent les muqueuses nasale et buccale devraient être considérées comme des fibres centripètes ou dendrites. Mais ces « dendrites » sont très longues et certaines sont entourées par de la myéline, comme le sont les axones. Une autre particularité surprenante, s'agissant de fibres en principe sensitives, est que leurs extrémités contiennent des neuropeptides tels que le neuropeptide appelé *substance P* et le CGRP[9] et qu'elles libèrent ces peptides dans des conditions assez particulières[10].

Imaginons qu'une fibre détecte la présence d'une substance irritante grâce aux récepteurs dont nous avons parlé plus haut. Elle émet alors un train d'influx vers le corps cellulaire du neurone et le message est bientôt transmis au cerveau. Mais d'autres phénomènes se déroulent en même temps. Les fibres trigéminales sont ramifiées.

9. CGRP pour *Calcitonin Gene Related Protein*.
10. Voir Bouvet *et al.* (1987) ; Getchell *et al.* (1989).

Lorsqu'un influx rencontre un embranchement, il peut envahir la branche rencontrée et, gagnant en quelque sorte à rebours son extrémité, provoquer la libération des neuropeptides présents dans les terminaisons, comme le fait un potentiel d'action qui atteint l'extrémité d'un axone. Certaines de ses extrémités sont au contact de petits vaisseaux, d'autres de glandes, d'autres enfin remontent vers les couches de cellules olfactives. Grâce à ce mécanisme auquel a été donné le nom de *réflexe d'axone*, l'excitation induite par les molécules irritantes rétroagit selon un circuit très court qui ne met pas en jeu des neurones cérébraux, sur des cibles aptes à corriger localement les effets agressifs des substances inhalées : les vaisseaux sanguins se dilatent et le sang afflue, les cellules sécrétrices libèrent des produits. Ces phénomènes sont à rattacher à la fonction de protection exercée par le nerf trijumeau.

## *Des influences réciproques : quand les dents aiguisent le goût*

Nous venons de voir que certains influx du réflexe d'axone gagnaient le voisinage des cellules réceptrices. Il y a là une occasion pour le nerf V d'influencer le fonctionnement des neurones récepteurs par la libération d'un ou de plusieurs neuropeptides. D'autre part, des chercheurs ont montré que des rameaux du nerf trijumeau gagnaient également le bulbe olfactif, autre occasion pour les influx trigéminaux d'influencer le fonctionnement olfactif, à un niveau cette fois un peu moins périphérique.

La fonction olfactive n'est pas la seule à interagir avec le système trigéminal. La genèse des saveurs est également concernée. Parmi les fibres nerveuses qui innervent les papilles fongiformes à l'avant de la langue, se trouvent des fibres proprement gustatives, celles de la corde du tympan, mais également des fibres du nerf trijumeau, trois fois plus nombreuses. Ces fibres sont, comme celles de la cavité nasale, à l'origine de sensations et de réflexes. La branche du nerf V, appelée nerf lingual, répond aux constituants du piment, du poivre et autres principes irritants des épices. S'ensuivent des réflexes de salivation, de vasodilatation, de sécrétion nasale, de pleurs, de sudation.

Les stimuli olfactifs et gustatifs délivrés de façon prolongée ou répétée engendrent des effets d'adaptation, c'est-à-dire que les sensations évoquées deviennent moins fortes et même parfois disparaissent. Le système trigéminal se comporte différemment. Par exemple, si une solution de capsaïcine est présentée de façon répétée à la langue, à des intervalles de l'ordre de la minute, les réponses du nerf ou les sensations évoquées croissent en intensité, allant jusqu'à tripler sur une durée de 25 minutes. C'est un phénomène de *sensibilisation*. Cependant, si l'intervalle entre deux stimulations est plus long, par exemple de 15 minutes, c'est une réduction de la réponse qui est observée. Le phénomène a été appelé *désensibilisation*. Il est possible que ces effets se produisent au niveau des récepteurs et mettent en jeu l'ion calcium mais le mécanisme exact est encore obscur.

Les données expérimentales relatives aux effets psychophysiques des interactions sont complexes et peu convergentes. Elles sont d'interprétation d'autant plus difficile que certaines substances actives sur les cellules gustatives, le chlorure de sodium par exemple, le sont aussi à forte concentration sur les terminaisons du nerf trijumeau. Plus clairs paraissent les effets du goût sur l'irritation. Ainsi les seuils de perception d'une solution de capsaïcine sont élevés quand la solution contient aussi du saccharose. La cuisine utilise cet effet adoucissant du sucre.

Un autre exemple d'interactions est celui de la sensibilité des dents, due aux ramifications du nerf trijumeau, avec la sensibilité gustative[11]. Lors de la mastication, l'activité dentaire renforce la réponse des cellules gustatives de la langue et la réponse des papilles aux stimuli gustatifs est moindre dans les zones où ont été effectuées des extractions dentaires. On peut en trouver l'explication dans le fait que certaines branches collatérales des axones du nerf V parviennent au noyau du tractus solitaire qui est, comme on l'a vu (chapitre V), un relais des messages gustatifs ainsi que des influx viscéraux.

11. Annick Faurion (communication personnelle).

## *Des plaisirs que l'on n'attendait pas*

Ce sont donc des phénomènes complexes qui se déroulent dans les fosses nasales et dans la bouche lorsque les aliments comportent des substances actives sur les terminaisons du nerf trijumeau. Des sensations particulières s'ajoutent aux composantes olfactives et gustatives de la flaveur et interagissent avec elles pour en moduler la teneur. Ce qui ne manque pas de nous surprendre, c'est que certaines des fortes sensations évoquées par des stimuli « trigéminaux », celles produites par les constituants du poivre, des piments ou de la moutarde, peuvent être recherchées par des mangeurs alors qu'elles ne présentent, de prime abord, aucun caractère attractif. Elles sont évitées par les enfants et tout à fait exceptionnels sont les cas d'animaux entraînés à montrer des préférences à leur égard.

Plusieurs hypothèses ont été proposées. Il y a celles qui attribuent à l'usage des épices irritantes une fonction adaptative, bénéfique, comme la stimulation de la sécrétion salivaire ou le masquage de la flaveur désagréable d'une viande avariée, ou encore celles qui mettent en avant le fait que les piments sont riches en vitamines A et C. Chaque suggestion rencontre des objections. D'autres hypothèses s'appuient sur des observations ethnologiques qui laissent penser qu'il en va de même pour les substances fortement irritantes que pour d'autres produits initialement aversifs comme le café, l'alcool et le tabac. La préférence se développe graduellement, encouragée par les parents ou par les pairs qui exercent sur les jeunes mangeurs une certaine pression sociale. L'usage rendrait moins agressive la consommation en raison du phénomène de désensibilisation. Mais il s'agit là davantage de décrire l'acquisition que d'expliquer l'existence même du phénomène, car on ne voit pas pourquoi des groupes humains ont choisi cette pratique et l'ont très largement répandue.

Une explication psychologique a aussi été proposée : on a soupçonné le moteur de la consommation d'être une forme de fascination pour une expérience douloureuse, donc dangereuse, mais sans conséquences graves. Dans un registre plus biologique, en se rappelant que les sensations d'irritation sont une forme de douleur, certains ont supposé que des stimuli trigéminaux intenses pouvaient provoquer une libération compensatoire d'*endorphines*, opioïdes endogènes, et produire des états apparentés à ceux de l'addiction à une drogue. Nous verrons plus loin que les voies du plaisir alimentaire empruntent des systèmes neuronaux qui possèdent des récepteurs sensibles aux opiacés endogènes et à des molécules exogènes apparentées. Comme le conclut Paul Rozin qui a étudié en détail et sous plusieurs angles la consommation du piment, « le fort attrait qu'exerce le piment, en contraste avec sa non-palatabilité initiale est un défi pour la psychologie de l'affect et pour l'étude de l'acquisition de la culture[12] ».

S'il nous fallait ne retenir qu'une seule leçon de cet aperçu de la sensibilité trigéminale, nous garderions à l'esprit cette capacité qu'a l'espèce humaine de mettre à profit un mécanisme primitif de protection et d'alarme pour élargir la gamme des stimuli qui contribuent au plaisir de manger.

12. Rozin (1998).

Chapitre VII

# AUX SOURCES DU PLAISIR À MANGER

*Au commencement est le besoin et le désir de l'assouvir par un acte de consommation. Les sensations que procure l'acte de rassasiement, les arômes et les saveurs de l'aliment, se parent alors d'une valeur de plaisir. La mémoire conserve à la fois les sensations et le plaisir, si bien que les premières deviendront plus tard la promesse du second. Besoin, désir, plaisir, naissent dans des réseaux de neurones qui se recouvrent largement.*

## *Une expérience familière et mystérieuse*

Manger procure du plaisir. En langage académique, cette expression de notre expérience courante s'énonce ainsi : les sensations engendrées par l'action des aliments sur les organes sensoriels du goût et de l'odorat sont dotées d'une valence affective, elles ont une dimension hédonique. En effet, les odeurs et les saveurs qui émanent d'un aliment, pour ne parler que des stimuli des « sens chimiques », n'apportent pas seulement des informations sur la nature de cet aliment, son origine, son degré de maturation ou son mode de cuisson et mille autres indices utilisables par notre système cognitif. Elles sont également aptes à nous émouvoir par le plaisir que nous ressentons à les percevoir ou, le cas échéant et de façon négative, par le dégoût et le rejet qu'elles provoquent en nous.

Les états mentaux de plaisir ou de déplaisir, ces états de notre conscience affective, constituent des expériences aussi familières que mystérieuses. Certes, leur signification biologique n'est pas trop difficile à entrevoir[1]. On devine que la dimension affective des perceptions olfacto-gustatives n'a pas été instaurée par l'Évolution pour servir un hédonisme gratuit mais qu'elle participe à un processus complexe de forte valeur adaptative pour guider nos choix alimentaires. Mais que penser de l'expérience elle-même, de la façon dont elle est produite ? Dirons-nous que notre système nerveux est ainsi fait que ce genre de chose qu'est le plaisir sensoriel est possible ? Faut-il se contenter de l'éprouver, se satisfaire de le célébrer dans les discours lyriques que des gastronomes inspirés et des cuisiniers talentueux excellent à produire ? Nous pensons que même si l'abord scientifique, explicatif, de notre affectivité de mangeur ne peut prétendre avoir construit un discours cohérent et consensuel, il a tout de même posé des jalons qui indiquent la direction dans laquelle il faut continuer de chercher.

## *Une impulsion à agir*

Il est entendu que l'expérience du plaisir est éminemment subjective. Dupont ne saura jamais avec exactitude ce qui se passe dans la tête de Durand qui vient de soulever le couvercle de la marmite où mijote une sauce délicieuse. C'est un sujet récurrent d'interrogations pour les philosophes à la recherche d'une porte d'entrée sur le problème de la conscience. Sans accéder pleinement à l'état mental de Durand, Dupont pourra néanmoins tirer parti de certains signes objectifs pour inférer que son ami vient d'éprouver une émotion qui s'apparente à la joie. Le langage, les gestes, les mimiques faciales expriment fort bien l'état mental émotionnel et les humains ont une compétence remarquable et probablement universelle pour interpréter ces signes. Il suffit de regarder le mangeur, sans attendre ses

1. Nicolaïdis (1998).

commentaires, pour savoir s'il trouve bon ou mauvais l'aliment qu'il consomme.

Pour ce qui est du plaisir que procurent les aliments – sans prétendre généraliser notre propos à toute forme de plaisir – nous devons remarquer qu'il pourrait très bien se muer en un sentiment nettement moins positif, celui de frustration, si la découverte perceptive ne débouchait pas sur un acte, celui de consommer l'objet plaisant et désirable. Il y a quelque chose d'artificiel et de vaguement pervers dans le comportement du dégustateur obligé de recracher la gorgée de bon vin qu'il vient de prendre en bouche. Comme physiologistes et psychologues le découvrent de plus en plus, et pas seulement dans la sphère du manger et du boire, la perception n'est jamais totalement une pure contemplation ; elle aspire à se prolonger en action[2].

On rétorquera que ce n'est pas toujours le cas et que nous ne sommes pas toujours prêts, si on nous l'offre, à consommer l'objet générateur de plaisantes sensations, par exemple tout simplement parce que nous n'avons pas faim. Mais précisément, les spécialistes ont depuis longtemps confirmé les intuitions du sens commun en remarquant que l'intensité du plaisir donné par le même aliment subit d'amples variations qui suivent assez bien notre degré de faim ou simplement d'appétit[3]. Et l'on ne voit pas souvent un gourmand humer à n'en plus finir une friandise dont il vient de se repaître. L'objection n'est donc pas recevable et nous pouvons conserver l'idée qu'il y a dans le plaisir donné par les odeurs et les saveurs des aliments la promesse et l'attente d'une complétude qui appellent la consommation.

Si nous quittons la subjectivité du ressenti pour une recherche plus objective de signification, nous aboutissons ainsi à reconnaître un lien étroit, dans le domaine particulier de la nourriture, entre le sentiment de plaisir et le désir de consommation, c'est-à-dire l'incitation à réaliser un acte qui prend place parmi tous ceux qui nous permettent de vivre notre vie biologique. Dans ce dont nous prenons

2. Ce thème du lien étroit de la perception et de l'action est très présent dans l'ouvrage d'Alain Berthoz (2003).

3. Cabanac (1971).

conscience ici, il y a autre chose qu'une relation logique du genre : cet aliment me procure du plaisir à le regarder, à le sentir et à le goûter, or je recherche le plaisir, donc je le mange pour en jouir davantage. S'il est une logique en jeu, gageons que c'est une logique inscrite dans l'organisation anatomique et fonctionnelle de notre système nerveux, dans le *câblage* de nos circuits neuronaux plutôt que dans le *logiciel* de notre appareil à produire des syllogismes.

## *Méli-mélo de questions préliminaires*

Essayons maintenant de transcrire en problèmes de recherche les questions qui viennent d'être évoquées. Comme nous l'avons vu au chapitre III, les odeurs ont pour origine des phénomènes de détection de molécules volatiles par des récepteurs, la formation de messages nerveux qui transmettent les informations engendrées par ces récepteurs, la diffusion de ces messages dans plusieurs parties du cerveau, jusqu'à ce que se forment dans des aires cérébrales encore imparfaitement identifiées, cet état mental qu'est la sensation olfactive. Là, les messages nerveux deviennent arômes de pot-au-feu ou de crème à la vanille. Des spécialistes cherchent à savoir comment cela est possible, et ils ont fort à faire pour comprendre par quels processus naît la qualité de l'odeur, ce qui fait que nous la reconnaissons entre beaucoup d'autres, et ceci indépendamment de notre état de faim ou de rassasiement.

Il paraît aller de soi que l'odeur est représentée d'abord d'une façon affectivement neutre et que c'est un processus additionnel, second, qui la dote d'une valence affective, selon la polarité agréable-désagréable. En quelque sorte un processus en deux temps. Cette vue analytique a le mérite de prendre en compte à la fois la stabilité de la qualité perçue et la variabilité de son retentissement affectif. À vrai dire, une autre possibilité se présente, celle d'une double représentation, de deux voies parallèles, une voie qui pourrait être dite « cognitive » parce qu'elle est source de connaissances explicites relativement stables sur l'objet perçu et une voie qui pourrait être qualifiée d'« affective », parce qu'elle dote la sensation de son pouvoir émotionnel. Nous verrons que cette hypothèse du parallélisme mérite d'être considérée très sérieusement.

La genèse des saveurs pourrait être décrite de façon assez semblable à celle des odeurs, bien que des différences sensibles apparaissent, même à un examen superficiel. À l'origine de la sensation se trouvent aussi des molécules et des récepteurs, mais ces derniers sont en moins grand nombre que dans l'appareil olfactif. À l'extrême diversité des qualités olfactives qui défie les tentatives de classification s'oppose le regroupement des saveurs en un nombre limité de catégories, même si ce nombre se révèle plus grand qu'on ne l'a pensé.

Deux autres différences méritent d'être signalées car elles ont des incidences directes sur la question du plaisir et de l'incitation à manger. La première est que les saveurs ne sont perçues qu'après introduction de l'aliment en bouche. C'est dire qu'elles n'ont pas d'influence directe, immédiate, sur les étapes préparatoires à l'ingestion. Leur fonction est d'autoriser ou non la déglutition et donc la poursuite du processus commencé à l'incitation des sensations olfactives et visuelles. Cela invite à rechercher les voies par lesquelles les messages gustatifs contrôlent les automatismes de l'acceptation ou du rejet de l'aliment, comme le font d'ailleurs les messages tactiles et thermiques. Il faut cependant reconnaître que si les saveurs se manifestent tardivement, leur souvenir, étroitement lié à celui des odeurs, est actif dès la sélection de l'aliment.

Une autre différence réside dans l'origine de la valence affective des sensations. Nous avons noté que les odeurs tiraient l'essentiel de leur tonalité hédonique des apprentissages sensoriels acquis au cours d'expériences antérieures. Il en va autrement pour les saveurs dont deux catégories au moins, le sucré et l'amer, ont une signification affective précédant tout apprentissage. À l'universalité de l'acceptation du sucré correspond le rejet également universel de l'amer. Certes, des nuances doivent être introduites, une place doit malgré tout être faite à l'expérience antérieure, il faut tenir compte de l'intensité des stimuli… Il reste que les aliments sucrés font l'objet d'un préjugé *a priori* favorable, qu'ils sont en général perçus comme bons, alors que les aliments amers entraînent pour le moins la suspicion et sont en général jugés mauvais.

Retournons aux odeurs. Elles déclenchent, avons-nous dit, des processus cérébraux, qui élaborent des états désignés comme plaisir (ou déplaisir). Puisque toutes les odeurs n'ont pas cette propriété, il faut admettre que les activités nerveuses qui encodent les « bonnes » odeurs parviennent à entraîner d'autres activités concomitantes qui, elles, engendrent la dimension hédonique associée. On est donc en droit de se demander s'il n'existe pas, dans le cerveau, des réseaux de neurones accessibles à certains messages sensoriels, et qui, lorsqu'ils sont activés par ces messages, produisent la valence affective. Si la perception de la qualité et celle de la tonalité affective correspondent à deux étapes successives, il faut imaginer une sorte de filtre interposé entre le circuit proprement sensoriel, producteur de la qualité de l'odeur, et les réseaux générateurs du plaisir. Le « filtre » serait perméable à certains messages sensoriels et moins perméable à d'autres. La « perméabilité » du filtre ne serait pas fixée une fois pour toutes puisque des odeurs peuvent acquérir, par apprentissage, une valence hédonique qu'elles ne possédaient pas ; elles peuvent également la perdre.

Si, autre hypothèse, le traitement nerveux cognitif et le traitement affectif se déroulent en parallèle, l'économie peut être faite des filtres et autres interfaces. Chaque voie transmet ses propres signaux et accomplit sa fonction en relative indépendance, à charge pour elle de rejoindre l'autre en mémoire de travail pour une perception commune de la qualité olfactive et de sa valence hédonique.

## *La rencontre du plaisir et du besoin*

Un problème, pour les visées explicatives de la recherche neurobiologique, est d'identifier les circuits dont l'activation engendre le sentiment de plaisir et de repérer les sites cérébraux où ces circuits rencontrent ceux qui encodent les odeurs. Même s'il reste encore bien des progrès à faire, la carte du système olfactif commence à se dessiner. Les chercheurs ont deux atouts pour parvenir à cette connaissance : d'une part ils savent très bien où le système sensoriel commence, dans la muqueuse olfactive des fosses nasales, même s'ils savent moins bien où se terminent ses ramifications ; d'autre part, la fonction du système ne pose pas de subtils problèmes conceptuels. Le système olfactif sert à sentir. Il n'en va pas de même pour un hypothétique « système du plaisir » qui n'a ni entrée ni sortie aisément repérable et dont l'identité même est problématique. Nous verrons bientôt que ce système peut tout de même être appréhendé en certains de ses points.

Une autre question est celle de comprendre comment les mêmes odeurs peuvent activer le réseau du plaisir à certains moments et ne plus le faire, ou le faire moins, quelques instants plus tard. Puisque le facteur de variation repéré est le facteur nutritionnel ainsi que les états corrélatifs d'appétit et de rassasiement, il faut admettre que l'hypothétique réseau du plaisir est relié anatomiquement à d'autres réseaux qui portent l'information sur l'état énergétique du corps et ses besoins et qui ont la possibilité de mettre sous tension les neurones de l'affect dans l'attente de stimulations adéquates lors de la faim, ou de les désactiver lors de la satiété. C'est ainsi que la *motivation* de faim, terme par lequel on désigne la fonction du dispositif qui porte et distribue l'information cérébrale sur l'état nutritionnel, pourrait interférer avec le fonctionnement du réseau générateur de l'affect.

La notion de motivation fait référence à un état cérébral correspondant à un éveil orienté, qui rend l'organisme particulièrement réceptif à certains stimuli externes et le conduit à s'engager dans des conduites spécifiques. Mais, comme l'a fait remarquer Pierre Karli, la notion de motivation peut prendre plusieurs sens : le sens de « motif d'action », ce qui donne à l'organisme une raison d'agir, et le sens d'« impulsion motrice », assez proche de ce que les auteurs de langue anglaise appellent *drive*. Nous l'employons ici au sens d'impulsion à agir, soulignant la dimension dynamique de l'état cérébral, et nous identifions non plus la raison, mais la cause de cet état, dans la présence de signaux internes, hormones en particulier, comme c'est le cas dans la faim, la soif ou le désir sexuel.

Pour circonscrire les territoires où chercher la jonction entre affect et besoin, entre émotion et motivation, il peut être utile de repérer l'organisation des voies dans lesquelles circulent des informations sur l'état énergétique du corps. Un point nodal de ces voies est maintenant identifié. Il existe à la base du cerveau, dans la région connue sous le nom d'*hypothalamus* (Fig. 5), des groupes de neurones qui sont dotés de la capacité de détecter la présence, dans la circulation sanguine, de messagers chimiques, c'est-à-dire d'hormones, porteurs d'indications directes sur l'état des réserves énergétiques du corps. L'une de ces hormones est sécrétée par les cellules qui renferment précisément, sous forme de graisse, les réserves de l'organisme, les cellules du tissu adipeux.

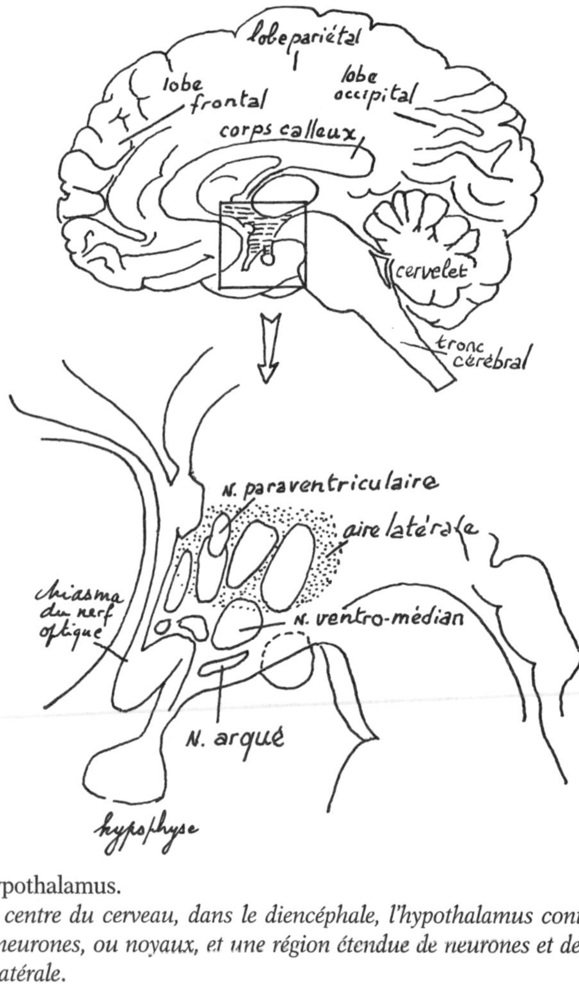


Fig. 5 : L'hypothalamus.
*Localisé au centre du cerveau, dans le diencéphale, l'hypothalamus contient plusieurs groupes de neurones, ou noyaux, et une région étendue de neurones et de fibres de passage, l'aire latérale.*

Les neurones de l'hypothalamus détecteurs des *signaux d'adiposité* qui leur parviennent par voie sanguine forment le premier étage d'un système qui en comporte plusieurs. Ils contrôlent le deuxième étage situé dans d'autres régions du même hypothalamus, d'où partent des fibres nerveuses en direction de plusieurs autres aires cérébrales. L'hypothalamus apparaît donc comme une région du cerveau susceptible d'héberger la zone de recouvrement et d'interactions entre le système de l'affect sensoriel et le système du besoin. On notera donc avec intérêt qu'il existe des voies nerveuses olfactives et gustatives qui conduisent leurs messages à l'hypothalamus. On notera avec plus d'intérêt encore que certains neurones hypothalamiques sensibles aux arômes et aux saveurs voient leurs réponses à ces stimuli d'origine alimentaire modulées par les états de faim et de satiété[4]. Que la faim s'estompe, que le rassasiement s'installe et des neurones qui s'activaient en réponse aux stimuli émis par les aliments cessent de réagir aux mêmes stimuli. Les réactions de ces neurones témoignent de l'interaction entre signaux externes relatifs aux aliments et signaux internes relatifs au besoin de s'alimenter.

## *Récompense et renforcement*

Poursuivant notre analyse théorique de ce que pourrait être le substrat nerveux du plaisir, nous devons reprendre l'idée que, du simple point de vue de l'expérience subjective, le plaisir comporte une incitation à consommer. Il n'est pas difficile, par ailleurs, de comprendre qu'un organisme peut tirer un grand bénéfice, pour sa survie, d'un dispositif qui l'incite à réaliser un acte, la prise d'aliment, pour autant que les caractéristiques sensorielles de l'aliment perçu, génératrices du plaisir, garantissent la valeur nutritionnelle de cet aliment. Nous concevons donc que le système du plaisir est sans doute étroitement lié aux structures cérébrales qui organisent les actes et en décident l'exécution. Les réseaux du plaisir entretiennent donc très certainement des relations synaptiques avec le système nerveux organisateur de l'action.

4. Rolls (1999).

Nous allons devoir parcourir un chemin assez long et compliqué pour démêler l'écheveau des relations entre la motivation, le plaisir des sens et le comportement de consommation. Ce parcours va nous conduire tout d'abord à évoquer des études de comportement animal.

On a depuis longtemps constaté que pour apprendre à un animal à réaliser certaines tâches, il fallait le récompenser lorsqu'il avait correctement fait ce qu'on lui demandait. C'est la base du dressage. La nourriture a souvent été utilisée comme récompense. Encore faut-il que la récompense rencontre une certaine attente. L'aliment n'a pas grande valeur de récompense si l'animal est repu et l'eau ne sera pas plus efficace s'il n'a pas soif, c'est-à-dire s'il n'est pas motivé à manger ou à boire. Le plaisir ne se conçoit pas sans désir.

Une façon d'interpréter la situation d'apprentissage est de dire que l'animal agit *pour* obtenir une récompense. Le terme anglais utilisé dans ces circonstances est celui de *reward.* Nous le traduirons indifféremment par « récompense » ou par « gratification ». Il y a cependant dans la notion de récompense, comme un relent de subjectivité et « agir pour » sous-entend une intention de la part de l'animal. Subjectivité et intentionnalité doivent, selon d'autres conceptions dites béhavioristes, être proscrites de l'étude du comportement animal. Une autre description ne parlera donc pas de récompense, mais utilisera le terme supposé plus objectif de *renforcement.* Un animal qui voit son comportement « renforcé » tend à reproduire l'acte qui a été systématiquement suivi du renforcement. À première vue les deux notions de gratification et de renforcement paraissent décrire des situations analogues. En réalité, l'insistance n'est pas placée sur les mêmes éléments et le contexte théorique d'usage des deux termes est différent. Le renforcement mis en avant dans la conception que Skinner[5] se fait du *conditionnement opérant* est défini comme ce qui va faire croître la probabilité que le comportement s'oriente dans un sens plutôt que dans un autre, sans faire d'hypothèse sur les états psychologiques de l'animal. Ces considérations peuvent paraître très théoriques et nous entraîner assez loin de notre propos. En réalité ce n'est pas le cas. Nous verrons qu'il est bon de

5. Skinner (1971).

connaître l'origine des notions pour ne pas se laisser prendre aux pièges des mots.

Bien entendu, *a fortiori*, la notion de plaisir, si tributaire de l'introspection, n'est admise par aucun de ceux qui veulent s'en tenir aux faits objectivables. C'est donc avec de grandes précautions que nous allons devoir rechercher chez l'animal des indications sur les phénomènes qui se déroulent chez l'homme. On devine, en particulier, qu'il pourrait y avoir un lien entre l'aspect incitateur de l'état affectif, tel que nous l'avons repéré chez les humains et l'action incitatrice de la récompense, observée chez les animaux. C'est maintenant qu'il nous faut introduire un phénomène intrigant découvert lors d'études du comportement animal.

## *Des animaux qui consomment de l'électricité*

La première observation est que la stimulation électrique du cerveau en certaines régions délimitées induit, chez l'animal stimulé, la production d'actes de consommation si de la nourriture est placée à sa portée[6]. Faute de nourriture, il peut s'engager dans des activités de substitution qui relèvent de la sphère alimentaire comme de ronger un objet. Cette « réponse » à la stimulation électrique cérébrale a été interprétée comme la conséquence de l'activation artificielle de certains circuits nerveux qui, dans les conditions naturelles de stimulation par l'aliment, incitent l'animal à manger. L'un des sites cérébraux où la stimulation électrique se révèle efficace est situé dans la région latérale de l'hypothalamus (Fig. 5), une région dont la lésion, à l'opposé, rend l'animal indifférent à la nourriture et aphagique[7]. Il faut le nourrir de force pour qu'il survive. L'aire latérale de l'hypothalamus a été appelée « centre de la faim » à l'époque de la découverte de ses propriétés. Comme la lésion d'une autre région voisine paraissait avoir des conséquences opposées[8], une prise alimentaire accrue conduisant à l'obésité, on croyait avoir identifié le « centre de la

6. Olds et Milner (1954).
7. Powley et Keesey (1970).
8. Anand et Brobeck (1951).

satiété ». La réalité s'est par la suite révélée plus complexe et la notion de « centre de la faim » a été abandonnée au profit d'une conception plus largement distribuée du substrat nerveux de la motivation.

Il nous faut maintenant évoquer une autre découverte encore plus spectaculaire. Si l'on fait en sorte que le rat puisse lui-même s'autoadministrer la stimulation électrique en pressant une pédale qui commande l'application de chocs électriques par les électrodes cérébrales, on observe qu'il le fait volontiers et intensément, délaissant au besoin la nourriture proche pour se consacrer à cette unique activité[9]. La vigueur de son comportement d'autostimulation est remarquable et il peut persévérer dans cette activité jusqu'à épuisement. Puisque l'animal exécute le comportement sans autre incitation que la stimulation qu'il s'applique, on dira logiquement que cette stimulation est gratifiante ou encore qu'elle constitue un renforcement très efficace.

Phénomène encore plus surprenant, la valeur renforçante de la stimulation en certains sites cérébraux est sensible à l'état interne. L'appétit l'amplifie, le rassasiement la réduit. C'est ce que l'on peut déduire, en effet, de la fréquence des appuis que le rat exerce sur la pédale de stimulation : cette fréquence s'accroît dans la faim et décroît après rassasiement.

On est, bien sûr, tenté de rapprocher cette situation de celle d'un animal qui, motivé par le jeûne, s'engage dans le comportement de prise d'aliment et voit son acte renforcé par les stimulations sensorielles olfactives et gustatives qu'il reçoit alors de l'aliment. En prenant quelque liberté avec l'orthodoxie béhavioriste, on supposera que l'animal tire du plaisir de cette stimulation, plaisir d'autant plus fort qu'il est dans un état de plus grande motivation.

Nous parvenons ainsi à un schéma explicatif attrayant. Les rats et les humains possèdent dans certaines régions cérébrales des réseaux de neurones dont l'activation est intrinsèquement génératrice de plaisir. Ces réseaux sont mis sous tension par un état interne particulier, celui de la faim. Lorsqu'une stimulation sensorielle engendre du plaisir, c'est qu'elle parvient à activer ces réseaux. Elle n'y parvient que si l'expérience sensorielle et alimentaire antérieure des sujets a

9. Olds (1962).

donné, par apprentissage associatif, cette propriété aux messages sensoriels. Les stimulations électriques qui s'insinuent artificiellement dans les réseaux de neurones franchissent par effraction les filtres que rencontrent naturellement les messages sensoriels et produisent l'état affectif.

## *Où l'on reparle de l'impulsion à agir*

Un regard plus exigeant ou plus réservé sur ces phénomènes nous permet toutefois d'observer qu'en toute rigueur on ne peut assimiler automatiquement l'autostimulation électrique du cerveau à la création de plaisir. On ne peut conclure objectivement qu'à sa valeur renforçante, c'est-à-dire à sa propriété d'inciter le rat à presser la pédale de stimulation. Il ne s'agit pas seulement d'une réserve de principe sur la légitimité de l'extrapolation à l'homme des observations effectuées sur le rat. Les expériences d'autostimulation ont été reproduites chez des patients humains, en général des patients épileptiques chez qui on cherchait à localiser la zone épileptogène, et qui étaient éveillés. Le plaisir, a-t-on constaté, n'était pas toujours au rendez-vous et les patients éprouvaient parfois le désir de s'autostimuler sans en ressentir pourtant un plaisir clairement identifiable[10].

L'idée se fait jour ainsi qu'il est peut-être sage de dissocier, au moins partiellement, deux notions : celle de plaisir ou de récompense et celle d'incitation ou de renforcement. Certes il nous paraît aller de soi, s'agissant des humains, que le plaisir est une raison suffisante d'agir. Il pourrait pourtant se révéler utile de concevoir deux ensembles neuronaux liés encore que distincts. Un premier système induirait un état mental et des manifestations physiologiques caractéristiques, chez l'homme, du plaisir sensoriel. Un second système, plus difficile à définir et à désigner, serait plus proche du versant moteur de l'activité cérébrale et produirait l'incitation à agir.

Cette distinction que nous proposons est proche de celle que certains auteurs[11] préconisent de reconnaître entre aimer (*liking*) et

10. Heath (1963).
11. Berrigdge (1996).

désirer-vouloir (*wanting*), après avoir analysé de nombreuses données expérimentales qui sont difficilement compréhensibles sans introduire cette distinction. Dans la vie courante des sujets sains qui ingèrent des nourritures désirables, les deux systèmes s'articuleraient en pleine harmonie et ne révéleraient aucunement leur dualité réelle. Cependant, dans certaines conditions expérimentales, voire dans certaines conduites dérivées ou franchement pathologiques, leurs différences se manifesteraient.

### *Les drogues : du plaisir à la pernicieuse habitude*

Il existe une classe de phénomènes qui paraissent renforcer le bien-fondé de la façon dualiste de concevoir le plaisir et ses effets. Les humains introduisent dans leur organisme par différentes voies des substances que l'on appelle drogues et dont ils abusent : les drogues d'abus. Elles installent chez les consommateurs un état d'assuétude dont on connaît les méfaits. Les toxicomanes éprouvent le besoin irrésistible de renouveler régulièrement leur prise de drogue, c'est-à-dire leur stimulation pharmacologique, un peu comme le font les rats avec la stimulation électrique. Remarquons qu'il est également possible d'entraîner des rats à s'autoadministrer des drogues. « Tout système qui possède un système d'incitation à médiation chimique et des capacités technologiques (de l'utiliser) est intrinsèquement vulnérable à l'addiction », écrivent Nesse et Berridge[12]. Les rats ont le système d'incitation, il leur manque les capacités technologiques, c'est l'expérimentateur qui les leur fournit.

En recherchant comment ces substances agissent sur le cerveau, les chercheurs ont montré qu'elles interfèrent avec les récepteurs de certains neurotransmetteurs naturels, les *opiacés endogènes*, et que le comportement du toxicomane met en jeu des systèmes neuronaux au moins en partie semblables à ceux qui ont été identifiés dans les recherches sur l'autostimulation électrique cérébrale. Sans doute, les drogues qui agissent sur ces systèmes ont-elles en commun avec

12. Nesse et Berridge (1997).

l'activité électrique la particularité d'entrer, elles aussi par effraction, dans les réseaux de neurones qui sont normalement sollicités, mais de façon plus sélective, par des stimulations naturelles.

Quand on observe le comportement du toxicomane, on peut difficilement le voir comme une simple recherche de plaisir. Le plaisir, l'euphorie, ont sans doute accompagné les premiers contacts avec la drogue mais il semble bien que la recherche effrénée du produit par le sujet en manque repose sur un processus distinct. On ne peut dire : il éprouve du plaisir à consommer une drogue, donc il la recherche et la consomme. Visiblement, il y a autre chose car, avec ou sans plaisir, il ne peut faire autrement. Stimulation électrique et prise de drogues ont peut-être détourné de sa fonction normale un système qui incite le sujet à répéter les actions qui ont été puissamment renforcées lors des premières expériences de stimulation ou de consommation.

La recherche sur ce système incitateur, stimulée par les graves enjeux de la toxicomanie, a engendré un nombre véritablement considérable de travaux qui convergent sur une constatation : la dimension incitatrice du plaisir met en jeu un système de neurones bien défini qui a son origine dans une aire du mésencéphale, aboutit à l'avant du cerveau dans un noyau appelé *noyau accumbens*, et libère le neurotransmetteur dopamine. Ce *système dopaminergique*, comme on le désigne, a quelque parenté avec un autre système à dopamine (et à noradrénaline), celui dont les défaillances conduisent à la maladie de Parkinson, qui est une maladie affectant une région du système moteur, le *striatum dorsal*. À ce stade de notre enquête, nous retiendrons seulement qu'une composante du circuit de renforcement est clairement désignée, nous réservant d'analyser ultérieurement comment elle est reliée aux autres circuits de la motivation et du plaisir.

Nous venons d'esquisser à grands traits les axes de réflexion que nous nous proposons de développer dans les chapitres qui suivent. Nous reviendrons d'abord, dans le prochain chapitre, sur la neurophysiologie de la faim et de la satiété sur laquelle nous disposons maintenant de données nombreuses et précises. Nous parlerons donc de l'origine de la motivation, c'est-à-dire de cette variété particulière du désir qu'est le désir de manger.

Chapitre VIII

# LA FAIM ET LA SATIÉTÉ

*Des calories entrent dans l'organisme sous forme de nutriments ; d'autres en sortent sous forme de travail et de chaleur. Le bilan est remarquablement équilibré par l'action du cerveau qui ajuste la prise alimentaire en créant la faim ou la satiété. Il le fait grâce à de multiples messages humoraux et nerveux qui lui rapportent fidèlement l'état nutritionnel.*

Le chapitre précédent nous a invités à voir dans le plaisir associé à la consommation d'aliments une invention de l'Évolution pour inciter les organismes évolués à ingérer en quantité adaptée les nourritures les plus aptes à assurer leur survie. Avant de nous acheminer vers le cœur des opérations nerveuses qui génèrent le plaisir gourmand, nous ne pouvons faire l'économie de reprendre de façon plus approfondie l'examen de la tâche qui est supposée requérir l'intervention du plaisir : la quête de l'équilibre nutritionnel. Nous sommes là sur le terrain de la physiologie à laquelle nous demandons de nous éclairer sur l'origine de la faim et de la satiété.

## *Le ballet des calories*

Malgré certaines dérives graves du poids du corps, de plus en plus fréquentes depuis quelques décennies, notamment dans les pays développés, les humains maintiennent normalement leur poids dans des limites strictes sur de très longues durées. Ainsi, au cours d'une décennie pendant laquelle un sujet adulte aura consommé quelque 10 millions de kilocalories, son poids aura idéalement augmenté de quelques centaines de grammes, ce qui correspond, dans l'hypothèse où le surplus consommé est entièrement stocké sous forme de graisse, à un déséquilibre de 0,17 % sur 10 ans[1]. Une telle constance, un équilibre aussi rigoureux maintenu entre la dépense et la consommation d'énergie, malgré les variations de consommation d'un repas à l'autre et les fluctuations de l'activité physique, ne sont possibles que parce que l'organisme est doté de moyens très efficaces de régulation. C'est ce qu'on appelle l'*homéostasie énergétique*.

Les mécanismes de cette régulation sont nombreux et d'une extrême complexité. Ils prennent place à différents niveaux de l'organisme, depuis les molécules jusqu'à l'organisme entier et le comportement de prise d'aliments. Conformément à notre objectif, nous limiterons notre enquête au rôle du système nerveux dans ces processus régulateurs.

Nous avons vu que les aliments – disons plutôt les *macronutriments* – peuvent être caractérisés par leur valeur énergétique, laquelle dépend de leur nature chimique. D'autre part, le corps dépense de l'énergie non seulement pour réaliser des activités physiques et intellectuelles, mais également pour faire vivre ses cellules et ses tissus au repos. Il en utilise aussi pour absorber et assimiler sa nourriture. Après un repas, on assiste à une élévation du métabolisme connue comme « thermogenèse postprandiale ». Cette production de chaleur paraît avoir deux composantes[2] : une composante dite obligatoire, liée au coût énergétique de la digestion, de l'absorption, du métabolisme et du stockage des aliments et une autre composante, plus

1. Friedman (2000).
2. Acheson *et al.* (1984).

facultative, dont l'ampleur est fonction des qualités sensorielles de la nourriture ingérée, et peut-être de leur valeur hédonique[3]. Quoi qu'il en soit, entrées et sorties énergétiques sont en fin de compte comptabilisées dans la même monnaie, c'est-à-dire en kilocalories.

Pour réaliser un bilan équilibré de sa consommation et de ses dépenses, l'organisme peut agir en théorie sur sa prise d'aliments ou sur sa dépense d'énergie, cela veut dire augmenter l'activité physique si une nourriture riche a été consommée en abondance ou réduire la prise alimentaire quand l'activité physique est faible. Si le fléau de la balance énergétique indique un excès de prise, le poids du corps s'accroît en conséquence, par un enrichissement du stock de lipides dans le tissu adipeux. Si le bilan est négatif, les réserves de graisse sont mobilisées et brûlées pour compenser le déséquilibre. Les spécialistes du métabolisme sont en mesure de faire les calculs correspondants, connaissant la nature et la quantité de la nourriture consommée et l'intensité de la dépense énergétique. Toute la question est de comprendre comment le corps réalise ce calcul, habituellement avec une grande précision.

Nous ferons tout d'abord l'hypothèse que l'homéostasie énergétique est réalisée par l'organisme en agissant principalement sur la consommation des aliments. Ce n'est pas tout à fait exact car il a aussi la possibilité d'agir sur la dépense énergétique, par exemple en libérant de l'énergie sous forme de chaleur plutôt qu'en la mettant en réserve. Mais l'activité physique, qui est consommatrice d'énergie, sert en général ses propres finalités et obéit à des impératifs d'une autre nature que la seule homéostasie énergétique. Il reste que la principale variable régulatrice est le comportement de consommation. Le problème posé est donc en première analyse celui de faire correspondre la prise d'aliments aux besoins de l'organisme, étant entendu que ces besoins sont variables.

Mais qu'entend-on par « besoin » ? Par souci de simplicité, nous nous en tiendrons aux besoins quantitatifs, ceux qui s'expriment en termes d'énergie, et nous mettrons entre parenthèses les besoins plus qualitatifs, en particulier ceux qui concernent les molécules indispensables que l'organisme ne sait pas synthétiser, comme certains acides

3. LeBlanc et Brondel (1985) ; Brondel *et al.* (1999).

aminés et certains acides gras, ainsi que les *micronutriments*, tels que les vitamines et les sels minéraux. Les besoins seront donc les dépenses énergétiques à compenser par des apports. Nous verrons que, pour ce faire, le système nerveux dispose d'un indice important qui lui est fourni par des hormones, l'état des réserves en graisse.

Il n'est pas possible, cependant, que le besoin soit satisfait par une consommation continue qui s'interromprait dès l'équilibre rétabli. Le délai entre la prise des aliments et leur transformation en énergie utilisable ou en graisses à stocker est trop long pour autoriser une rétroaction rapide. Si certains nutriments comme les sucres rapides sont très rapidement assimilés, l'assimilation complète des autres peut prendre plusieurs heures. De plus, dans la nature, les animaux sont contraints de s'alimenter de façon discontinue, selon les hasards de la découverte d'une source de nourriture. Et même lorsque la nourriture est largement disponible, ils font des repas qui ont un début et une fin, leur durée déterminant au moins grossièrement la quantité consommée. L'homme lui-même fait des repas[4]. Il revient donc au système nerveux de contrôler la prise alimentaire totale sur une certaine durée en agissant sur les paramètres des repas. Il faut donc que le cerveau reçoive sans délais des informations sur la quantité d'aliments absorbés et, puisque tous les aliments ne sont pas équivalents en contenu calorique, il doit aussi être informé de la nature de ces aliments. C'est de cette tâche que s'acquittent les systèmes sensoriels de la bouche et du nez qui contrôlent l'entrée du tube digestif ainsi que les détecteurs mécaniques et chimiques de l'estomac et de l'intestin qui communiquent leurs informations au cerveau par voie nerveuse et hormonale.

La tâche du système nerveux ne se limite évidemment pas à l'évaluation des besoins et à l'inventaire des apports en cours. Il agit, il intervient, et ce n'est pas la moindre des difficultés que de reconstituer comment il le fait à travers des mécanismes totalement automatiques comme ceux qui impliquent le système neurovégétatif, ce système que l'on dit aussi autonome, et des voies plus incitatrices et

4. Le morcellement, la fragmentation des repas constatée de plus en plus fréquemment dans certains pays figurent parmi les nombreuses causes invoquées pour expliquer la progression des troubles pondéraux.

aussi plus mystérieuses, comme celles qui font intervenir le plaisir à manger et ses modulations.

## *Les voix de la faim et de la satiété*

Les sensations qui traduisent l'appétit et la faim, les actes grâce auxquels l'organisme recherche, choisit et ingère les aliments, les phénomènes qui mettent fin provisoirement à l'ingestion et fournissent le sentiment de rassasiement, mettent en jeu le fonctionnement du système nerveux (Fig. 6). Pour engendrer ces sensations et produire les actes de consommation, le cerveau dispose de nombreux signaux que la recherche découvre un à un. Certains, nous l'avons vu, sont manifestes. Ils sont émis par les aliments eux-mêmes avant leur saisie et leur ingestion. Ce sont les signaux externes. Leur rôle principal est de fournir l'information nécessaire à la décision comportementale de consommer. Ils ont aussi une fonction d'anticipation des réactions physiologiques à l'ingestion. Ainsi, la présence de sucres dans la bouche déclenche-t-elle une élévation de la teneur du sang en insuline qui anticipe l'arrivée de ces nutriments dans le tube digestif[5]. C'est la *phase céphalique* de la libération d'*insuline*. D'autres signaux sont plus secrets et échappent totalement à l'introspection. Ce sont les signaux internes à l'organisme. C'est de ces signaux et de la façon dont ils remplissent leurs fonctions dont il sera question maintenant.

Il est apparu utile de regrouper les signaux internes en deux classes. En effet, les informations dont le système nerveux doit disposer pour réguler le poids du corps et son contenu en énergie sur le long terme ne sont pas les mêmes que ceux qui sont nécessaires pour contrôler la prise alimentaire à court terme, c'est-à-dire chacun des repas. Les premiers ont été qualifiés de *signaux d'adiposité* parce qu'ils se rapportent assez directement à la quantité d'énergie que le corps a stockée sous forme de graisses ; les seconds sont appelés *signaux de satiété* parce qu'ils fournissent des informations sur l'état du tube digestif et les conséquences immédiates de l'ingestion, et sont

5. Louis-Sylvestre et Le Magnen (1980b) ; Bellisle *et al.* (1985).

pris en compte pour interrompre le repas. Comme on l'imagine aisément, les deux systèmes de signaux ne peuvent être totalement indépendants, l'équilibre énergétique sur le long terme dépendant finalement de l'ajustement des actes alimentaires à court terme.

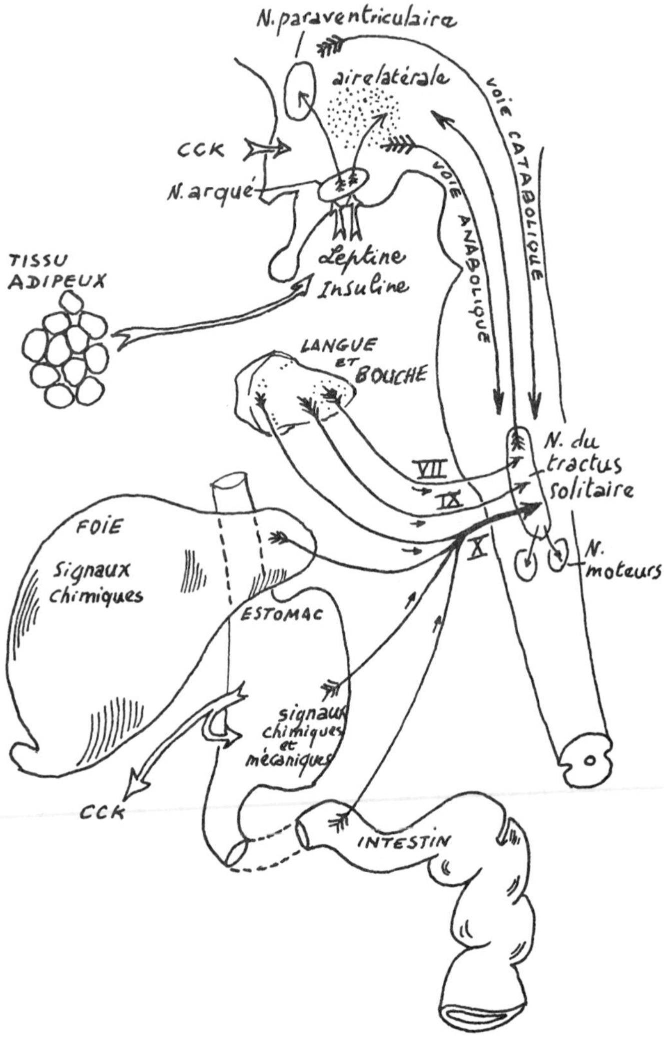


Fig. 6 : Voies nerveuses et humorales du contrôle de la faim et de la satiété.

## *Des molécules qui signalent l'adiposité*

Une période prolongée de jeûne, aussi bien chez l'animal que chez l'homme, entraîne une perte de poids qui est suivie d'un retour graduel au poids de référence quand cesse la privation. Le rétablissement pondéral s'effectue par une augmentation de la prise alimentaire (hyperphagie) qui revient ensuite à un niveau normal. Le processus symétrique est observé quand un animal est contraint par gavage à prendre du poids. Quand la contrainte cesse, la prise alimentaire spontanée est d'abord réduite puis reprend sa valeur antérieure quand le poids est redevenu ce qu'il était au départ. Dans les deux cas un processus régulateur est de toute évidence en jeu.

On a longtemps cherché quelles pouvaient bien être les sources d'information dont le cerveau disposait pour apprécier les besoins du corps en nourriture. Le signal, pensait-on, devait être une substance dont la concentration était susceptible de refléter assez bien l'état nutritionnel, et qui pouvait être détectée par des capteurs connectés au cerveau. Une substance paraissait satisfaire ces exigences, le *glucose*. Cette petite molécule est un produit de la digestion véhiculé par la circulation sanguine, capté par les tissus et notamment par les neurones pour lesquels il constitue une source majeure d'énergie. La concentration sanguine du glucose, la *glycémie*, fait l'objet d'une régulation par l'intermédiaire de l'insuline libérée par le pancréas, la libération d'insuline étant elle-même principalement dépendante du glucose. Lorsque la glycémie s'élève, l'insuline intervient pour favoriser la transformation de ce glucose en graisse et une autre hormone, libérée aussi par le pancréas, opère la transformation inverse lorsque baisse la glycémie.

Les recherches sur le cerveau ont montré que certains neurones de l'hypothalamus étaient très sensibles à la présence du glucose et changeaient la fréquence de leurs influx selon la richesse en glucose de leur environnement[6]. Le rôle du glucose comme signal de besoin et facteur de déclenchement de la prise alimentaire était envisagé

6. Oomura (1976).

depuis longtemps dans le cadre de la théorie *glucostatique* qui faisait de la teneur en glucose le paramètre essentiel de la régulation de l'énergie. Une forme rénovée de la théorie[7] proposa de reconnaître que la capture du glucose par les tissus du corps entraînait une différence de glycémie entre le sang artériel et le sang veineux. Tant que cette différence était suffisante, le glucose pouvait être capté et c'était la satiété. Lorsque la différence entre le glucose artériel et le glucose veineux venait à être réduite, lorsque le glucose ne pouvait plus être capté – ce qui nécessite la présence d'insuline – la faim revenait.

L'hypothèse parut trouver une confirmation dans des expériences réalisées chez des rats qui montraient qu'une petite baisse de la glycémie pouvait être observée quelques minutes avant le début de chaque repas spontané[8]. Mais l'idée que la glycémie seule commandait la prise alimentaire ne résista pas à une avalanche d'objections. D'autres produits de la digestion, les acides aminés, furent un moment envisagés comme des signaux de contrôle de la prise alimentaire, dans le cadre d'une *théorie aminostatique*, sans convaincre la communauté scientifique. En réalité, le glucose et les acides aminés pouvaient jouer un rôle dans la prise alimentaire à court terme, mais il apparut qu'ils n'étaient pas en mesure de refléter les besoins de l'organisme sur le long terme.

Bien avant de découvrir quel était le signal de la régulation sur le long terme, les physiologistes firent l'hypothèse qu'il devait d'une façon ou d'une autre se rapporter au poids du corps. Ils partirent donc à la recherche du *pondérostat*. Ainsi, dès 1953, l'hypothèse fut formulée[9] que des signaux inhibiteurs étaient engendrés en proportion des stocks corporels de graisses et agissaient dans le cerveau, et notamment l'hypothalamus, pour réduire la prise alimentaire. De la sorte, quand la perte de poids induite par la restriction calorique abaissait le niveau de ces signaux inhibiteurs, la prise alimentaire augmentait jusqu'à ce que le déficit en énergie fût corrigé.

7. Mayer (1955).
8. Louis-Sylvestre et Le Magnen (1980a).
9. Kennedy (1953).

La concentration sanguine des *hormones corticoïdes* libérées par les glandes cortico-surrénales parut à d'autres[10] un signal possible pour un hypothétique pondérostat. Ces hormones étant solubles dans les graisses, leur concentration dans le sang dépend en partie du volume des lipides stockés : si les réserves en graisse sont réduites, la concentration sanguine est élevée ; si la masse adipeuse est grande, la concentration de l'hormone est basse. Ce n'est toutefois qu'à partir de 1994 que fut élaborée l'hypothèse la plus convaincante sur la nature d'un signal majeur d'adiposité. Les découvertes correspondantes, largement dues à la génétique moléculaire, marquent un tournant dans la connaissance de la régulation de la prise alimentaire.

L'histoire commence en 1994 avec l'identification, chez une souche de souris obèses et hyperphagiques, d'un gène mutant (*ob*) qui s'avéra être le gène dirigeant la synthèse d'une hormone, la *leptine*, sécrétée par les cellules adipeuses, ou adipocytes[11]. On découvrit plus tard que la leptine est sécrétée aussi en plusieurs autres lieux, dont le placenta et la paroi de l'estomac. L'obésité des souris mutées pouvait être attribuée à l'altération des deux exemplaires du gène et à l'absence consécutive de leptine. Lorsque le niveau normal de la leptine est restauré expérimentalement, les souris réduisent leur prise alimentaire et perdent du poids.

Les études ultérieures apportèrent de nouvelles confirmations, en particulier celle de la présence du gène chez les humains. Il fut prouvé que la leptine circule dans l'organisme, à plus forte concentration chez la femme que chez l'homme, qu'elle est sécrétée en proportion du contenu en graisse du corps et qu'elle atteint le cerveau, notamment dans une région, l'hypothalamus, depuis longtemps soupçonnée de jouer un rôle déterminant dans le contrôle de la prise alimentaire. L'indispensable partenaire du signal leptine, son récepteur, fut découvert[12] et étudié dans une autre mutation qui rend obèses les rats d'une souche appelée *Zucker*. Chez ces rats, ce n'est pas le signal leptine qui fait défaut, mais les récepteurs pour le détecter. Quand ils

10. Cabanac et Richard réactualisent en 1996 une hypothèse proposée plus tôt par Hervey.
11. Zhang *et al.* (1994).
12. Tartaglia *et al.* (1995).

ne manquent pas, les récepteurs se trouvent précisément là où on les attend, c'est-à-dire sur des neurones de l'hypothalamus.

Remarquons incidemment que la découverte de la leptine et de sa mutation n'a pas eu tout à fait les conséquences positives escomptées pour le traitement de l'obésité humaine. La raison en est que le gène de la leptine n'est que très exceptionnellement responsable des troubles pondéraux des hommes et des femmes. Chez les humains, on ne connaît qu'un très petit nombre de cas de mutations du gène de l'hormone ou de celui de son récepteur[13]. De telles mutations sont si graves que les gènes mutés ne peuvent se répandre dans la population.

Tous les cas de surpoids ne relèvent évidemment pas de la génétique et quand ils en relèvent c'est par l'intermédiaire de *gènes de susceptibilité* ou de prédisposition. On appelle ainsi des gènes qui ne manifestent leur présence que dans certains environnements particuliers. Soit, par exemple, deux souches de souris. Nourries du régime alimentaire standard de laboratoire, elles ont le même poids. Un régime riche en lipides est offert à l'une aussi bien qu'à l'autre, et voici que l'une devient obèse tandis que l'autre maintient son poids : un gène de susceptibilité à l'obésité été révélé chez une souche. De tels gènes semblent en relativement grand nombre et agissent moins directement que ne le font le gène de la leptine et celui de son récepteur sur la régulation de la prise alimentaire. On remarquera également que l'absence de leptine a d'autres conséquences que les troubles de la régulation alimentaire. Chez les quelques sujets humains étudiés, l'obésité due à la mutation s'accompagne de troubles graves de la régulation des hormones sexuelles. Un système de signalisation biologique est rarement impliqué dans une seule fonction.

La leptine est remarquable en ce sens que son mode d'action entre dans un schéma interprétatif particulièrement clair, bien que le mécanisme de sa production soit encore mal connu. Plus complexe est l'interprétation du rôle d'une autre hormone, l'insuline, comme signal de satiété. Il y a bien longtemps que l'on connaît l'importance de cette hormone dans la nutrition. C'est, avant la leptine, le premier

13. Clément *et al.* (1998).

signal à avoir été impliqué dans le contrôle de la prise alimentaire. Elle remplit les mêmes critères que la leptine pour accéder au statut de signal d'adiposité : sa concentration dans le sang est proportionnelle au contenu en graisse du corps ; elle pénètre dans le cerveau où elle trouve des récepteurs ; son administration expérimentale dans les ventricules cérébraux réduit la prise alimentaire ; la baisse de sa concentration produit l'effet inverse.

Pour expliquer que la concentration de l'insuline dans le sang varie en fonction du contenu du corps en lipides, on invoque un mécanisme de diminution de la sensibilité des cellules à cette hormone qui oblige les cellules du pancréas à sécréter davantage. L'augmentation de la sécrétion d'insuline au fur et à mesure que l'obésité progresse est ainsi supposée augmenter le niveau d'insuline cérébrale, ce qui permet de limiter un nouveau gain de poids. La complexité du mécanisme est accrue par le fait qu'en plus de dépendre du glucose pour réguler sa sécrétion, l'insuline est aussi la cible d'hormones sécrétées par des cellules de l'intestin, les *hormones insulinotropes* ou *gluco-incrétines*, à la suite de l'ingestion de nutriments. Enfin, il convient d'ajouter que leptine et insuline n'agissent pas indépendamment l'une de l'autre.

## *Les signaux de la satiété*

Les aliments qui pénètrent dans le tube digestif au cours d'un repas s'accumulent d'abord dans l'estomac où ils séjournent jusqu'à ce que s'ouvre le sphincter du pylore qu'un mécanisme inhibiteur a d'abord maintenu fermé. Leur présence peut être détectée et évaluée quantitativement par des éléments nerveux, des mécanorécepteurs, sensibles à la distension des parois de l'organe. Ces éléments détecteurs ont été identifiés comme les terminaisons sensibles d'une composante du système nerveux parasympathique, le *nerf vague*, appelé encore *nerf pneumogastrique* ou *nerf crânien N° X*. Il a été montré que ce nerf transmet des signaux au cerveau postérieur et la démonstration a été faite que ces signaux sont une composante importante du rassasiement à court terme.

De nombreux signaux chimiques sont libérés par des cellules sécrétrices dans l'ensemble du tractus digestif lorsque les nutriments quittent l'estomac et pénètrent successivement dans les différentes parties de l'intestin. Ces signaux ont des modes variés d'expression et parfois en utilisent plusieurs. Certains passent dans la circulation sanguine et atteignent des cibles dans le système nerveux central ; d'autres exercent leur action par l'intermédiaire d'éléments nerveux, le nerf vague en particulier, dont ils activent les terminaisons dans la paroi intestinale. D'autres encore agissent directement sur des cellules intestinales qui libèrent alors un signal relais. Ce système complexe de signalisation présente une certaine sélectivité chimique qui lui permet de transmettre des informations sur la nature chimique des nutriments.

L'une des molécules les plus étudiées est un peptide appelé *cholécystokinine* (CCK) considéré comme une hormone rassasiante, particulièrement vis-à-vis des graisses. Elle est produite par des cellules de l'estomac, sous l'influence indirecte des nutriments, grâce à d'autres molécules protéiques que l'on appelle *facteurs de libération*. Le signal CCK agit très probablement par deux voies : en atteignant par voie sanguine des neurones de l'hypothalamus qui possèdent des récepteurs spécialisés pour sa détection (CCK-A) ; en agissant localement sur les terminaisons du nerf vague qui possèdent, eux aussi, les récepteurs CCK-A. En plus de participer à la satiété, la molécule intervient, par l'intermédiaire du nerf vague, dans des phénomènes végétatifs tels que l'inhibition de la vidange gastrique.

Plusieurs autres peptides synthétisés par des cellules du tube digestif en relation avec la présence de nutriments ont une action sur la satiété. Citons l'*entérostatine* produite dans le duodénum, qui, en plus d'activer une enzyme de la digestion des lipides, freine la consommation de régimes alimentaires riches en graisses ; son action pourrait, comme celle de la cholécystokinine, faire intervenir le nerf vague ; le *peptide YY* sécrété par des cellules endocrines dans la partie terminale (distale) du tube digestif a des effets multiples sur le processus de la digestion et sur la satiété. Des récepteurs (Y2R) à ce peptide ont été trouvés dans un noyau hypothalamique, le *noyau arqué*, dont l'influence sur la régulation de la prise alimentaire est particulièrement saillante. La liste s'enrichit régulièrement de nouveaux facteurs humoraux de satiété[14].

Après leur digestion par les enzymes libérées par la muqueuse intestinale et le pancréas, certains nutriments comme le glucose et les acides aminés, sont absorbés par des cellules intestinales puis diffusent dans l'espace extracellulaire, d'où ils gagnent des capillaires sanguins qui les déversent dans la veine porte, laquelle irrigue le foie. C'est un lieu propice à la détection des premiers produits de la digestion. De fait, plusieurs études ont montré que la branche hépatique du nerf vague répond à la présence du glucose et des acides aminés.

## *L'hypothalamus*

Nous avons mentionné à plusieurs reprises l'hypothalamus comme destination probable de plusieurs des signaux régulateurs émis par les organes et tissus associés à la réception des aliments, à leurs transformations et à leur mise en réserve. Cette région cérébrale rassemble dans un volume modeste au regard de la dimension du cerveau un grand nombre de neurones regroupés en noyaux aux fonctions aussi diverses qu'étroitement intriquées (Fig. 5). Tous les comportements que l'on dit fondamentaux, ceux qui assurent la survie des individus et la pérennité de l'espèce, mettent en jeu l'hypothalamus. À son rôle dans l'élaboration des motivations de base et avec la même finalité, s'ajoutent ses fonctions endocrines, avec la libération d'hormones à destination d'organes cibles ou de facteurs de libération qui contrôlent l'hypophyse voisine et les autres glandes endocrines.

14. Une autre substance, la *galanine*, également de nature peptidique, se lie à des récepteurs nombreux dans l'hypothalamus. Nous avons déjà rencontré les *gluco-incrétines* dont les principaux représentants sont le GIP (*gastric-inhibitory polypeptide*) et le GLP-1 (*glucagon-like peptide-1*), molécules qui stimulent la sécrétion d'insuline en présence de glucose. On a récemment découvert l'*obéstatine* (Zhang *et al.* 2005), une hormone qui supprime l'appétit chez le rat. Curieusement, elle est synthétisée sous le contrôle d'un gène qui produit le précurseur d'une autre hormone, la *ghréline*, aux propriétés opposées, qualifiée d'hormone de la faim.

Les neurones de l'hypothalamus ont des propriétés et des fonctions qui, plus encore que dans d'autres régions du cerveau, s'écartent singulièrement de celles que véhicule l'image classique du neurone. Autant cellule sécrétrice que support d'influx électriques, le neurone hypothalamique utilise toute la gamme des communications cellulaires. Les peptides qu'il synthétise et libère en grand nombre, dont plusieurs s'apparentent d'ailleurs aux messages délivrés par le tube digestif, servent aussi bien de neurotransmetteurs de communication synaptique que d'hormones aux effets distants. Les échanges entre neurones n'impliquent pas seulement des récepteurs membranaires qui traduisent rapidement en variations de potentiel électrique l'arrivée des molécules de neurotransmetteurs dans la fente synaptique. Les messagers moléculaires ont des effets à plus long terme sur des récepteurs intracellulaires et, par là, sur la synthèse des transmetteurs ou hormones par leurs cibles. Il est rare que lorsque ces neurones sont activés ils libèrent un seul type de message chimique.

Sans qu'il en ait, tant s'en faut, l'exclusivité dans le cerveau, l'hypothalamus n'a cure de s'organiser selon les distinctions qu'il paraît aux savants légitime de faire dans ses fonctions putatives. Inutile de chercher le noyau de la faim ou le médiateur du sexe. Pour chaque motivation que l'on peut reconnaître, chaque fonction que le physiologiste trouve raisonnable d'individualiser, l'hypothalamus offre plusieurs groupes cellulaires et une abondance de neuropeptides. Ce n'est pas que l'organisation soit absente de cette région. C'est plutôt que les structures et leurs liens suivent des principes organisateurs qui nous échappent parce qu'ils répondent à des nécessités que nous n'avons pas encore su repérer et parce que nous sommes loin de maîtriser la dimension évolutive qui a façonné cette très ancienne région du cerveau. Il reste que la multiplicité des relations activatrices et inhibitrices fonctionnant en parallèle aussi bien qu'en série, la pluralité des agents, la variété des échelles temporelles des effets constituent un réel obstacle pour formuler des explications rigoureuses. La connaissance progresse surtout, sous une forme morcelée, par l'identification de plus en plus assurée du rôle de telle substance dans tel processus.

## *Un peu d'histoire*

Il y a de nombreuses années que l'on associe l'hypothalamus à la physiologie de la prise alimentaire. Les travaux des années 1950 avaient déjà constaté que des lésions de certaines parties de l'hypothalamus avaient des conséquences spectaculaires sur la prise d'aliments. Ainsi Anand et Brobeck[15] montrèrent que la lésion d'une région incluant le *noyau ventro-médian,* chez le rat, déclenchait une forte augmentation de la prise alimentaire qui entraînait de l'obésité. Plus exactement, les animaux lésés semblaient accroître leur consommation jusqu'à ce que leur poids ait atteint une nouvelle valeur, nettement supérieure à celle qu'ils maintenaient avant la lésion. Mais dès les premières recherches sur ce « modèle » d'hyperphagie, il était apparu que la lésion du noyau ventro-médian avait d'autres conséquences que la simple augmentation de la consommation. Ces rats hyperphagiques étaient en même temps plus délicats, plus sensibles à la valeur appétitive de l'aliment, et renonçaient à manger s'ils avaient à faire quelque effort pour atteindre la nourriture.

La pratique des lésions cérébrales révéla l'importance d'une autre région de l'hypothalamus : l'*aire latérale.* C'est une région assez étendue qui contient les corps cellulaires de neurones et qui est traversée par beaucoup de fibres nerveuses reliant, dans les deux sens, les régions antérieure et postérieure du cerveau. Des lésions pratiquées dans l'aire latérale se révélèrent très efficaces pour perturber la prise alimentaire[16]. Les animaux lésés refusaient obstinément de manger et de boire, au point de mourir d'inanition. Il était tentant de conclure que l'on avait détruit le « centre » de la prise alimentaire ou « centre de la faim », comme on avait détruit le « centre de la satiété » en lésant le noyau ventro-médian. On imagina que les deux « centres » fonctionnaient de façon antagoniste grâce à des voies d'inhibition réciproque que l'on entreprit de rechercher.

---

15. Anand et Brobeck (1951).
16. Powley et Keesey (1970) ; Bernardis et Bellinger (1993).

Avec la découverte des signaux hormonaux et des neuropeptides hypothalamiques, les recherches délaissèrent les questions de localisation anatomique pour se focaliser davantage sur des problèmes d'interactions entre signaux moléculaires. Dans le même temps, on cessa de croire à l'existence de « centres » strictement localisés pour en venir à une conception plus largement distribuée du fonctionnement cérébral et l'on parla alors plus volontiers de systèmes ou de réseaux, comme pour tout le fonctionnement du cerveau. Aux centres distincts et anatomiquement séparés succédèrent des réseaux chevauchants individualisés par la nature chimique de leurs principaux neurotransmetteurs.

## *L'explication moléculaire*

Parmi les nombreuses molécules présentes dans l'hypothalamus l'attention s'est portée sur deux peptides qui caractérisent deux groupes de neurones que l'on trouve dans un noyau hypothalamique appelé *noyau arqué*. Ces neurones sont les cibles privilégiées des signaux d'adiposité leptine et insuline. L'un des peptides hypothalamiques est le *neuropeptide Y* (NPY). Il stimule la prise alimentaire, fait décroître la thermogenèse, augmente la concentration d'insuline et de corticostérone dans le plasma. En général, on ne le rencontre pas seul dans les neurones, il est colocalisé, comme l'on dit, et libéré avec un autre peptide, l'AGRP[17]. Un autre neurotransmetteur, présent dans l'autre groupe de neurones, est la *pro-opio-mélanocortine* (POMC), colocalisée avec le peptide CART[18].

Les deux groupes de neurones du noyau arqué individualisés par leurs peptides possèdent des récepteurs de la leptine mais ne réagissent pas semblablement aux signaux d'adiposité. Les neurones à NPY voient leur activité spontanée réduite par la leptine, et sont donc actifs quand le niveau de leptine est bas, tandis que celle des neurones à POMC est stimulée. Les effets des signaux d'adiposité sur ces neurones sont transmis à d'autres neurones d'un second étage situés

17. *Agouti Gene Related Protein.*
18. *Cocaine- and Amphetamine-Regulated Transcript.*

dans deux autres importantes régions de l'hypothalamus, le *noyau paraventriculaire* et l'*aire latérale de l'hypothalamus*. En utilisant des stimulations électriques locales, on a constaté que ces deux aires sont à l'origine de deux voies exécutives que l'on peut désigner respectivement comme *voie anabolique* et *voie catabolique*. La voie anabolique (l'aire latérale) est la voie par laquelle s'exerce l'influence de l'hypothalamus sur les processus qui stimulent globalement la mise en réserve d'énergie par l'organisme, c'est-à-dire facilitent la prise alimentaire et réduisent les dépenses d'énergie. La voie catabolique (noyau paraventriculaire) influence les processus qui, au contraire, freinent la prise alimentaire et augmentent les dépenses énergétiques. Du niveau des signaux d'adiposité dépend donc la prééminence de l'une des voies métaboliques sur l'autre.

Plusieurs autres peptides et leurs récepteurs ont été identifiés dans l'hypothalamus. Ils influencent la prise alimentaire et l'homéostasie d'une façon souvent très complexe et qui n'est pas encore bien connue. Les neurones de l'hypothalamus sont aussi contactés par des terminaisons nerveuses qui libèrent des médiateurs chimiques de la catégorie des amines, comme la *noradrénaline*, la *dopamine* et la *sérotonine*. La noradrénaline, par exemple, lorsqu'elle est injectée dans le noyau paraventriculaire, augmente fortement la prise alimentaire. La sérotonine est la cible de plusieurs médicaments développés pour le traitement contre l'obésité. Ces produits augmentent le signal des récepteurs de la sérotonine et, ce faisant, suppriment la prise alimentaire.

## *Le court et le long terme des régulations*

Pour que soit réalisée l'homéostasie énergétique, le cerveau doit contrôler la quantité de nourriture ingérée. Cette quantité dépend de la fréquence des repas et de la quantité consommée au cours de chacun d'eux. Le moment où commence un repas dépend de facteurs nombreux, facteurs émotionnels, heure du jour, valeur hédonique de la nourriture, habitudes sociales, qui pour beaucoup échappent au contrôle homéostatique de l'énergie, alors que le moment où il cesse paraît plus biologiquement contrôlé. Il l'est par les signaux nerveux et hormonaux dits de satiété. C'est donc en agissant sur l'installation du rassasiement, en l'avançant ou en la retardant, que le système nerveux peut agir sur la taille des repas et donc sur la quantité d'énergie ingérée. On a constaté, par exemple, que l'hyperphagie induite par l'injection centrale du neuropeptide Y s'effectuait surtout par la consommation de plus grands repas, tandis que les animaux traités par la leptine consomment des repas plus petits que les animaux témoins.

L'hypothalamus dont nous avons reconnu le rôle essentiel dans la détection et l'utilisation des signaux d'adiposité ne joue pas un rôle aussi essentiel vis-à-vis des signaux de satiété. Ces signaux engendrés au cours du repas sont surtout envoyés au cerveau postérieur par les fibres afférentes du nerf vague et d'autres afférences passant par la moelle. Ces afférences convergent dans le *noyau du tractus solitaire* qui recueille ainsi les informations provenant du tube digestif, ainsi que les messages gustatifs provenant de la cavité orale. On a pu montrer chez l'animal, que l'interruption du repas sous l'effet des signaux de satiété se produisait encore alors qu'étaient coupées toutes les connexions entre le cerveau postérieur et l'avant du cerveau, incluant l'hypothalamus. C'est que le noyau du tractus solitaire exerce son contrôle sur la cessation du repas en agissant sur des noyaux moteurs qui se trouvent proches de lui dans le cerveau postérieur.

Si la principale variable qui affecte la quantité d'énergie consommée est la taille du repas, et si cette variable est contrôlée par le cerveau postérieur, comment l'hypothalamus et les signaux d'adiposité peuvent-ils exercer leur rôle régulateur au long terme ? Autrement dit comment le contrôle sur le court terme prend-il en compte le besoin de régulation sur le long terme ? L'hypothèse actuellement privilégiée[19] est que des voies descendantes en provenance de l'hypothalamus transmettent au *noyau du tractus solitaire* des influx qui modulent la réactivité des neurones de ce noyau aux entrées viscérales qui signalent la satiété. Si les signaux d'adiposité annoncent un excès de graisses en réserve, l'hypothalamus incite le noyau du tractus solitaire à se montrer plus sensible aux signaux de satiété et à mettre fin

19. Schwartz *et al.* (2000).

plus tôt au repas, réduisant ainsi la consommation. Si les réserves énergétiques sont basses, c'est le phénomène inverse qui prévaut. De la sorte, la régulation de la prise alimentaire sur le long terme est assurée par ajustement du contrôle sur le court terme.

Les phénomènes que nous venons d'évoquer fournissent un aperçu sur les bases physiologiques de la motivation à se nourrir ou à cesser momentanément de le faire. Bien que très complexes lorsqu'on cherche à les analyser en détail, ils se résument en un schéma que Jacques Le Magnen avait coutume de formuler ainsi : des signaux internes engendrent dans le cerveau un état d'éveil spécifique de faim qui confère à des signaux sensoriels externes, parce que cet état interne est présent, la propriété de déclencher et d'entretenir le comportement alimentaire. Ce schéma n'est nullement propre à l'espèce humaine. C'est sur lui que se greffent, sans le remplacer, les sophistications que les humains ont introduites dans l'expression de cette modalité primitive du désir.

La motivation à manger, la perception des flaveurs et l'expérience du plaisir sont autant de conséquences du fonctionnement cérébral. Ce fonctionnement fut longtemps inféré de données statiques sur l'anatomie du cerveau humain et surtout d'expérimentations sur l'animal. Il est désormais possible de saisir et de rendre visibles des indices plus directs et plus dynamiques de l'activité du cerveau humain lorsqu'il sent, lorsqu'il goûte et élabore des sentiments de plaisir ou de déplaisir. C'est de ces images cérébrales dont nous allons parler maintenant.

Chapitre IX

# LES CARTES CÉRÉBRALES DES ODEURS, DES SAVEURS ET DU PLAISIR À MANGER

*Quand on sent, on ne fait pas que sentir. Quand on goûte on ne fait pas que goûter. On se souvient. On souffre. On jouit. On espère. On hait. On dialogue avec tout son corps, on réclame, on voit. Ce sont les images de notre cerveau qui nous le démontrent (et pas seulement la littérature romanesque) parce que c'est lui qui orchestre tout cela et non notre réflexion consciente.*

## *Voir dans le cerveau*

Les magazines scientifiques offrent de magnifiques images de cerveau sur lesquelles s'inscrivent des motifs de taches colorées qui révèlent l'activité mentale qu'un humain, sujet sain ou patient, a produite pendant un bref moment de son passage dans un appareil d'imagerie médicale. Le cerveau qui voit, qui entend, qui imagine ou commande le discret mouvement d'un doigt trahit son activité secrète par des signes localisés que l'appareil et les techniciens transcrivent en taches de fausses couleurs sur des tranches fictives de ce cerveau. Les voies et relais des odeurs et des saveurs n'ont pas été parmi les premiers à être révélés par ces machines à voir l'invisible, mais, depuis une dizaine d'années, il est devenu possible de construire la carte des *activations* cérébrales de sujets qui sentent, goûtent ou se préparent au plaisir de manger.

L'*imagerie cérébrale fonctionnelle*, comme on désigne cette méthode d'étude, se montre une source précieuse d'informations sur l'identité des régions cérébrales qui participent à l'exécution d'une tâche mentale confiée au cerveau des sujets d'expérience. Comme c'est fréquemment le cas avec les nouvelles méthodes de recherche, l'imagerie fonctionnelle cérébrale a d'abord permis de confirmer des résultats obtenus avec les techniques disponibles auparavant. Elle a montré ensuite des faits nouveaux dont la signification s'étend au-delà de la stricte localisation anatomique.

Deux types de techniques sont le plus souvent utilisés, l'imagerie dite *tomographie par émission de positons* (TEP) d'abord et, de plus en plus, l'imagerie par *résonance magnétique nucléaire* que l'on qualifie de *fonctionnelle* (RMNf). La première repose sur l'utilisation d'isotopes radioactifs à courte durée de vie, injectés dans la circulation sanguine, et la seconde sur les propriétés paramagnétiques naturelles de l'hémoglobine du sang. Toutes les deux sont utilisées pour mesurer les changements de flux sanguin qui se produisent localement dans une ou plusieurs régions cérébrales lorsque ces régions sont sollicitées à la suite d'un événement qui suscite un surcroît d'activité dans le cerveau. L'hypothèse sur laquelle reposent les deux méthodes est que dans une région cérébrale dont les neurones voient croître le rythme d'émission de leurs signaux de communication, la circulation du sang s'accroît pour faire face à l'augmentation du métabolisme qui résulte de ce surplus d'activité. En détectant les variations locales de flux sanguin sur un laps de temps donné, l'expérimentateur accède à la connaissance des structures cérébrales les plus actives au cours de cet épisode et fait l'hypothèse qu'elles sont vraisemblablement impliquées dans la réponse du cerveau. Les événements les plus faciles à étudier sont ceux induits par des stimuli sensoriels parce que l'on connaît précisément le moment où ils sont produits, mais on sait aussi repérer des états aux débuts plus incertains.

Sans entrer dans les détails des méthodes d'imagerie et de leurs avantages et inconvénients respectifs on notera qu'elles sont surtout utilisées pour saisir des *différences* d'activité cérébrale, différences entre deux moments pour une même localisation, entre deux localisations à un même moment, entre deux tâches différentes pour une même localisation. C'est que le cerveau n'est jamais inactif, même lorsque le sujet d'expérience est laissé sans consignes. Les expérimentateurs utilisent donc beaucoup la *méthode de soustraction.* Les cartes cérébrales recueillies lors d'une certaine tâche sont soustraites des cartes obtenues pour une autre tâche. De la sorte les activations communes à deux tâches s'annulent et seules subsistent les activations spécifiques. Ainsi, c'est par soustraction que l'on observe, par exemple, que la même odeur active le *cortex frontal orbitaire* droit si le sujet doit répondre à la question : « Cette odeur vous est-elle familière ? » et le cortex gauche si la question est : « L'odeur est-elle agréable[1] ? » Le cerveau ne travaille donc pas de la même façon dans les deux cas malgré l'identité des stimuli. On voit tout de suite avec cet exemple que l'imagerie fonctionnelle du cerveau fournit des données plus subtiles que la simple localisation anatomique.

## *Le cerveau qui sent*

Dans la présentation qui va suivre nous appliquons une hypothèse de travail découlant de certaines données déjà acquises, à savoir qu'il existe au moins deux voies olfactives fonctionnant en partie en parallèle, après un départ commun. Une voie que nous appellerons *cognitive* conduit et traite l'information relative à la qualité des odeurs. C'est certainement la plus simple. Elle permet de reconnaître la nature de l'odeur, ce que nous savons faire quels que soient le plaisir que nous prenons à la percevoir et la nature des actes qu'elle nous incite à accomplir. Une autre voie, sans doute plus complexe, est celle que nous appellerons *affective,* parce qu'elle ajoute une valence émotionnelle aux effets de la première. Nous pensons que ces deux voies sont distinctes sur une partie de leurs trajets. Cette hypothèse revient à dire que dans l'expérience que nous avons des odeurs coexistent intimement deux catégories d'états mentaux : la perception d'une certaine qualité olfactive et, par ailleurs, un état affectif positif

1. Royet *et al.* (2001).

ou négatif étroitement associé à une incitation à agir par rapport à l'objet de la perception.

Que peut-on observer sur les cartes cérébrales d'un sujet qui hume une odeur ? Disons tout de suite qu'en raison de leur taille relativement petite chez l'homme – la dimension d'un petit pois – les bulbes olfactifs qui reçoivent le message des cellules réceptrices ne fournissent pas une image interprétable. Sur la voie olfactive montante, la première région à manifester une activation décelable pendant l'exposition du sujet à une odeur est celle du *cortex olfactif primaire*[2] (Fig. 7), dont la principale composante est le *cortex piriforme.* À ce niveau, la voie cognitive et la voie affective sont communes. Cette aire occupe, des deux côtés du cerveau, dans sa partie ventrale, une surface modeste à la jonction entre le cortex du *lobe frontal* et celui du *lobe temporal.* La stimulation olfactive accroît donc le flux sanguin dans ce cortex. Cependant, alors que pourtant le cortex primaire est une voie de passage obligée des signaux olfactifs, son activation n'est pas systématique, ou en tout cas n'est pas systématiquement observable. Certains expérimentateurs l'observent, d'autres non, sans que l'on sache avec certitude la raison de cette inconstance.

L'explication réside peut-être dans la dynamique du fonctionnement du cortex primaire[3]. Celui-ci s'active sans doute trop brièvement pour en donner des signes enregistrables quand l'odeur est nouvelle. Cependant, il s'active davantage et plus longtemps quand l'odeur est familière, c'est-à-dire, peut-on penser, lorsqu'elle a déjà déposé sa trace dans les réseaux de neurones au sein de ce cortex[4]. Cette interprétation conforte l'idée selon laquelle le cortex primaire pourrait être non seulement une étape de la perception des odeurs mais également un lieu d'inscription de leur mémoire.

Une autre région corticale de la voie cognitive s'active pendant la stimulation olfactive. Elle est située en avant du cortex olfactif primaire, dans cette partie ventrale du lobe frontal située au-dessus de l'orbite de l'œil que l'on désigne comme le *cortex frontal orbitaire,*

---

2. Le cortex primaire est la première région du cortex cérébral à recevoir des projections en provenance de l'organe sensoriel.

3. Poellinger *et al.* (2001).

4. Dade *et al.* (2002).

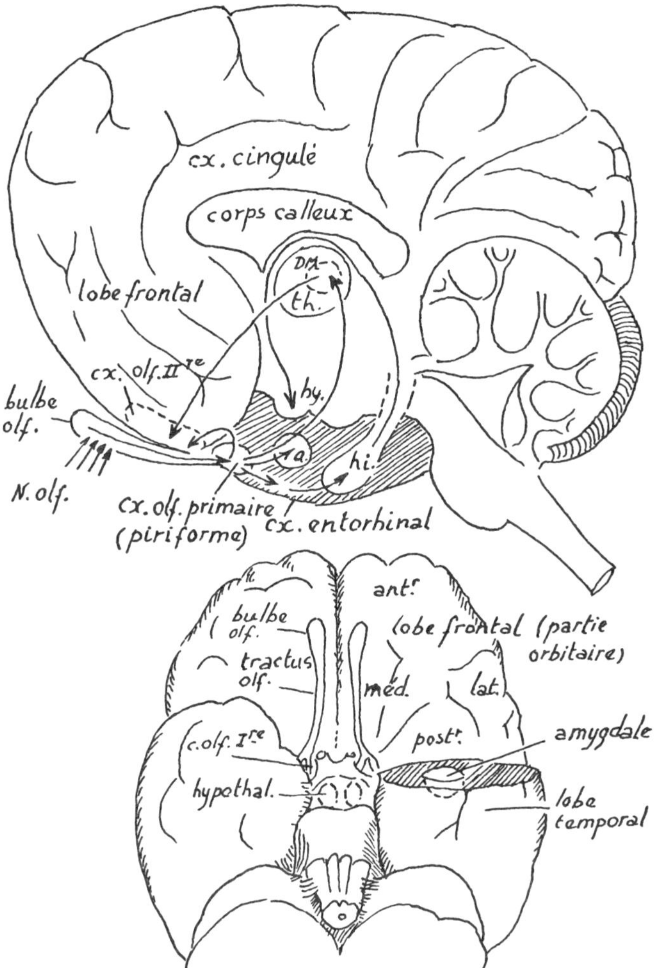


Fig. 7 : Les principales régions cérébrales mises en jeu par le fonctionnement du système olfactif.
*En haut, vue latérale de l'hémisphère cérébral droit ; en bas, vue de la face ventrale du cerveau. a. : amygdale ; DM : noyau dorsomédian du thalamus ; hi. : hippocampe ; hy. : hypothalamus ; th. : thalamus.*

ou *cortex olfactif secondaire.* On savait par des études anatomiques réalisées chez des singes que le cortex orbitaire était une aire qui recevait des messages olfactifs provenant du cortex primaire, messages transmis après un relais dans un noyau du *thalamus.* Bien que l'activation de ce cortex orbitaire soit plus systématique que celle du cortex primaire, elle présente certaines particularités qui attirent l'attention. En effet, la réaction corticale la plus forte à la stimulation est située, selon les odeurs utilisées et sans doute selon les tâches imposées aux sujets, tantôt dans l'hémisphère droit, tantôt dans l'hémisphère gauche. Il apparaît également qu'au sein d'un même hémisphère le foyer de l'activation n'a pas une localisation constante.

Plusieurs enseignements peuvent être tirés des observations. Le premier est qu'il existe un partage des tâches entre les deux lobes frontaux, ce que l'on appelle une latéralisation du traitement de l'information olfactive. Il est encore trop tôt pour dire précisément sur quelle base se fait le partage du travail mais on peut déjà remarquer qu'en stimulant un sujet avec une odeur on déclenche simultanément plusieurs opérations qui sont de toute évidence réalisées par des circuits neuronaux reliés mais distincts. Les odeurs diffèrent certes par leurs qualités respectives, mais aussi par leur intensité, leur charge affective, leur degré de familiarité pour le sujet, leur signification par rapport à ses motivations. Par ailleurs, la nature de la tâche mentale requise du sujet tandis qu'il sent (sentir passivement, juger de la familiarité de l'odeur, apprécier le caractère agréable ou désagréable, se remémorer une odeur semblable...) oriente le travail du cerveau vers des traitements distincts du même message olfactif. Il est certain, enfin, que dans l'étendue du cortex frontal orbitaire coexistent des aires aux fonctions différentes. Ainsi, une activation est-elle enregistrée, dans ce cortex, lors d'une stimulation *tactile* plaisante.

L'une des causes les plus évidentes des variations de localisation des activations est le traitement hédonique des odeurs qui, par définition, met en jeu la voie affective. Lorsque le sujet doit répondre sur la tonalité affective de sa sensation, ou encore s'il doit dire si la source de l'odeur est ou non comestible, l'activation prédomine dans le cortex gauche, alors qu'un jugement relatif à la familiarité de l'odeur sollicite de préférence le cortex droit[5]. Par ailleurs, les odeurs agréables causent plus souvent des activations à droite et les odeurs aversives des activations à gauche. Utilisant deux odorants choisis pour leurs valences affectives opposées, le citral agréable et l'acide valérique désagréable, des chercheurs[6] ont récemment observé une claire différenciation des sites d'activation : le stimulus de valence positive activait la partie antérieure du cortex orbitaire frontal droit tandis que le stimulus de valence négative activait une région plus postérieure, du côté gauche.

La latéralisation du traitement affectif n'est pas une spécialité des aires olfactives. Il est admis généralement que dans une autre région frontale du cerveau, le *cortex préfrontal*, les émotions positives et négatives activent des hémisphères opposés. Toutefois, c'est à droite que se manifestent les affects négatifs, et à gauche les affects positifs[7].

Les deux régions dont nous venons de parler, cortex olfactif primaire et cortex frontal orbitaire, sont en principe des régions olfactives, c'est-à-dire des régions où aboutissent assez directement des messages des bulbes olfactifs, encore que plusieurs parties du cortex orbitaire aient de toute évidence des fonctions autres que strictement sensorielles, comme on va le voir bientôt. Plusieurs autres parties du cerveau réagissent également aux odeurs, ce qui résulte du fait que le stimulus olfactif met en branle un grand nombre de processus qui n'ont plus de spécificité sensorielle mais sous-tendent des fonctions plus générales d'attention, de mémoire, d'affectivité. Plus encore que dans les aires spécialisées de l'olfaction, l'activation de ces processus généraux est dépendante des opérations mentales que le sujet réalise à partir du stimulus déclencheur, opérations qui elles-mêmes dépendent des instructions qui ont été données au sujet, de sa mémoire et de la signification que ce stimulus présente pour lui.

On ne serait donc pas étonné, par exemple, de relever une activation des noyaux de l'*amygdale* en réponse à une stimulation par une odeur de brûlé qui déclenche chez le sujet étudié une forte émo-

5. Royet *et al.* (2001).
6. Anderson *et al.* (2003).
7. Davidson *et al.* (2004).

tion, parce que l'odeur évoque une expérience personnelle forte, la peur causée par un incendie. L'amygdale est en effet une composante centrale d'un circuit qui élabore certaines émotions et participe aux apprentissages affectifs. On s'attendra aussi à trouver une réponse à l'odeur dans la région de l'*hippocampe* si cette odeur est nouvelle et sollicite le système de formation de la mémoire. La question qui est posée est celle de savoir si, indépendamment des expériences de chacun, toute odeur met en jeu l'*amygdale* ou l'*hippocampe*, parce que toute odeur est systématiquement explorée par ces structures.

En effet, la voie cognitive comporte une composante, l'hippocampe, qui est placée en quelque sorte en dérivation sur cette voie. On sait que certaines cellules mitrales du bulbe olfactif et de nombreuses *cellules pyramidales* du cortex piriforme envoient leurs axones vers le *cortex entorhinal* qui est une importante porte d'entrée sur l'hippocampe. L'activation de cette structure sous stimulation olfactive a été en effet signalée. Cependant, les variations de flux sanguin enregistrées sont faibles. Peut-être les activations ne sont-elles discrètes qu'en raison de leur dynamique puisqu'elles sont transitoires, comme on a pu le montrer en utilisant l'imagerie RMN[8]. Notons que l'hippocampe reçoit par la même voie du cortex entorhinal, bien d'autres afférences corticales que celles du cortex olfactif primaire. C'est sans doute l'occasion, pour les messages olfactifs, d'être mêlés à des messages issus d'autres voies sensorielles et de leur être associés dans les souvenirs gérés par l'hippocampe. Chacun sait que la mémoire olfactive des épisodes de vie s'enrichit souvent de l'évocation du souvenir d'autres événements sensoriels qui accompagnaient l'expérience perceptive initiale. C'est la leçon que l'on doit tirer du très fameux épisode de la madeleine de Proust.

Par ailleurs, plusieurs études ont relevé une augmentation du flux sanguin local dans l'amygdale sous stimulation olfactive. Les noyaux de l'amygdale, ou au moins certains d'entre eux, font partie de la voie affective qui a pour origine, comme la voie cognitive, le bulbe olfactif et le cortex piriforme. Les entrées sur l'amygdale sont nombreuses et ses sorties multiples. L'une d'elles, en particulier, est dirigée vers un noyau du *thalamus* que nous avons déjà désigné

8. Poellinger *et al.* (2001).

comme relais des informations olfactives vers le cortex frontal orbitaire. Il s'agit dans ce cas de la partie médiane de ce noyau. L'amygdale est ainsi connectée à la partie latérale postérieure du cortex orbitaire, à proximité du site où aboutit la voie cognitive. Une autre sortie de l'amygdale s'effectue vers l'hippocampe. La voie affective est donc, comme la voie cognitive, reliée au dispositif de gestion de la mémoire.

Une incertitude n'est toutefois pas encore levée. L'activation de l'amygdale est-elle le fait de stimulations particulièrement désagréables comme certains le pensent ou est-elle plus ou moins présente pour toute odeur ? Une hypothèse séduisante[9] est que son activation dépendrait de l'intensité de l'éveil émotionnel produit par le stimulus, qu'il s'agisse d'un affect positif ou d'un affect négatif.

On s'attend aussi à déceler une activation d'origine olfactive dans l'hypothalamus compte tenu de son rôle dans le contrôle des comportements guidés par les odeurs et singulièrement dans les régulations alimentaires. Il existe, en effet, des connexions entre des noyaux amygdaliens et des régions hypothalamiques telles que l'aire latérale et le noyau paraventriculaire dont nous avons déjà mentionné le rôle dans la régulation de la prise alimentaire. De fait, l'hypothalamus s'active lors de certaines stimulations olfactives. C'est le cas surtout lorsque le sujet est invité à se prononcer sur la dimension hédonique du stimulus. Avec des odeurs à forte connotation sexuelle, il semble qu'il soit possible aussi de différencier les réactions cérébrales des hommes et des femmes[10]. Une odeur apparentée aux hormones œstrogènes active certains noyaux de l'hypothalamus chez les hommes tandis qu'une odeur apparentée à l'hormone mâle se montre active sur une autre région hypothalamique, chez les femmes.

Enfin, sur la face interne du cerveau, au-dessus du pont de substance blanche, le *corps calleux*, qui relie les deux hémisphères cérébraux se trouve une région corticale étendue, le *cortex cingulé*. On associe la partie antérieure de ce cortex à la genèse d'émotions telles

---

9. Anderson *et al.* (2003).
10. Savic *et al.* (2001).

que la joie et la tristesse. Cette aire s'active également en réponse à des odeurs, semble-t-il préférentiellement du côté droit.

## *Le cerveau qui goûte*

L'imagerie fonctionnelle des saveurs n'a encore fait l'objet que d'un petit nombre d'études. Lorsqu'un sujet est stimulé par des produits sapides déposés sur sa langue, une activation cérébrale se manifeste en plusieurs points d'une région corticale qui entoure la scissure de Sylvius, entre le lobe frontal et le lobe temporal, la région dite de l'*insula*[11] (Fig. 8). Des recherches réalisées chez le singe avant les étu-

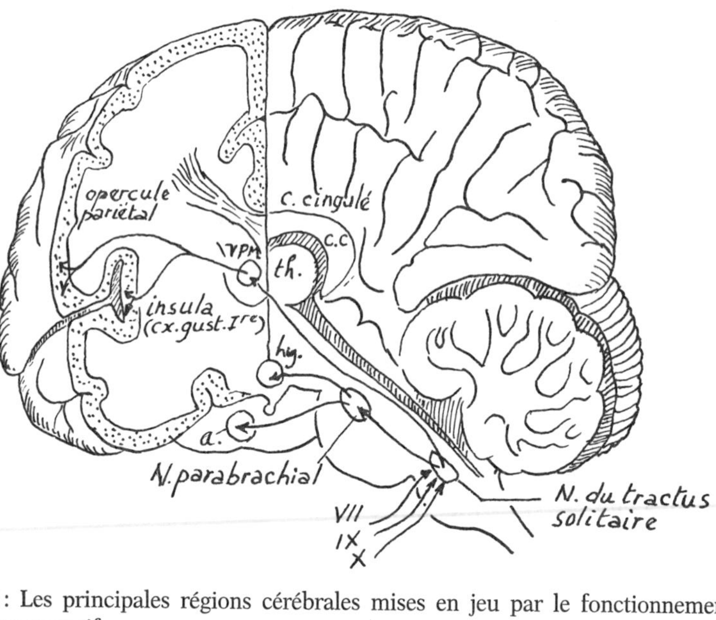


Fig. 8 : Les principales régions cérébrales mises en jeu par le fonctionnement du système gustatif.
*Le schéma représente une vue latérale d'un cerveau dont le quart postérieur droit a été sectionné et retiré. a : amygdale ; c.c. : corps calleux ; hy : hypothalamus ; th. : thalamus ; VPM : noyau ventro-postéro-médian du thalamus.*

11. Cerf *et al.* (1996).

des par imagerie avaient montré que cette région contient des neurones qui sont excités par la stimulation gustative de la langue[12] : ce cortex est le cortex gustatif primaire. Il reçoit ses afférences gustatives du thalamus qui relaie lui-même des messages qui lui parviennent du noyau du tractus solitaire. Le circuit constitué par le noyau du tractus solitaire, le thalamus, et le cortex de l'insula peut être considéré comme la voie gustative cognitive.

Une autre voie, qui peut être appelée voie affective ou voie hédonique, peut être distinguée. Partant, elle aussi, du noyau du tractus solitaire, elle rejoint des régions cérébrales telles que l'hypothalamus et l'amygdale. Même dans les relais sensoriels où les deux voies, affective et cognitive coexistent, comme le noyau du tractus solitaire ou le thalamus, il a été possible de les individualiser anatomiquement[13] : elles sont proches mais distinctes.

Il est intéressant de considérer le voisinage de l'aire gustative primaire de l'insula. Quelque peu en arrière se trouve une région dont l'activation a été souvent rapportée dans les expériences d'imagerie ayant trait aux émotions. Ce territoire est une aire de représentation viscérale, c'est-à-dire qu'il reçoit des informations provenant de l'intérieur du corps, sur l'état des tissus et organes, à partir des voies d'entrée du système sympathique et du système parasympathique. On se souvient que le noyau du tractus solitaire, relais des messages gustatifs, comporte une zone où aboutissent les messages viscéraux transmis par le nerf vague, nerf du système parasympathique. C'est en partie de ce noyau que proviennent, après un passage par le thalamus, les messages qui alimentent cette région insulaire d'*intéroception*, laquelle répercute ensuite ces messages sur des régions qui, comme l'amygdale et l'hypothalamus, régulent les réponses neurovégétatives qui accompagnent les émotions.

Lorsque Antonio Damasio recherche dans les régions sensibles aux stimulations provenant du corps lui-même le substrat des sentiments qui naissent des émotions, il évoque avec insistance l'insula postérieure à propos de laquelle il écrit : « [Cette] région qu'à la fois les hypothèses théoriques et les études par imagerie fonctionnelle

12. Scott *et al.* (1986) ; Baylis et Rolls (1991).
13. Sewards (2004).

relient aux sentiments se trouve recevoir les signaux représentant probablement le contenu des sentiments : signaux liés aux états de douleur, à la température du corps, à la rougeur, aux démangeaisons, aux chatouilles, aux frissons, aux sensations viscérales et génitales, à l'état des muscles lisses dans les vaisseaux sanguins et les autres viscères, au pH local, au glucose, à l'osmolalité, à la présence d'agents inflammatoires, et ainsi de suite[14]. »

On notera avec intérêt cette proximité d'un lieu majeur de représentation corticale des informations viscérales et de celui de la représentation des saveurs. Cette proximité spatiale n'est-elle pas l'indice que le sens du goût fait, d'un point de vue fonctionnel, la transition entre l'extéroception qui se rapporte aux messages de l'environnement et l'intéroception qui se rapporte aux messages internes, en l'occurrence les messages du tube digestif ?

Quelque peu en avant de l'aire gustative primaire, dans la partie la plus postérieure du cortex orbitaire où nous avons signalé des réponses d'activation par les odeurs, des travaux réalisés chez le singe[15] ont mis en évidence une autre région où les neurones s'activent pendant la stimulation gustative. Cette aire a des propriétés très particulières qui la distinguent du cortex gustatif primaire. Des neurones répondant à une saveur sont situés dans le voisinage d'autres neurones activés par des odeurs. Une proportion notable des neurones répond à plusieurs des modalités sensorielles qui sont sollicitées par les aliments. On parle alors de convergence sensorielle. Tel neurone qui s'active en présence d'une saveur s'active aussi en présence d'une odeur, tel autre associe une sensibilité gustative à une réponse visuelle. Tels autres encore sont excités par la présence d'un corps gras placé dans la bouche. Il y a peu de temps, on aurait dit que cela provient de ce qu'ils sont sensibles à la texture des graisses. Mais il faut désormais considérer qu'un signal plus spécifique est peut-être en cause (*cf.* chapitre V). Comme le fait remarquer E. Rolls, une aire qui possède de telles propriétés peut sans doute être considérée comme une aire de la flaveur car, dans ses réponses, elle associe des traits qui sont généralement trouvés ensemble dans les aliments.

14. Damasio (2003).
15. Rolls (1999).

Une autre propriété très importante de cette aire du cortex frontal orbitaire, que l'on ne rencontre pas dans le cortex gustatif primaire, est que ses réponses aux propriétés sensorielles des aliments fluctuent en fonction de la faim et de la satiété. Lorsqu'un singe consomme un aliment jusqu'à satiété, les neurones qui répondaient aux signaux émis par cet aliment quand l'animal était à jeun réduisent la force de leurs réponses, parfois jusqu'à l'extinction. Il y a un parallélisme frappant entre l'activité des neurones et le comportement de l'animal. Lorsque le comportement de consommation est vigoureux sous l'effet de la motivation de faim, les réponses neuronales sont fortes ; lorsque le comportement ralentit, sous l'effet du rassasiement, les neurones répondent plus faiblement ou pas du tout. Ajoutons que la modulation des réponses neuronales est sélective, au sens où elle porte sur les réponses à l'aliment dont le singe a été nourri et non – ou à un moindre degré – sur celles à d'autres aliments qui n'ont pas été consommés. C'est tout à fait en accord avec la notion de *satiété spécifique* mise en évidence par les études comportementales. Quand on est rassasié d'un aliment, il subsiste souvent assez d'appétit pour en consommer un autre. Il y a tout lieu de croire que ce qui est vrai des singes l'est également des humains.

## *La synergie du sentir et du goûter*

Les images d'activation cérébrale n'ont pas pour seul intérêt, avons-nous dit, de permettre le repérage anatomique des aires cérébrales engagées dans des opérations neurales définies. Elles fournissent aussi des réponses à des questions qui vont au-delà des localisations cérébrales, comme le montre l'exemple qui suit.

On se souvient qu'il existe deux voies d'accès des odorants à l'organe olfactif (Fig. 2) : une voie « orthonasale » qui est celle suivie par les molécules entraînées par la respiration et l'acte de humer, et une voie « rétronasale » empruntée par les substances volatiles libérées par les aliments dans la bouche. On s'est demandé si les deux voies de stimulation étaient équivalentes quant aux sensations évoquées. *A priori*, ce sont les mêmes cellules qui sont stimulées dans les deux cas et, mis à part une possible différence d'intensité, on ne voit pas de raison pour que les odeurs diffèrent selon le trajet suivi par les odorants. De fait, une étude en imagerie cérébrale[16] a montré qu'une stimulation olfactive délivrée en phase aqueuse par la bouche activait bien les mêmes aires cérébrales que celles recrutées par les stimuli qui suivent la voie orthonasale.

Toutefois, une autre expérience[17], plus récente, apporte des renseignements supplémentaires fort intéressants. Dans cette étude réalisée en imagerie fonctionnelle RMN, certains stimuli étaient des flaveurs, c'est-à-dire des solutions contenant à la fois une odeur et une saveur. La composante olfactive suivait donc la voie rétronasale, exclusivement. Deux sortes de stimulations composites étaient utilisées : une stimulation où la composante olfactive et la composante gustative étaient « congruentes », c'est-à-dire formaient une association familière (odeur de vanille et goût sucré) et une stimulation où les deux composantes étaient non congruentes, non familières (odeur de vanille et goût salé). D'autres stimuli étaient unimodaux. Il s'agissait de deux saveurs, soit le sucré, soit le salé, délivrées séparément, et une odeur (vanille), délivrée seule, en solution. Les images de l'activation consécutive aux stimulations congruentes par des flaveurs ont été comparées à la somme des images des stimulations unimodales par leurs constituants. Il est apparu que les stimulations bimodales congruentes activaient plusieurs régions cérébrales telles que le cortex cingulé antérieur et d'autres aires du lobe frontal et du lobe pariétal. En revanche, la somme des effets des stimuli olfactifs et gustatifs délivrés de façon séparée ne faisait pas apparaître ces activations. Les flaveurs congruentes avaient donc plus d'effet que la somme de leurs constituants. La même comparaison effectuée entre les flaveurs non congruentes et leurs constituants a conduit à des effets différents : pas de synergie.

Ces données peuvent être confrontées à celles d'une expérience plus ancienne[18] qui avait montré que la stimulation par un couple congruent saveur-odeur produisait non pas une activation mais, au contraire, une désactivation quand l'odeur était présentée par la voie

16. Cerf-Ducastel et Murphy (2001).
17. Small *et al.* (2004).
18. Small *et al.* (1997).

orthonasale. Il faut donc admettre que les stimulations olfactives produisent des effets différents selon la voie suivie par les odorants. En outre, l'importance de la congruence entre les odeurs et les saveurs révèle un effet de l'expérience antérieure sur le traitement cérébral des flaveurs puisque c'est bien l'expérience alimentaire qui fait que l'odeur de vanille est congruente avec le goût sucré et ne l'est pas avec le goût salé, au moins pour les consommateurs de notre culture[19].

## *Les cartes de la faim et de la satiété*

Nous venons de passer en revue les manifestations corticales déclenchées par des stimuli sensoriels. Peut-on observer par des méthodes semblables les effets, sur le cerveau, des signaux internes qui induisent la motivation de faim ou, au contraire, la satiété ?

En mesurant le flux sanguin cérébral local chez des sujets de poids normal et en bonne santé, après un jeûne de 36 heures, et en répétant les observations après rassasiement, des chercheurs[20] ont observé par différence, l'effet de l'état interne sur plusieurs régions cérébrales. Quand le sujet avait faim, l'hypothalamus était activé, ce qui est en accord avec ce que l'on sait du rôle de certains de ses noyaux dans l'élaboration de la motivation de faim ; l'aire de l'insula s'activait également, peut-être parce que l'organisme adressait aux sites d'intéroception de cette région des messages viscéraux qui informaient le cerveau sur l'état de privation. D'autres régions corticales que nous avons déjà rencontrées lors de la stimulation sensorielle, comme le cortex frontal orbitaire, le cortex cingulé antérieur, le thalamus et la formation de l'hippocampe, connaissaient également une augmentation de leur irrigation sanguine, comme si l'état de besoin nutritionnel mettait en alerte les zones cérébrales susceptibles de recevoir des signaux sensoriels annonciateurs d'un aliment attendu.

L'état de rassasiement, quant à lui, induisait une augmentation du flux sanguin local dans des aires différentes, le secteur ventro-

19. Chrea (2005).
20. Tataranni *et al.* (1999).

médian et le secteur dorso-latéral du cortex préfrontal. On a pu montrer, par d'autres travaux, que ces deux régions sont impliquées, chacune à sa manière, dans la représentation des états émotionnels élémentaires.

## *En mangeant du chocolat*

Une situation plus complexe que celles que nous avons évoquées jusqu'à maintenant a été réalisée dans une étude de Dana Small et coll.[21] où les sujets ont été invités à consommer du chocolat jusqu'à satiété pendant qu'à intervalles réguliers, la caméra à positons prenait des images de leur cerveau.

On ne pouvait trouver meilleur exemple d'aliment hautement désirable. Le chocolat est très apprécié par un grand nombre de gens et les fringales dont il est l'objet sont bien connues. Sa position exceptionnelle parmi les aliments a été célébrée avec humour par Roach[22] qui écrit : « Le caviar est exquis, mais les gens ne déclarent pas leur amour avec des boîtes de caviar de dix livres en forme de cœur. Les figues françaises sont divines, mais vous ne les trouvez pas sous votre oreiller à l'hôtel. Des magazines entiers ne sont pas consacrés au homard ou à l'asperge. Personne ne va à trois heures du matin au 7-eleven pour y chercher du caramel au beurre. Mais le chocolat... le chocolat inspire une passion normalement réservée à des choses plus grandes qu'un aliment. » Rozin *et al.* (1991) nous apprennent que les femmes en raffolent encore plus que les hommes, surtout autour de la période de leurs menstruations. La fascination est telle que l'on a soupçonné le chocolat d'agir à la manière d'une drogue sur des récepteurs endogènes aux opiacés. L'hypothèse ne semble toutefois pas devoir être retenue, et ce serait bien ses propriétés sensorielles qui feraient sa popularité.

Puisque le chocolat a une odeur, une saveur, une texture, et que le déguster mobilise la motricité buccale, tandis que l'état interne de l'organisme passe de l'appétit au rassasiement, on aurait été surpris de

21. Small *et al.* (2001).
22. Roach (1989), cité par Rozin *et al.* (1991).

ne pas relever une activation cérébrale étendue. Les conditions de l'étude en imagerie fonctionnelle n'étaient pas *a priori* favorables à une analyse causale détaillée des résultats. Toutefois, parmi ces conditions, certaines étaient constantes comme la nature des stimuli et leur intensité, les actes moteurs de l'ingestion de l'aliment, tandis que d'autres comme l'état nutritionnel, la valeur de récompense du chocolat et le désir d'en manger davantage évoluaient au fur et à mesure de la consommation. En comparant les cartes d'activation successives, il était donc possible de faire ressortir leurs modifications progressives et donc de révéler les effets de la consommation elle-même.

Après avoir mangé chaque barre de chocolat, les sujets répondaient à un double questionnaire visant à connaître, d'une part, le degré de leur plaisir et, d'autre part, leur désir d'en manger ou non davantage. Disons tout de suite que les deux séries de notations n'évoluaient pas de façon parallèle au sens où les sujets pouvaient fort bien désirer s'arrêter de consommer alors que leur appréciation hédonique du chocolat restait élevée. Nous aurons l'occasion de revenir sur cette relative dissociation du plaisir procuré par l'aliment et du désir de le consommer.

Quand les sujets mangeaient volontiers et appréciaient fortement le produit, plusieurs aires et structures cérébrales étaient activées sélectivement. Il s'agissait tout d'abord du cortex orbitaire frontal postérieur, dans sa partie médiane, et de la région de l'insula, régions que nous avons déjà plusieurs fois trouvées actives aussi bien pendant la stimulation olfactive et gustative qu'au cours de l'état de faim. D'autres sites d'activation étaient visibles dans trois structures bien distinctes : une région corticale antérieure située sous le corps calleux, connue pour être impliquée dans la motivation, une zone du cerveau postérieur ou mésencéphale qui pourrait correspondre à l'origine des neurones à dopamine, et le striatum qui fait partie du système de contrôle de la motricité.

Avec le striatum et les neurones à dopamine du mésencéphale nous rencontrons des structures qui pourraient relier la voie affective aux aires qui sont responsables plus ou moins directement de l'utilisation des informations intégrées dans des actes moteurs. Nous ne parlerons pas du striatum qui ne semble pas avoir de relations spécifiques avec les voies olfactives ou gustatives. L'autre zone qui s'active au niveau du mésencéphale semble être l'*aire tegmentale ventrale* (ATV). Elle est souvent étudiée avec le *noyau accumbens* qui est richement innervé par les neurones à dopamine de l'ATV. Les deux structures et la dopamine ont fait l'objet de nombreux travaux qui indiquent qu'elles sont impliquées dans l'attribution d'une valeur de récompense aux stimuli. Leurs fonctions seront analysées au chapitre suivant, lorsque nous tenterons de comprendre les relations entre la valeur gratifiante des messages sensoriels et la décision comportementale de consommer ou non les aliments dont ils émanent.

Revenons aux images d'activation. Quand les sujets étaient invités à continuer leur consommation de chocolat alors qu'ils se déclaraient rassasiés, les zones activées se déplaçaient. Le flux sanguin s'accroissait au voisinage de l'hippocampe, dans des régions du cortex préfrontal et, de nouveau, dans le cortex frontal orbitaire. Cependant, dans cette dernière région, le rassasiement activait maintenant une zone latérale alors que pendant la faim l'activation concernait une zone plus médiane. La région latérale prenait progressivement le relais de l'activation au fur et à mesure que déclinait l'activation médiane. Il semble donc possible de conclure qu'il existe une ségrégation de la représentation cérébrale de la valence affective positive et de celle de la valence affective négative attachées à la consommation d'un aliment, en relation avec la motivation. Cela laisse penser qu'il existe deux systèmes neuronaux distincts, l'un associé au comportement d'approche, l'autre au comportement d'évitement.

## *Le goût et le dégoût*

Nous avons décrit jusqu'ici comment l'activité du cerveau se distribuait en réponse à des stimulus du domaine alimentaire. Il est une autre situation qui active une région dévolue au traitement de signaux alimentaires, c'est la vue d'un visage exprimant le dégoût. Observer cette expression sur le visage d'autrui suffit à augmenter le flux sanguin local dans la région de l'insula de celui qui est exposé à l'image[23].

23. Phillips *et al.* (1997).

Pour apprécier la signification de cette observation, il est utile de la replacer dans le contexte des études de plus en plus nombreuses qui, bénéficiant de l'imagerie cérébrale fonctionnelle, se développent sur les émotions et les sentiments associés. Les humains communiquent leurs émotions fondamentales, la joie, la tristesse, la peur, la colère et le dégoût, en adoptant spontanément des mimiques caractéristiques. C'est une forme de communication sociale. Une façon de l'étudier est de rechercher comment les différents états émotionnels sont repérés et interprétés. Pour ce faire, on présente donc à des sujets des photographies de visages qui expriment certains de ces états et l'on recherche quelles zones du cerveau de ces observateurs s'activent pendant la présentation de ces images.

Un exemple d'activation induite par l'observation d'une émotion est celui de l'activation spécifique de l'amygdale provoquée par la vue d'un visage exprimant la peur[24]. Ce résultat est à rapprocher du constat que des lésions bilatérales de ce groupe de noyaux cérébraux empêchent les patients de reconnaître l'expression de la peur sur le visage d'autrui. Il est également connu, chez l'animal, que l'amygdale est une composante majeure du circuit neural grâce auquel la perception de signes de danger engendre l'émotion de peur. On pouvait se demander si la vue de visages exprimant cet autre type d'émotion qu'est le dégoût activerait également l'amygdale. Il n'en est rien. L'activation dominante se situe non plus dans l'amygdale mais dans la région antérieure de l'insula[25], zone où se trouve le cortex gustatif primaire.

Bien que le dégoût ne soit pas provoqué exclusivement par des aliments, on peut penser que, primitivement, cette émotion trouve son origine et sa finalité dans le refus de consommer une nourriture jugée dangereuse, ce qui expliquerait l'activation de la région cérébrale qui analyse l'aliment avant son ingestion. Plus étonnant est le fait que cette région soit consultée quand il s'agit d'interpréter ce que l'on voit sur le visage d'un autre. Dans le cas de la peur, comme dans celui du dégoût, l'interprétation de ce que ressent autrui semble faire

24. De nombreux auteurs ont mis en évidence le rôle de l'amygdale dans la perception et l'expérience de la peur. Voir LeDoux (1996).

25. Phillips *et al.* (1997).

intervenir une sorte de sympathie par laquelle on mime intérieurement ce qui s'exprime sur le visage observé. Ce phénomène n'est pas sans rappeler les observations de Rizzolati[26] sur certains neurones à la fois visuels et moteurs de l'*aire pré-motrice* du lobe frontal que l'on a appelés les *neurones-miroirs*. Ils sont activés quand l'animal d'expérience, le singe, effectue un acte de préhension ou manipule un objet, mais ils le sont également quand l'animal observe un congénère ou un expérimentateur en train de réaliser la même tâche manuelle.

En recherchant si d'autres lésions cérébrales affectaient la capacité à interpréter les mimiques de dégoût, des chercheurs ont trouvé que des patients atteints d'une grave maladie neuro-dégénérative, la maladie de Huntington, présentaient, entre autres symptômes, une incapacité sévère à reconnaître spécifiquement la mimique de dégoût[27]. Pourquoi cette maladie connue pour affecter le fonctionnement de noyaux moteurs a-t-elle cette conséquence ? À vrai dire, on ne le sait pas. On comprend guère mieux les difficultés à lire les expressions de dégoût que rencontrent les patients d'une autre catégorie, ceux atteints de troubles obsessionnels-compulsifs, sauf à relever une relation possible entre le dégoût et la crainte de la contamination qui est une composante de certaines pratiques obsessionnelles.

Il est intéressant de rapprocher les observations de Phillips sur la perception du dégoût exprimé par autrui et celles de Rizzolatti sur les neurones-miroirs d'une autre découverte qui concerne, cette fois, la douleur. Il est connu que l'insula antérieure et le cortex cingulé antérieur – des régions aux fonctions décidément bien complexes – sont engagés dans la perception de la douleur et dans les réactions viscérales et motrices qui lui sont associées. Lors d'une expérience en imagerie de résonance magnétique nucléaire, Singer et coll.[28] ont découvert que les mêmes aires qui sont impliquées dans l'expérience du dégoût et dans celle de la douleur sont aussi activées par la réaction empathique à la douleur subie par autrui. Être témoin de la douleur éprouvée par quelqu'un, c'est en quelque sorte, neurologique-

26. Rizzolatti *et al.* (1996) ; Rizzolatti et Craighero (2004) ; Gallese *et al.* (2004).
27. Sprengelmeyer *et al.* (1998).
28. Singer *et al.* (2004).

ment parlant, l'éprouver soi-même, de même que percevoir l'expression du dégoût, c'est être soi-même dégoûté.

Ces considérations introduites ici par l'analyse du dégoût ont une grande portée. Elles nous font entrevoir quelle est la base de notre compréhension de ce que fait autrui et de ce qu'il éprouve. Pour obtenir cette compréhension qui est à la base de la cognition sociale, nous ne pratiquons pas seulement une analyse du contenu de ce que nous voyons, entendons ou sentons pour en inférer logiquement la nature de l'émotion ou des sentiments ressentis par les autres, nous faisons appel à notre propre expérience en activant les structures cérébrales qui nous servent à nous-mêmes pour éprouver et ressentir. Comme l'expriment Gallese et coll.[29] : « Par le moyen de cette activation, un pont est créé entre les autres et nous-mêmes. »

29. Gallese *et al.* (*op. cit.*).

Chapitre X

# AIMER, DÉSIRER, CHOISIR

*Où l'on réalise que les circuits neuraux et les mécanismes du plaisir à sentir et à goûter sont étroitement liés à ceux qui sous-tendent la décision de manger, sans toutefois se confondre totalement avec eux. Et si le plaisir sensoriel, dimension affective, consciente, de la perception, n'était rien d'autre que l'accès à la conscience de l'état des systèmes neuronaux qui contrôlent la décision d'agir ?*

Au fil des chapitres précédents, nous avons recueilli des données provenant principalement de quatre sources. Les recherches sur la motivation de faim ont éclairé l'origine des signaux internes et les conditions physiologiques du besoin et de sa satisfaction, la satiété. Un phénomène surprenant, l'autostimulation électrique cérébrale, est venu jeter un éclairage, à vrai dire ambigu, sur les rapports entre motivation et plaisir. Un parallèle a été esquissé entre la valeur gratifiante de la prise d'aliments et celle qui sous-tend la consommation des drogues par les toxicomanes. Enfin, l'examen des cartes d'activation cérébrale obtenues en imagerie fonctionnelle a permis d'inscrire les phénomènes accompagnant la perception des aliments et ses conséquences affectives dans la géographie des aires cérébrales. Plusieurs fonctions du système nerveux ont été évoquées à cette occasion : la perception sensorielle, la mémoire et les apprentissages, l'affect et l'émotion, ainsi que la prise de décision, condition de l'exécution motrice (Fig. 9). Il nous faut maintenant reprendre ces différentes sortes d'observations pour mieux saisir les liens entre les phénomènes qu'elles révèlent. Ce chapitre ne sera pas exempt d'une certaine dose d'élaboration théorique, pour ne pas dire de spéculation.

## *Le rôle essentiel des mémoires*

Nous avons été amenés à distinguer, dans les processus de transmission et de transformation des messages nerveux aboutissant au comportement et à l'état affectif associé, deux classes de processus distincts quoique liés. C'est tout d'abord une chaîne de transmission de l'information que l'on a désignée comme la « voie cognitive ». Elle conduit à reconnaître la présence de l'odeur ou de la saveur, à percevoir sa qualité et sans doute son intensité et, éventuellement à la reconnaître, ce qui suppose la mise en jeu de la mémoire des expé-

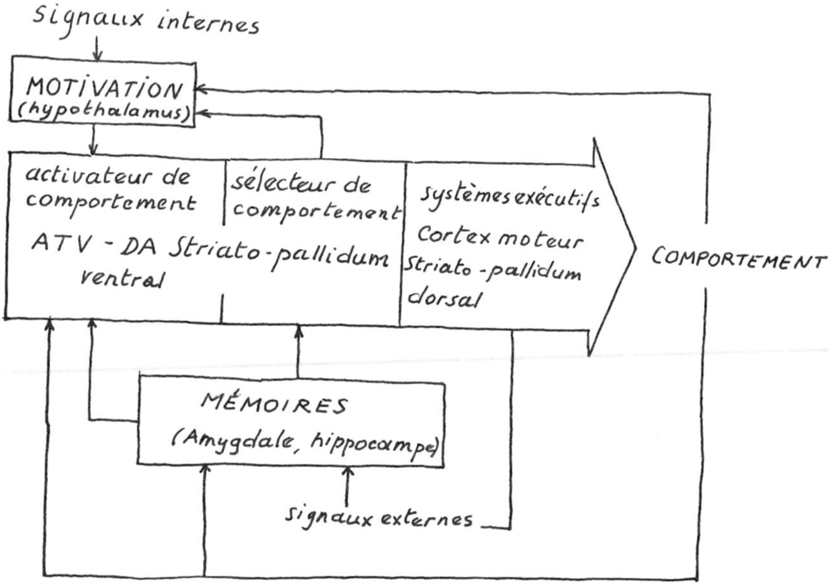


Fig. 9 : Organisation des composantes de la décision de consommer.

riences olfactives ou gustatives passées. L'autre classe de processus que nous avons désignée comme la « voie affective » conduit à la production d'un état mental évoqué par le stimulus dans l'ordre affectif du ressenti. Cet état suppose aussi l'activation d'une mémoire. Nous faisons l'hypothèse qu'à cet état complexe il faut reconnaître deux dimensions, en général très intriquées mais qu'il convient néanmoins de distinguer. Une première dimension est celle de l'affect proprement dit, l'état ressenti de plaisir ou de déplaisir, ce qui nous fait dire qu'une nourriture est bonne ou mauvaise. L'autre dimension, très liée à la première, est la dimension de l'agir, c'est-à-dire l'incitation à consommer cet aliment-ci maintenant ou à s'en abstenir.

Il est nécessaire de préciser davantage notre hypothèse sur ce point. Il paraît aller de soi qu'un aliment signalé par des stimuli ressentis comme bons soit consommé et qu'un aliment signalé par des stimuli ressentis comme mauvais soit rejeté. Cela est vrai et tombe, semble-t-il, sous le sens. Cependant, on se tromperait lourdement si l'on prenait la décision de consommer comme le résultat d'une délibération cognitive, consciente, dans laquelle seraient pesés rationnellement des arguments en faveur et en défaveur de cette décision. On voit mal l'animal procéder ainsi et si les humains en sont effectivement capables, gageons qu'ils ne font appel à ce type de délibération que de façon marginale. Nous postulons que l'acceptation ou le rejet d'un aliment fait partie intégrante des processus qui conduisent globalement à l'élaboration de l'affect.

Il nous faut encore mieux préciser notre pensée. Lorsque nous soulignons la dimension d'agir que recèle l'affect, nous mettons l'accent sur une forte continuité fonctionnelle entre les processus d'élaboration de la tonalité du ressenti et ceux qui prennent place sur le versant moteur du fonctionnement cérébral mais ne se limitent pas à la mise en jeu des centres moteurs proprement dits. Avant qu'un acte moteur soit réalisé, qu'il s'agisse d'un mouvement de préhension du bras et de la main pour saisir l'objet-aliment, de l'ouverture de la bouche ou de la mise en jeu des muscles de la déglutition, cet acte moteur doit être décidé et son programme élaboré, même si c'est de façon non consciente. Or, si la fonction motrice est clairement définie en termes neurologiques pour ce qui concerne ses composantes d'exécution, ce qui l'est moins, c'est l'ensemble des processus qui préparent l'action. Les débats suscités par la fonction du système dopaminergique et la distinction difficile à établir entre ses fonctions motrices et ses fonctions motivationnelles en sont une bonne illustration.

Un organisme en état de veille est continuellement animé de mouvements : changements de posture, gestes esquissés, séquences d'actes organisées ou actions finalisées. L'organisme éveillé est sans cesse placé devant le choix entre plusieurs investissements possibles de sa propension à agir, depuis des actes sans conséquences jusqu'aux comportements complexes influencés par des motivations définies. Même les actes les plus simples et les plus anodins supposent un processus d'élaboration de la décision d'accomplir telle ou telle activité motrice. Bien évidemment, les processus dont il s'agit ici sont pour la plupart non conscients. Cette fonction décisionnelle est à la fois d'une grande importance et bien mal comprise parce qu'elle se place dans un domaine de recouvrement entre les fonctions motrices proprement dites qui vont être activées, la motivation, encore appelée pulsion par les uns, *drive* par d'autres, qui fournit une impulsion à agir, et l'affect que nous cherchons à mieux cerner.

On ne peut ignorer non plus l'influence des stimuli ou signaux du monde extérieur sur le processus de sélection des actes moteurs. Ce sont précisément ces stimuli qui, lorsqu'ils sont pertinents, sont inducteurs des états affectifs. C'est l'odeur ou le goût qui fait plaisir. Il convient de remarquer, cependant, que les stimuli ou signaux sont, à tout prendre, sans effet par eux-mêmes, sans effet direct. Une odeur rencontrée par hypothèse pour la première fois et qui ne ressemblerait à aucune autre plus familière, aurait peu de chances de déclencher l'acte de consommation. Mis à part le cas de certaines saveurs comme le sucré et l'amer dont la signification affective paraît d'emblée inscrite dans l'organisation nerveuse, les messages sensoriels n'agissent sur les circuits décisionnels que dans la mesure où ils activent les traces qu'ils ont déjà déposées dans une mémoire. En témoigne la néophobie, attitude de refus vis-à-vis des sources de stimuli non connus.

Dans le titre du présent paragraphe, nous avons mentionné *des* mémoires et non pas *la* mémoire. Le pluriel indique qu'il y a, pour le cerveau, différentes façons de stocker et d'utiliser les traces de ses expériences passées. La mémoire qui est invoquée ici n'est pas seulement celle des souvenirs conscients. Elle est aussi celle des apprentissages, des associations qui ne fournissent pas d'images mentales mais révèlent leur existence par leur influence sur l'humeur et sur les actes produits.

Que contiennent ces mémoires ? Elles contiennent – mémoire sensorielle – les traces des signaux perçus dans le passé ; elles contiennent – mémoire de l'action – l'enregistrement des actes moteurs élaborés et réalisés en fonction de ces signaux ; elles contiennent enfin l'engramme – mémoire des succès et des échecs – des conséquences positives ou négatives que ces actes moteurs ont eues pour l'organisme, son bien-être ou son mal-être. Ces traces de différentes origines sont étroitement associées les unes aux autres, comme l'ont été les événements qu'elles représentent. L'affect qui s'attache à un stimulus peut alors être vu comme un état cérébral/mental qui résulte de l'aptitude de ce stimulus à activer l'ensemble de ces éléments stockés. Cela veut dire clairement qu'une saveur, un arôme, une texture ne sont nullement à l'origine d'une chaîne linéaire d'événements conduisant d'une stimulation sensorielle à une réponse motrice. Ils donnent la chiquenaude initiale et la machinerie neuronale, d'une extrême complexité et d'une grande précision, se lance à la recherche de la meilleure décision motrice à prendre, compte tenu d'un nombre considérable de facteurs comme l'action déjà en cours, les différentes motivations qui se trouvent éventuellement en compétition, la force stimulante des traces activées et le bénéfice adaptatif attendu de l'acte de consommation.

## *Proscrire l'homoncule*

Mais, voici que se présente un obstacle sur le chemin de notre compréhension biologique du plaisir. Ce n'est pas une difficulté technique qui pourrait être levée par l'acquisition de quelques données supplémentaires. C'est plutôt une difficulté d'ordre conceptuel, de la nature de celles qui se présentent chaque fois que l'on veut explorer la base neuronale d'un état mental. Un message sensoriel issu d'un aliment est perçu comme bon, disons-nous, s'il a laissé de bons souvenirs ou, pour l'exprimer avec plus de rigueur, s'il a fait l'objet d'un apprentissage dans des conditions qui se sont révélées positives. Pour l'organisme entier, « conséquences positives » est synonyme de bien-être : après la consommation d'un aliment ayant telle caractéristique sensorielle, la digestion a été bonne et l'on s'est senti bien. Antonio Damasio[1] dirait sans doute que le bien-être est, dans ce cas, le résultat de l'accès à la conscience du contenu des « cartes cérébrales » sur lesquelles le corps est représenté. Souvenons-nous que l'aire de l'insula, activée par les stimulations liées à la prise d'aliment, renferme en effet des cartes où se rejoignent les messages émanant des sens chimiques et de la sensibilité des viscères (chapitre IX).

La difficulté est évidemment de préciser ce que peuvent être des « conséquences positives » ou « se sentir bien » pour des structures neurales. Comment ces structures savent-elles qu'une expérience sensorielle suivie d'une décision de comportement a été bonne pour l'organisme et qu'il est bon pour l'organisme de renouveler ce comportement ? Comment « être bon » est-il représenté ? Nous ne pouvons pas invoquer les sentiments car s'ils fournissent les « raisons » d'agir d'un organisme, ils ne sauraient expliquer de façon causale le fonctionnement d'une assemblée de neurones. Dans le passé, on a parfois compris la perception visuelle comme si un petit bonhomme installé dans le cortex occipital observait l'image rétinienne transmise au cerveau. Prenons garde de ne pas installer subrepticement à la sortie de la « voie affective » un *homoncule* ressentant comme on avait jadis placé au sein des structures sensorielles un homoncule percevant.

Sans prétendre fournir une explication de la conscience, nous postulons que les réseaux de neurones qui constituent la « voie affective » au sens large et l'appareil de prise de décision sont ainsi construits et connectés qu'ils tendent à évoluer vers certains états d'activité. Leur capacité à agir efficacement sur les systèmes décisionnels pour orienter le comportement est optimale quand leur activité adopte une certaine configuration. Que peuvent bien être ces configurations privilégiées ? Impliquent-elles tous les réseaux concernés ou certains d'entre eux seulement ? La configuration recherchée est-

1. Damasio (1995 ; 2003).

elle celle du maximum d'activité ou bien d'une synchronisation optimale des décharges des neurones impliqués, ou encore tout autre chose ? Il existe vraisemblablement une hiérarchie de ces états. Les niveaux les plus élevés ne sont sans doute atteints que de façon exceptionnelle. Les décisions d'action qui se sont révélé produire les états du plus haut niveau ont été mémorisées comme telles et les systèmes tendent à les reproduire chaque fois que se trouvent réunies les conditions de motivation et de stimulation sensorielle adéquates.

Le plaisir sensoriel, dimension affective, consciente, de la perception, pourrait résulter de l'accès à la conscience de l'état des systèmes neuronaux régulateurs de l'action ; son intensité refléterait alors le degré de proximité de la configuration d'activité atteinte par rapport à une configuration optimale. Et, parallèlement, la tendance à renouveler le choix d'action générateur de l'état mémorisé serait la dimension incitatrice de l'affect. La hiérarchie des préférences alimentaires, tant sous l'aspect du plaisir que sous l'aspect décisionnel, reproduirait la hiérarchie des configurations d'activité neuronale évoquée par les stimuli émanant des aliments.

À l'opposé du plaisir se trouve le déplaisir, à l'opposé du choix, le rejet. On pourrait être tenté de voir dans les sentiments de valence négative et les décisions de rejet qu'évoquent certains stimuli les effets du fonctionnement des mêmes réseaux de neurones, lorsque les stimuli ne parviennent pas à évoquer une configuration favorable d'activité. Il n'est pas certain, cependant, que plaisir et déplaisir, acceptation et refus, soient situés aux extrémités opposées d'un même système d'appréciation. Que certaines aires s'activent lorsque d'autres se désactivent, lorsque le plaisir à consommer fait place au refus, ainsi que l'indiquent les images cérébrales du cortex frontal orbitaire, incite plutôt à penser que deux systèmes sont en jeu.

Nous devons remarquer également que les deux voies que nous avons distinguées, la voie cognitive et la voie affective, doivent quelque part *converger* pour produire l'unité de la perception simultanée de la qualité sensorielle et du sentiment. Dans le cas de l'émotion de peur, il a été montré que les messages auditifs déclencheurs de la peur suivent aussi deux voies en partie distinctes, une voie « cognitive » vers le cortex auditif et une voie plus rapide, voie de l'émotion, atteignant directement l'amygdale. Nous nous hasardons à faire une hypothèse semblable à celle qui a été proposée par LeDoux[2] à propos de ces deux voies auditives, à savoir qu'elles doivent nécessairement se rencontrer. LeDoux pensait que le point de rencontre pouvait se situer dans la mémoire de travail, cette mémoire à court terme qui est au service de l'action immédiate et un intermédiaire obligatoire de la conscience. Si c'était bien le cas, il faudrait rechercher le site anatomique dans cette partie latérale du cortex préfrontal où on situe cette mémoire de travail. Mais le cortex cingulé antérieur, qui s'active en réponse aux odeurs d'aliment, serait aussi un bon candidat car il est, lui aussi, activé dans les tâches de mémoire de travail. Enfin, le cortex orbitaire du lobe frontal, connecté aux sources de messages olfactifs et gustatifs, de même qu'à l'amygdale et au cortex cingulé antérieur est dans une bonne position pour être relié en mémoire de travail à la fois aux informations sensorielles et à leur interprétation affective.

## *L'enseignement des stimulations artificielles*

Maintenant que nous avons mis en place un cadre d'interprétation, voyons si les données de différentes origines que nous avons rassemblées trouvent leur place dans ce cadre. Examinons d'abord la stimulation électrique cérébrale qui, lorsqu'elle est appliquée à certaines structures, incite l'animal à s'engager dans un comportement de consommation d'aliment. Elle se substitue aux stimuli naturels qui ont ce pouvoir d'incitation acquis par apprentissage. Elle court-circuite aussi les messages des mémoires qui auraient été activées par ces stimuli. Tout se passe comme si le message artificiel était doté d'une signification comportementale du seul fait qu'il activait certains circuits neuronaux. En revanche, le fait que la stimulation électrique se montre sensible à la motivation de faim indique qu'elle s'insère en quelque sorte en aval des signaux de motivation et qu'elle joint ses effets à ceux de ces signaux vis-à-vis du système qui engendre la décision d'agir.

Pour ce qui concerne la stimulation électrique autoadministrée, le fait marquant est qu'elle n'a pas besoin, pour se manifester de

2. LeDoux ( 1999).

façon répétée et avec vigueur, d'autres incitations que ses propres effets. C'est ici que nous retrouvons le problème de la double dimension de l'émotion. La première idée qui vient à l'esprit est de dire que si l'animal se lance dans une activité d'autostimulation c'est qu'il en tire un profit que l'on assimile assez aisément au plaisir. Mais nous devons nous souvenir que la « voie affective » a deux dimensions. Quels sont les faits en réalité ? Le fait expérimental est que les animaux se délivrent des stimulations électriques cérébrales. Selon un certain cadre d'interprétation on dira que le stimulus électrique constitue une récompense et que l'animal manipule l'interrupteur électrique pour obtenir cette récompense. On cherchera également à quantifier la valeur de gratification en mesurant la fréquence des appuis sur l'interrupteur ou en notant quel effort l'animal est prêt à accomplir pour recevoir la récompense, par exemple en augmentant progressivement le nombre d'appuis qu'il doit réaliser pour obtenir chaque train d'impulsion électrique. Quoi qu'il en soit, il est assez facile de glisser vers une interprétation discutable de ce comportement en assimilant purement et simplement gratification et plaisir. Selon une autre interprétation issue, celle-là, des théories de Skinner[3], on dira, en se gardant d'invoquer un hypothétique plaisir, que l'animal est renforcé dans son acte, qu'il reçoit un renforcement.

Notre façon de décrire la situation sera de considérer que la stimulation électrique a placé les systèmes neuronaux de l'émotion/incitation dans une des configurations optimales d'activité vers lesquelles tendent ces systèmes, comme si le signal annonçait l'arrivée d'une ressource de grande valeur adaptative. Mémorisé avec ses conséquences positives, le comportement d'autostimulation tend donc à être reproduit, généralement en priorité sur tout autre acte. Ce n'est que lorsque les ressources à mobiliser pour réaliser ce comportement deviennent vraiment trop coûteuses que le dispositif de sélection des actes modifie ses choix. Ce peut être aussi le cas, dans les conditions expérimentales où l'animal est soumis à l'action de substances qui interfèrent avec les transmissions synaptiques. Dire alors que la valeur gratifiante de la stimulation a faibli n'est peut-être pas la

3. Skinner (1971).

meilleure façon de décrire la réalité. Nous reprendrons le problème plus loin à propos du rôle des neurones qui libèrent de la dopamine.

Une autre source de données est l'autoadministration de drogues. Par rapport à la stimulation électrique relativement localisée mais peu sélective dans son action sur les neurones qui sont à sa portée, les drogues qui sont introduites dans le système circulatoire agissent de façon plus large, plus diffuse, mais de manière beaucoup plus sélective puisqu'elles interfèrent avec le fonctionnement de certaines des synapses qui forment les systèmes neuronaux concernés et n'influencent pas les autres. Comme il existe plusieurs sortes de récepteurs susceptibles de subir l'influence des drogues, le point d'impact de ces drogues n'est pas immédiatement identifiable. On sait toutefois que dans le nombre se trouvent des récepteurs d'opiacés. L'existence d'une forme d'additivité de l'action de ces substances et de la faim semble indiquer que le système sensible se situe, comme le système sollicité par la stimulation électrique, en aval du circuit de la motivation. Une certaine forme de satiété est notable. Elle correspond à la cinétique de la durée d'action de la drogue. Mais le fait le plus central pour notre propos est la propension de celui qui est assujetti au produit à renouveler son expérience, comme le fait, sans connaître la satiété, l'animal qui s'autostimule électriquement.

## *Le rôle intrigant de la dopamine*

Un neurotransmetteur, la dopamine, et un circuit neuronal, le *système mésolimbique*, dont le point de départ est l'aire tegmentale ventrale (Fig. 10), sont systématiquement évoqués lorsqu'il s'agit de rechercher le support neural du plaisir, de la gratification, du renforcement et de la décision d'agir. En 1995, Kiyatkin écrivait[4] : « Comme certaines œuvres d'art, il y a des objets de connaissance scientifique qui viennent à jouer un rôle pivot dans l'évolution des idées. En neurobiologie moderne, un groupe relativement petit de cellules contenant de la dopamine, aux somas densément localisés dans l'aire tegmen-

4. Kiyatkin (1995).

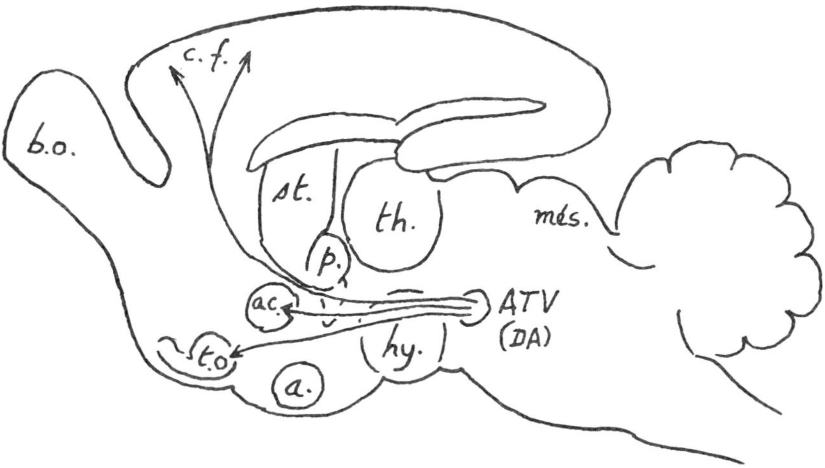


Fig. 10 : Innervation du striato-pallidum ventral par les neurones à dopamine (DA) de l'aire tegmentale ventrale (ATV).
*a. : amygdale ; ac. : noyau accumbens ; b.o. : bulbe olfactif ; c. f. : cortex frontal ; hy. : hypothalamus ; més. : mésencéphale ; p. : pallidum dorsal ; st. : striatum dorsal ; t.o. : tubercule olfactif.*

tale ventrale du mésencéphale (ATV), avec de longs axones qui se projettent sur de nombreuses structures limbiques, appartient sans aucun doute à cette catégorie. » La difficulté de comprendre comment la dopamine et ses neurones porteurs interviennent au carrefour de la motivation, de l'affect et du comportement, et même la simple formulation de ce que pourrait être leur intervention, ont été et restent l'objet de débats passionnés. Ces débats illustrent, on ne peut mieux, la difficulté que rencontrent les neurosciences à identifier, délimiter et désintriquer les fonctions dont elles sont supposées décrire les mécanismes d'exécution.

Nous partirons de ce qui est bien établi, nous évoquerons les termes des débats et nous tenterons de proposer notre interprétation. Ce qui est connu clairement, c'est que les neurones dont parle Kiyatkin sont activés et, en conséquence, augmentent leur libération de dopamine dans un certain nombre de circonstances telles que la prise de nourritures palatables, la stimulation électrique dite gratifiante de certaines aires cérébrales et la consommation de drogues. Bien que les neurones à dopamine innervent de nombreuses aires du cerveau, leurs terminaisons sont spécialement abondantes dans un petit noyau du *striatum ventral*, le noyau accumbens, où la libération de dopamine est particulièrement manifeste. Si l'on accepte l'idée que les conditions naturelles et artificielles qui induisent la libération de la dopamine ont en commun de produire une gratification (*reward*) de l'organisme, on dira que la dopamine, l'ATV et le noyau accumbens sont étroitement associés à la production de gratification. Avec un peu plus d'audace, on ira jusqu'à parler d'un « système de gratification », voire d'un « système de plaisir ». La simplicité du concept était attrayante et l'idée fit son chemin pendant quelques décennies au cours desquelles surgirent cependant maintes objections.

En administrant aux animaux d'expérience une substance aux effets antagonistes de la dopamine, des chercheurs[5] qui étudiaient l'autostimulation cérébrale, comme beaucoup d'autres le faisaient dans les années 1970, observèrent un effet semblable à celui qui se produit quand une stimulation initialement gratifiante n'est plus suivie de son renforcement, le comportement cesse, il y a *extinction*. La dopamine était donc responsable du renforcement et l'effet de l'antagoniste de la dopamine, suppresseur du renforcement, fut assimilé à de l'*anhédonie*[6]. Les neuroleptiques, antagonistes de la dopamine pour ses récepteurs, dont on utilisait les effets antipsychotiques, étaient supposés « retirer le plaisir de la stimulation cérébrale normalement gratifiante, retirer l'euphorie de l'amphétamine normalement gratifiante et retirer le caractère "bon" d'une nourriture normalement gratifiante ». Par exemple, les antagonistes de la dopamine réduisaient la consommation de nourriture sucrée. N'était-ce pas la preuve, *a contrario*, que la dopamine incite à consommer le sucre, aliment à la saveur gratifiante ?

On pouvait faire une objection à l'hypothèse du « système de gratification » en rappelant que le faisceau à dopamine innerve aussi

5. Wise (1982).

6. L'anhédonie correspond à une réduction de la composante affective des sensations.

des régions, comme le *système striatal dorsal*[7], qui ont d'évidentes fonctions dans le contrôle du mouvement. Les antagonistes de la dopamine ne pouvaient-ils pas exercer leurs effets en interférant avec la motricité des animaux ? On ne s'attarda pas autrement sur l'objection et on admit – provisoirement – que les fonctions motrices et de gratification étaient deux fonctions distinctes.

Malgré la force de l'hypothèse du « système de gratification » certaines observations non conformes sont apparues. Par exemple, il est devenu difficile d'affirmer que la dopamine du noyau accumbens est sélectivement impliquée dans la gratification puisque des stimuli aversifs comme le pincement de la queue ou un choc électrique à la patte s'accompagnent, comme les stimuli appétitifs, d'une libération accrue de dopamine. Autre type d'objection : il est vrai que l'on a maintes fois observé une libération de dopamine accrue pendant la réalisation d'appuis sur levier renforcés par de la nourriture, mais la libération répond-elle au renforceur lui-même ou à quelque autre paramètre de la situation comportementale ? Et si l'on admet que la dopamine est bien un intermédiaire du renforcement par la cocaïne, est-ce aussi le cas pour le renforcement naturel par l'aliment ?

## *Des notions moins claires qu'on le souhaiterait*

Une autre voie de réflexion est celle qui considère l'impact possible des méthodes d'étude sur les phénomènes observés. Une méthode très couramment employée consiste à placer l'animal d'expérience face à un levier qu'il est entraîné à manipuler pour obtenir une certaine gratification. Cette formule même « appuyer *pour* obtenir une *gratification* » est douteuse et il serait plus conforme au cadre théorique du conditionnement opérant de dire : « L'animal appuie sur le levier *et* il reçoit un *renforcement*. » Pour comparer deux

7. Le striatum dorsal qui a d'importantes fonctions motrices est innervé par des neurones à dopamine situés dans l'ATV et surtout dans une région voisine appelée *Locus niger* ou substance noire. C'est la dégénérescence de ces neurones à dopamine qui est responsable de la maladie de Parkinson.

renforcements ou pour étudier l'effet d'une intervention pharmacologique sur le système à dopamine, il faut disposer de mesures : ce peut être, par exemple, la fréquence à laquelle l'animal presse le levier dans l'un et l'autre cas. Le « renforçateur » le plus efficace est par hypothèse celui qui justifie la fréquence d'appuis la plus élevée. Cette conclusion n'est bien sûr pas acceptable si l'intervention pharmacologique sur le système à dopamine a eu des conséquences sur l'activité motrice en tant que telle. Ne pas confondre la paralysie du bras qui tient la fourchette avec un manque d'appétit. De nouveau surgit le soupçon d'une contamination, par des effets moteurs, des conclusions relatives à la gratification ou à la valeur de renforcement.

Au total, il est apparu que la dichotomie acceptée des effets moteurs et des effets affectifs de la dopamine était quelque peu forcée. Elle est la conséquence d'une difficulté à concevoir, pour le système dopaminergique, une fonction qui ne serait ni le renforcement, ni le plaisir, ni la motricité, mais quelque chose d'autre. À propos du système striatal dorsal dont les fonctions sont aussi difficiles à identifier que celles du système striatal ventral auquel appartient le noyau accumbens, Teuber et Proctor[8] ont écrit : « La distinction habituelle entre les symptômes purement sensoriels et les symptômes purement moteurs échoue quand on aborde l'analyse expérimentale du fonctionnement et du dysfonctionnement des ganglions de la base. C'est presque comme si nous avions besoin des deux catégories pour décrire certains des symptômes qui ne sont ni sensoriels ni moteurs mais reflètent les particularités de l'interaction sensori-motrice. »

Une interprétation plus précise est proposée par Salamone et coll.[9] qui placent la fonction du système à dopamine du côté de la prise de décision. L'argument est que les organismes doivent faire des choix entre une variété de différents renforçateurs, c'est-à-dire qu'ils sélectionnent des activités en fonction de leur valeur de renforcement par rapport à d'autres stimuli disponibles. Ils doivent aussi tenir compte, dans leurs réponses, du « coût » de telles réponses et des contraintes qu'elles imposent. La dopamine pourrait donc ne pas être impliquée directement dans l'attribution d'une valeur de renforce-

8. Teuber et Proctor (1964).
9. Salamone *et al.* (1997).

ment mais dans l'analyse coût/bénéfice et l'orientation des réponses vers tel ou tel renforcement. Comme on va l'illustrer ci-dessous, la recherche portant sur des tâches avec différents rapports coût/bénéfice a montré qu'en effet, la dopamine du noyau accumbens régule des processus de haut niveau impliqués dans l'allocation de réponses à des stimuli relevant dc motivations variées.

Une expérience[10] illustre bien cette voie de recherche. Elle a été réalisée dans un labyrinthe en T. Une branche du T est faite d'une allée qui conduit à deux boulettes de nourriture tandis que l'autre branche comporte une barrière que l'animal d'expérience doit escalader pour accéder à quatre boulettes. Des rats à jeun et entraînés choisissent cette dernière branche et escaladent l'obstacle pour manger les quatre boulettes. L'injection d'une faible dose d'*halopéridol*, antagoniste de la dopamine, a pour effet de changer le choix des animaux qui se dirigent alors vers la branche à deux boulettes, celle à moindre renforcement. À ce stade deux interprétations sont possibles : ou bien la valeur de renforcement de la nourriture a diminué, la nourriture est moins appréciée, ou le franchissement de la barrière est devenu plus difficile du fait d'une action de la substance sur le système moteur. Or les rats ne changeaient pas d'allée si la barrière était retirée ; la nourriture n'avait donc pas perdu sa valeur de gratification : quatre boulettes valaient toujours mieux que deux. Dans une autre expérience, la branche du labyrinthe qui ne contenait pas de barrière ne contenait pas non plus de boulettes. Dans ces conditions les rats choisissaient de faire l'effort de franchir la barrière, dans l'autre branche, ce qui indiquait que la déplétion de la dopamine dans le noyau accumbens n'entraînait pas une impossibilité motrice de franchir l'obstacle.

Bien que nombre d'articles continuent de perpétuer l'idée que la dopamine de l'ATV et le noyau accumbens sont des intermédiaires de l'impact hédonique des stimuli gratifiants, des formulations moins tranchées témoignent aussi de la perplexité des spécialistes. Les uns parlent d'« activation comportementale », d'« éveil motivationnel », de « stimulation psychomotrice ». D'autres y voient une « interface entre le système limbique et le système moteur *via* laquelle l'information

10. Salamone *et al.* (1994).

signifiante au plan motivationnel guide le comportement[11] » ou encore « un système impliqué dans l'utilisation d'indices appris, prédictifs de conséquences biologiques significatives[12] ». À la question : quel est le rôle de la dopamine dans la gratification (*reward*), Berridge et Robinson[13] répondent : « Le système à dopamine peut servir d'intermédiaire à la saillance incitatrice (*incentive*) des gratifications, moduler leur valeur motivationnelle d'une manière séparable de l'hédonie et de la gratification. » Salamone et coll.[14] énoncent ainsi leur interprétation laborieuse : « La dopamine de l'accumbens est impliquée dans des processus moteurs et sensorimoteurs d'ordre supérieur qui sont importants pour les aspects d'activation de la motivation, l'allocation de réponses et la propension à répondre aux stimulus conditionnés. » Et, sans doute conscients de l'effet de leurs propos sur un lecteur pressé, ils ajoutent, avec un humour difficile à traduire : « *This may not roll off the tongue quite as fluently as the word* reward. »

Pour notre part, nous retiendrons d'abord que les concepts de plaisir, de récompense, de renforcement, de motricité, de décision, d'activation comportementale sont des notions d'origines diverses, sans doute commodes pour ranger des phénomènes complexes dans des catégories à peu près définies, mais qu'il serait naïf de croire que chacun d'eux va trouver son exact pendant neurobiologique, son *substrat nerveux* comme l'on dit. Quand cela est, ce ne peut être que par chance. Dans la plupart des cas, une fonction mentale ou comportementale donnée est exécutée par une pluralité de systèmes neuronaux, une large diversité de neurotransmetteurs et, corrélativement, un système neuronal identifié intervient dans plusieurs entités fonctionnelles. Pour revenir vers notre sujet, nous retiendrons aussi qu'il n'est pas nécessaire et sans doute pas légitime de séparer les effets moteurs et les effets gratifiants du système à dopamine, parce que la question ne se pose pas en ces termes. En revanche, il existe suffisamment d'arguments expérimentaux pour admettre qu'aimer une odeur, une saveur, une drogue ou un aliment n'est pas tout à fait équivalent à les désirer, à « en vouloir ».

11. Mogenson *et al.* (1980).
12. Setlow *et al.* (2003).
13. Berridge et Robinson (1998).
14. Salamone *et al.* (1997).

# Chapitre XI

# PRÉFÉRENCES ET AVERSIONS

*Sélectionner la nourriture quand elle n'est plus fournie par le sein maternel n'est pas une mince affaire pour les omnivores. Cela débute très tôt et mobilise les ressources des sens, des signaux internes et de la mémoire pour des apprentissages alimentaires largement inconscients qui construisent le système complexe des préférences et des rejets de chacun.*

## *Introduction : choisir*

Le chapitre précédent nous a convaincus que des mécanismes cérébraux très sophistiqués œuvraient pour orienter l'action par un arbitrage entre des incitations et des promesses de plaisir concurrentes. Choisir un aliment parmi plusieurs, quand est prise la décision de manger plutôt que de faire tout autre chose est encore une occasion d'activer le système à dopamine et bien d'autres circuits. Si la recherche de la nourriture est la première étape du comportement alimentaire, au moins dans le scénario conventionnel qui est supposé valide tant pour l'homme que pour le rat, la sélection de l'aliment qui sera consommé, ou qui le sera en premier, est la deuxième étape. C'est l'étape où se manifestent les préférences et où s'expriment les aversions.

Le mangeur n'est pas le seul à se sentir concerné par cette phase décisionnelle. Ceux qui lui procurent les éléments du choix, les producteurs d'aliments, attachent beaucoup d'intérêt à la connaissance de ce qui peut bien déterminer pourquoi la main qui tient la fourchette se tend vers un produit plutôt que vers un autre. Quand naissent les préférences alimentaires du consommateur ? Que doivent-elles à l'alimentation précoce ? Sont-elles stables ou évoluent-elles selon l'expérience ? Comment peuvent-elles être orientées ? Ces questions n'ont pas, pour la plupart, reçu de réponses définitives tant sont nombreuses, masquées et inconscientes les influences qui s'exercent sur les choix des consommateurs. Dans les lignes qui suivent nous présentons quelques voies de recherche parmi les plus avancées.

## *De la difficulté d'être omnivore*

Tous les organismes ne sont pas placés en face des mêmes dilemmes. Certains sont génétiquement programmés pour se nourrir d'aliments étroitement définis. Leur spécialisation est d'ailleurs si bien déterminée qu'elle sert à définir des catégories taxonomiques. Il existe ainsi des mammifères herbivores, des carnivores, des insectivores. Il est entendu que les vaches mangent de l'herbe, les lions se nourrissent d'antilopes et le fourmilier de fourmis. Encore faut-il y regarder de près. En broutant l'herbe des prairies les vaches n'ont pas attendu qu'on leur serve des farines animales pour inclure dans leur régime des protéines qui n'ont rien de végétal, celles des nombreux insectes qui grouillent dans les herbes. D'autres animaux, comme les humains, sont dits omnivores, parce qu'ils peuvent se nourrir de substances beaucoup plus diverses, aussi bien animales que végétales, et leur régime est davantage fonction des circonstances, des habitudes ou de la culture que régi par la loi d'un déterminisme génétique.

Être adepte d'un régime spécialisé présente des avantages et des inconvénients. Si l'Évolution guide étroitement l'espèce vers un aliment défini, le risque d'intoxication ou de déséquilibre nutritionnel est absent puisque le choix a été validé depuis des millions d'années. Le carnivore prédateur se nourrit d'un aliment très semblable à sa propre substance. La chair de l'antilope n'est pas très différente de celle du lion. En revanche, la nourriture spécifique peut venir à manquer, et la survie est alors menacée. Les espèces omnivores, en revanche, ont plus de chances de trouver leur pitance, mais cet avantage évident a sa contrepartie : le risque d'ingérer une plante qui fabrique une substance toxique, précisément pour décourager ses prédateurs.

Le consommateur qui remplit son caddy au supermarché ne prend pas une décision lourde de conséquences chaque fois qu'il choisit un produit sur le rayon. Et s'il a un doute sur la composition d'un aliment ou sur sa fraîcheur, un coup d'œil à la notice le renseigne, en général de façon fiable. Les gens de nos sociétés protégées au plan alimentaire comme à d'autres – au moins dans certains îlots de paix et d'abondance – n'ont pas une conscience aiguë de la difficulté d'être des omnivores. Pourtant c'est une difficulté réelle à laquelle a été confrontée notre espèce qui, comme d'autres, a dû développer des moyens efficaces pour survivre dans un environnement alimentaire ouvert mais dangereux. Les préférences alimentaires qui s'expriment chez les consommateurs modernes et qui semblent des raffinements hédoniques sans grandes conséquences ont leurs racines dans des processus adaptatifs de grande importance. On en trouve la trace évidente, à l'échelle des individus, dans la forte teneur émotionnelle des réactions face à l'aliment et aux stimulations sensorielles qui l'identifient : « j'aime » ou « je n'aime pas » sont des assertions souvent dépourvues de nuances. L'opinion publique s'alarme très vite dès qu'un soupçon pèse sur la sûreté d'un produit et l'imaginaire collectif fait une bonne place à l'alimentation et aux menaces qui pèsent sur elle. Faire pénétrer une substance dans l'organisme est un acte sérieux.

Dans les lignes qui vont suivre nous allons tenter de comprendre sur quoi reposent les préférences alimentaires. Nous verrons qu'elles dépendent des signaux sensoriels émis par les aliments, et qu'elles sont influencées par la physiologie de l'organisme. Nous rechercherons leur possible origine dans les expériences les plus précoces des individus, avant même leur naissance, et nous reconnaîtrons à la fois leur stabilité et leur plasticité. Il faudra nous interroger enfin sur leur valeur de guide du comportement alimentaire et les possibles échecs de ce rôle dans les troubles de l'homéostasie de l'énergie.

## *La délicieuse synergie du sucre et des graisses*

Étant entendu que les préférences alimentaires sont largement dépendantes de l'expérience individuelle, comme on le détaillera plus loin, on peut se demander s'il existe tout de même dans l'espèce humaine, ou au moins chez les humains contemporains, une tendance générale à préférer certains types d'aliments à d'autres. Un aliment qui combine les caractères gras et sucré est très généralement préféré et les aliments amers sont très souvent rejetés[1]. Ces réactions, au moins pour ce qui concerne le goût sucré et le goût amer, sont supposées innées et universelles. Les nouveau-nés manifestent des réponses respectives d'acceptation et de rejet à l'égard de ces deux saveurs. Les jeunes enfants, entre 3 et 5 ans, classent leurs aliments selon qu'ils sont familiers ou qu'ils sont sucrés, ou qu'ils sont à la fois l'un et l'autre. À la différence de celle des adultes, la courbe d'acceptation du saccharose par les enfants ne présente pas d'optimum ; ils choisissent systématiquement les concentrations de sucre les plus élevées, alors que la préférence des adultes tend à baisser avec les fortes concentrations. Pour ce qui concerne les réponses aux graisses, elles traduisent une synergie sensorielle gras-sucré. Ainsi, la valeur hédonique culmine pour le mélange de crème et de sucre dans la proportion de 20 % de crème et de 8 % de saccharose.

Cette valorisation hédonique des substances grasses et sucrées peut, comme on l'a vu, être considérée comme porteuse d'une signification adaptative puisqu'elle incite les individus à consommer des nourritures riches en énergie. Le rejet de l'amer aurait aussi un certain avantage évolutif puisque l'amertume prédit souvent la toxicité. Les alcaloïdes, les glycosides et autres toxines dérivées ont un goût amer. On a compris cependant qu'il ne s'agit que d'une propriété statistique ; il y a bien des substances amères qui ne sont pas toxiques. Quoi que paraissent en penser les enfants, leur rejet fréquent des légumes crus de la famille des Brassicacées tels que le brocoli, le chou et le chou de Bruxelles n'est pas justifié. Il y a aussi des substances toxiques qui ne sont pas amères, comme il existe des substan-

1. Drewnowski (1997).

ces qui ont un goût sucré sans avoir de valeur nutritive. On attend précisément des édulcorants de synthèse le plaisir sans les calories.

La sensibilité à l'amer est un trait héritable et, comme nous l'avons vu au chapitre V, les humains peuvent être classés en plusieurs groupes selon qu'ils sont *non-goûteurs, goûteurs,* et même *supergoûteurs* pour ce qui concerne leur sensibilité à des exemples de stimuli amers, PROP et PTC[2]. D'autres substances sont aussi l'objet de fortes différences de sensibilité. Ainsi les « goûteurs » de PROP sont réputés ne pas aimer le café noir, le jus de pamplemousse, le jus de citron et certains radis[3]. On s'est demandé si le type de sensibilité montré par un individu vis-à-vis des substances amères n'avait pas des conséquences sur sa santé, en écartant de son régime alimentaire de nombreux aliments végétaux. Or, l'intérêt pour les aliments dits fonctionnels a attiré l'attention sur les constituants de certains fruits et légumes qui possèdent des propriétés utiles pour la prévention de maladies et en particulier de cancers. Beaucoup de ces constituants ont un goût amer : des *phyto-œstrogènes* dans des baies amères, l'*indole* et les *thiocyanates* dans les choux et le radis, des *flavonoïdes* bioactifs dans les oignons et certains choux. Il pourrait donc exister un lien entre la sensibilité gustative, les préférences alimentaires et le niveau du risque de contracter certaines maladies sensibles au régime alimentaire.

## *Tendances générales et choix individuels*

Nous venons donc de constater que les préférences alimentaires reposent pour partie sur les propriétés gustatives des aliments et qu'il existe un certain niveau de prédétermination des réponses d'acceptation et de rejet des aliments. On ne peut manquer toutefois d'observer que les choix alimentaires individuels réels s'écartent souvent des tendances globales. Bien des gens consomment des aliments ou des boissons au goût amer, alors qu'ils perçoivent pourtant cette saveur ; certains délaissent les mets sucrés alors qu'ils aiment le sucre. De

2. Bartoshuk (2000).
3. Drewnowski (1997).

vastes populations humaines font un large usage de substances fortement irritantes, comme le piment, qui excitent le nerf trijumeau.

Les explications de la grande variété des choix alimentaires sont nombreuses. D'abord, les saveurs ne sont pas seules en jeu ; un rôle considérable doit être reconnu aux autres stimuli chimiques, olfactifs et trigéminaux, ainsi qu'aux autres modalités sensorielles de la bouche qui n'ont pas une valence hédonique génétiquement établie. Ensuite, les préférences évoluent au cours de la vie, pour des raisons nombreuses qui vont de l'influence de la culture et du groupe d'âge à celle, fortement déterminante, des expériences alimentaires positives et négatives que chacun a l'occasion de faire, pour ne rien dire de l'imprégnation hormonale.

### *Une transition entre l'inné et l'acquis : le lapereau et la phéromone mammaire*

Nous allons nous tourner vers les premiers âges de la vie pour rechercher si le bébé a des préférences autres que celle qu'il manifeste pour le sucré et si ses expériences alimentaires précoces ont une incidence sur ses choix alimentaires futurs. Mais avant d'aborder le cas du nouveau-né humain, nous allons faire une incursion dans les débuts de la vie alimentaire d'un autre mammifère, le lapereau.

Le lapereau naît aveugle et sourd mais déjà pourvu d'un bon odorat. Le comportement très particulier de la mère qui est presque toujours absente du nid impose aux nouveau-nés de cette espèce des conditions d'alimentation très strictes. La tétée n'est possible qu'une seule fois par vingt-quatre heures, lorsque la mère regagne le nid, et ceci pour quelques minutes seulement. Dans ce court laps de temps, chaque lapereau de la portée doit s'emparer d'une tétine et téter la quantité de lait qui lui permettra de survivre et de se développer. Il ne peut le faire sans l'aide d'un dispositif génétiquement programmé qui lui permet de répondre par un mouvement stéréotypé de la tête à un signal chimique émis par la mère[4]. Le mouvement d'exploration

4. Hudson et Distel (1983).

déclenché sélectivement par le signal aboutit généralement à ce que la bouche rencontre une tétine et la succion commence activement.

Une phéromone a été récemment identifiée[5]. La molécule est une substance synthétisée par la lapine et libérée dans le lait peu avant son éjection. Elle ne semble pas être présente dans le sang de la mère, ni dans le liquide amniotique dans lequel baigne le fœtus et le lapereau n'a donc pas eu l'occasion d'apprendre sa signification ou de se familiariser avec elle avant sa naissance : la réaction est génétiquement déterminée. Nous avons là une situation exceptionnelle dans laquelle la préférence pour le stimulus et pour l'aliment est absolue. On n'a trouvé aucune substance qui puisse rivaliser avec la phéromone dans les premières heures de la vie.

L'exemple est intéressant à un autre titre. Le mécanisme génétiquement déterminé comporte en effet une remarquable ouverture sur des processus appris. Alors que les odeurs du nid, des congénères et de l'environnement sont incapables de déclencher la réaction typique, il suffit d'apparier une seule fois une odeur apparemment quelconque avec la phéromone pour que cette odeur acquière les propriétés de signal déclencheur des réponses de recherche. Cette fois il s'agit d'un apprentissage, mais d'un apprentissage très particulier puisqu'il est réalisé dès la première association. Les odeurs qui ont été dotées, par cette association, de propriétés semblables à celle de la phéromone deviennent objets de préférences. On peut voir dans la facilitation de l'apprentissage à cette période de la vie un mécanisme de création de préférences qui élargit le répertoire des signaux dotés de signification alimentaire qui prendront ultérieurement le relais de la phéromone[6].

## *Il faut remonter avant la naissance...*

La phéromone mammaire de la lapine doit sans doute être considérée comme une adaptation aux conditions très particulières du

5. Schaal *et al.* (2003).

6. G. Coureaud, au Centre européen des sciences du goût, vient d'en faire la démonstration.

comportement de la mère dans cette espèce mais, même lorsque l'allaitement n'est pas aussi contraint, les odeurs maternelles jouent un rôle déterminant dans le guidage des petits vers la source de lait. Les travaux sur les bébés humains n'ont pas – ou n'ont pas encore – mis en évidence de signaux aussi puissants que celui auquel obéit le lapereau. En revanche, des signaux olfactifs émis par la mère sont bien présents et actifs pour orienter le bébé vers le sein. Le lait maternel possède un pouvoir attractif très fort qui le fait préférer au lait artificiel, même par les bébés qui n'ont jamais été nourris au sein[7].

Les préférences pourraient bien être orientées par des expériences encore plus précoces. En effet, dans les jours qui suivent la naissance, le bébé montre une réponse positive à l'odeur de produits odoriférants – de l'anis par exemple – consommés par la mère dans les semaines qui ont précédé l'accouchement[8]. Dans des tests où le bébé est mis en situation de désigner sa préférence en orientant sa tête vers l'une ou l'autre de deux sources d'odeurs, la préférence à l'égard des produits ingérés plus tôt par la mère est manifeste. Cette réaction n'est pas retrouvée chez un bébé dont la mère n'a rien consommé de tel.

Le phénomène peut être expliqué de façon satisfaisante. Certains constituants de la nourriture de la mère parviennent jusqu'au liquide amniotique où l'analyse chimique peut les retrouver. Dans les dernières semaines de la gestation, le fœtus qui ingère son liquide amniotique dispose d'un système olfactif suffisamment mature pour lui permettre de détecter, en phase liquide, des molécules odorantes qui parviennent à ses fosses nasales. Ses narines, closes auparavant, s'ouvrent. Il est probable que la simple exposition de la muqueuse olfactive aux odorants en solution dans le liquide amniotique crée une familiarisation qui suffit à engendrer la préférence, sans processus de renforcement. C'est un mécanisme simple qui joue également un rôle dans le développement des préférences alimentaires chez les enfants plus âgés et chez les adultes. Cela suppose, bien sûr, que l'expérience sensorielle ait été mémorisée par le fœtus *in utero* et qu'elle ait été conservée lors du passage à la vie aérienne.

7. Marlier et Schaal (2005).
8. Schaal *et al.* (2000).

Il n'existe encore que peu d'indications sur la durée pendant laquelle se maintient l'apprentissage acquis *in utero,* mais il semble bien qu'après 7 mois, et même 21 mois, la préférence olfactive est encore décelable[9]. Quoi qu'il en soit, nous retiendrons que le cerveau de l'enfant est très tôt ouvert aux influences sensorielles et il s'ensuit que les circonstances de l'alimentation dans les tout premiers âges de la vie, si essentielles pour la survie, sont des occasions privilégiées de créer des apprentissages, c'est-à-dire d'associer les caractéristiques olfactives et gustatives des aliments avec les effets bénéfiques du rassasiement.

Bien qu'elle ait porté non sur l'expérience intra-utérine mais sur la période qui suit la naissance, une étude[10] montre que les apprentissages appétitifs précoces peuvent laisser des traces très durables. Lors d'une réunion festive tenue à Francfort, les auteurs de l'étude ont invité des personnes des deux sexes, âgées de 12 à 59 ans, à remplir un questionnaire sur leurs habitudes et préférences alimentaires. Après quoi, les participants ont eu à goûter deux ketchups et à indiquer lequel ils préféraient. Les deux produits étaient identiques, sauf sur un point : l'un d'eux était aromatisé par de la vanille à une concentration juste décelable. Plus de la moitié des participants (62 % contre 38 %) ont préféré le ketchup standard au ketchup aromatisé à la vanille.

Mais là n'est pas le point important. Dans le questionnaire préalable on avait discrètement inséré la question : quand vous étiez bébé, avez-vous été nourri au sein ou au biberon ? En Allemagne, pendant de nombreuses années, les substituts du lait maternel ont été aromatisés à la vanille, puis cette pratique a été interrompue. En considérant les préférences pour les ketchups selon le critère du mode d'alimentation des participants dans leur prime enfance, il est apparu que parmi ceux qui avaient préféré la version aromatisée, les individus élevés au biberon et qui avaient eu probablement, de ce fait, une expérience précoce de l'arôme vanille, étaient deux fois plus nombreux que ceux élevés au sein qui n'avaient pas eu cette expérience. Ainsi, l'exposition précoce à la vanille peut être tenue respon-

9. Delaunay *et al.* (2004).
10. Haller *et al.* (1999).

sable de l'attractivité supérieure du ketchup aromatisé pour les sujets nourris au biberon de nombreuses années auparavant.

Une étude plus récente réalisée aux États-Unis[11] apporte des données convergentes. Les auteurs ont mis à profit les nettes différences de flaveurs qui existent entre trois formules commerciales de nourriture pour bébés, lait artificiel, lait de soja et hydrolysat de protéines, pour rechercher les effets à long terme des expériences alimentaires précoces. Des enfants de 4 et 5 ans montrent, de fait, vis-à-vis de différentes boissons nutritives, des préférences qui peuvent être reliées à la nature de la formule qu'ils ont consommée plusieurs années plus tôt. Ainsi, les enfants qui ont été nourris à l'hydrolysat de protéines tendent à mieux accepter les jus de fruit acides tandis que ceux qui ont été élevés au lait de soja ont une préférence pour le jus de pomme au goût amer. Les mères rapportent que les bébés nourris à l'hydrolysat ou au soja ont plus de chances d'aimer plus tard le brocoli que les bébés nourris au lait.

Tant que l'enfant se nourrit du lait maternel, les indices sensoriels qu'il recueille ont pour principale fonction de l'orienter correctement vers la source de ce lait. Le risque de consommer une nourriture dangereuse n'est pas encore apparu. Il en va autrement après le sevrage, quand la nourriture se diversifie. Les indices sensoriels n'ont plus seulement pour fonction d'orienter l'organisme vers la nourriture ; ils ont aussi celle de permettre la discrimination des aliments qui sont sains et nourrissants de ceux qui n'ont qu'une faible valeur nutritive ou qui présentent un danger. À la discrimination, condition nécessaire, s'ajoute un choix qui repose sur la valorisation de certains aliments sous la forme de préférences.

## *La sensibilité de l'enfant et l'évolution de ses préférences*

Les préférences alimentaires pourraient donc s'enraciner dans des expériences très précoces et se conserver très longtemps. C'est le

11. Menella et Beauchamp (2002).

moment de chercher à en savoir plus sur ce que perçoivent les enfants, sur leurs préférences et comment elles évoluent.

Et d'abord les enfants perçoivent-ils comme les adultes ? À vrai dire, il est difficile de répondre avec certitude puisque, pour des raisons de méthode, la sensibilité des enfants les plus jeunes est très souvent inférée de leur aptitude à manifester une préférence. En effet, pour savoir s'ils perçoivent un stimulus ou ses changements, il n'est pas recommandé de le leur demander directement. Mieux vaut les placer dans une situation où ils fournissent indirectement la réponse, par exemple en manifestant un choix comportemental, mais la démarche n'est pas dépourvue de circularité.

On sait donc que des enfants de 1 à 9 mois sont capables de détecter le sucré, le salé et l'acide, mais à des concentrations de deux à trois fois supérieures au seuil de détection des adultes[12]. Cette situation dure jusque vers 8 ans, âge auquel la différence enfants-adultes s'estompe pour ce qui est des filles tout en persistant pour les garçons, surtout vis-à-vis du goût amer de la caféine. Comme celle des adultes, la sensibilité des enfants[13] à la saveur amère du propylthiouracyl (PROP) est sous la dépendance des variations qui affectent le gène du récepteur gustatif TAS2R38 nouvellement découvert. La sensibilité différencielle des enfants, c'est-à-dire leur sensibilité aux changements d'intensité des saveurs, suit une évolution assez semblable. Quand certains adultes distinguent une concentration de 100 g par litre de saccharose de celle de 110 g, il faut aller jusqu'à 130 g pour obtenir la même discrimination avant 10 ans. La sensibilité gustative inférieure des enfants pourrait tenir à une certaine immaturité de leur équipement sensoriel, comme l'organisation incomplète de la langue. Il est toutefois difficile d'écarter l'influence de facteurs cognitifs car quelque précaution que l'on prenne pour minimiser l'impact de ces facteurs il est pratiquement impossible de les éliminer totalement. À noter également que lorsque les tests portent sur des stimuli complexes comme ceux qui émanent d'une boisson, les plus jeunes ont l'attention attirée davantage vers la couleur, qu'ils utilisent souvent pour identifier les boissons, que vers les arômes et les saveurs.

12. Osepian (1958).
13. Menella *et al.* (2005).

La sensibilité olfactive, quant à elle, paraît selon les études, soit semblable, soit inférieure à celle des adultes, mais elle dépend très probablement de la nature des odorants et sans doute de la méthode de mesure[14] puisque des auteurs différents trouvent que les enfants de 8 à 14 ans détectent le *butanol* comme les adultes[15] tandis que d'autres[16] trouvent qu'à 9 ans leur seuil de détection est plus élevé.

Tournons-nous maintenant vers les préférences elles-mêmes. Que mangent le plus volontiers les enfants ? Les données les plus nombreuses ont été collectées aux États-Unis. Les élèves des collèges américains – 50 000 ont été interrogés dans les années 1960 – préfèrent les mets riches en protéines et les aliments au goût sucré. Les glaces voisinent avec la dinde rôtie et le steak dans le peloton de tête. Les frites (*French fried potatoes*) sont également bien placées. En revanche, les légumes, et particulièrement les légumes verts, sont très mal cotés. Les aversions les plus fréquentes portent, nous n'en serons pas autrement étonnés, sur les navets, les aubergines, les choux et autres betteraves.

Les jeunes Français, enfants et adolescents des environs de Paris[17], placent en tête des aliments préférés, avec un score autour de 80 %, les cerises, les fraises et les framboises puis le chocolat, les frites, les glaces, le poulet, le yaourt, les pâtes... La viande rouge, entre le riz et les pommes de terre, est encore appréciée par près de 70 % des enfants, tandis que les petits pois et les concombres voisinent avec le lait froid, vers 50 %. Les plus forts rejets culminent à 50 %. C'est la « peau du lait » qui obtient le plus mauvais score, puis la cervelle, l'olive noire, le poivre, l'ail et l'oignon. Les légumes n'ont pas meilleure presse que chez les jeunes Américains : le céleri, les tomates cuites, les épinards, le chou-fleur et le chou sont refusés par 15 à 25 % des enfants. Le gras de la viande et du jambon est si souvent rejeté que les auteurs de l'enquête se demandent si ces substances ne devraient pas être placées dans la catégorie des « non-aliments ».

14. Laing (2003).
15. Cain *et al.* (1995).
16. Koelega (1994).
17. Fischler et Chiva (1986).

L'âge est, avec le genre, une variable importante de la diversité des choix. Certains aliments deviennent mieux acceptés quand les enfants grandissent. C'est le cas des produits d'assaisonnement (vinaigrette, moutarde, ail, oignon, poivre) pour lesquels les réponses des plus jeunes se distinguent nettement de celles des plus âgés, encore que l'on puisse trouver des bambins friands de cornichons. D'une façon générale les choix les plus tranchés sont ceux des enfants de la classe des 4-7 ans.

Il est encore bien difficile de faire la part des influences diverses qui s'exercent sur les préférences des enfants. Certaines d'entre elles peuvent être très précoces, ainsi que nous l'avons déjà observé. D'autres sont fournies par les pairs, les autres enfants. Les habitudes alimentaires des adultes offrent également des modèles auxquels les « grands » ne sont pas insensibles. Ainsi, l'acceptation des ingrédients d'assaisonnement peut relever d'une recherche de statut d'adulte chez les garçons ; les filles pourraient être moins sensibles à cette influence ou suivre d'autres modèles.

Une caractéristique des préférences alimentaires des enfants qui n'apparaît pas nécessairement dans les enquêtes est leur relative plasticité. Des expériences bien contrôlées[18] permettent de l'observer et d'en saisir certains mécanismes. On a offert à des enfants, pendant plusieurs semaines, au goûter, deux boissons de flaveurs différentes : l'une avait un goût d'orange chocolatée et l'autre un goût de chewing-gum. Ces deux boissons aux flaveurs inhabituelles ont été l'une et l'autre spontanément bien acceptées. Elles différaient toutefois sensiblement quant à leur teneur en glucides, donc en valeur énergétique, car l'une contenait 3 kcal par verre, l'autre 155. Les enfants ont été répartis en deux groupes. Pour un groupe, la boisson au goût d'orange avait la plus basse teneur en calories et la boisson au goût de chewing-gum la teneur la plus élevée. Pour l'autre groupe, flaveurs et contenus énergétiques étaient permutés. Après quelques semaines pendant lesquelles les enfants reçurent séparément les deux boissons on s'aperçut qu'ils avaient acquis une préférence pour la boisson la plus riche en énergie, quelle que fût sa flaveur.

---

18. Birch *et al.* (1990).

Dans une expérience similaire[19] des enfants de 2 à 5 ans ont reçu des yaourts différemment enrichis en lipides : le plus riche des yaourts a rapidement bénéficié de la préférence des petits consommateurs. Dans cette expérience, comme dans la précédente, les enfants ont réalisé un apprentissage associatif, un apprentissage qui a associé la flaveur des aliments à leur valeur nutritionnelle.

Des préférences spontanées fondées sur les propriétés sensorielles peuvent être modifiées par une autre forme d'apprentissage qui est la *familiarisation* par simple exposition. Ainsi, des enfants qui choisissent spontanément la version sucrée d'un aliment nouveau (tofu) présenté sous forme sucrée, salée ou neutre peuvent en venir à préférer la version salée lorsqu'ils ont eu l'occasion de bien se familiariser avec elle. Dans ce cas la simple familiarisation a créé la préférence.

La formation des préférences a été étudiée sur des modèles animaux, le plus souvent des rats. Ces études de laboratoire présentent des similitudes avec certaines des expériences comportementales réalisées sur les humains. Elles ont l'avantage de permettre un accès plus direct aux explications causales en termes biologiques, lorsque ce niveau d'analyse est pertinent. Nous examinerons d'abord un type extrême de préférences déterminées par la physiologie, les préférences induites par des carences manifestes.

## *Quand les carences orientent les préférences*

Il y a deux façons de concevoir l'établissement des préférences : une façon positive et une façon négative. La façon positive, c'est l'attrait pour une nourriture dont la consommation s'est révélée bénéfique lors des expériences alimentaires antérieures. La façon négative, c'est de choisir une nourriture parce qu'elle ne déclenche pas la même répulsion qu'une autre dont l'ingestion antérieure a eu des conséquences néfastes. Toutefois, choix et rejet ne sont pas symétriques. Le refus occasionnel d'un aliment sain et nutritif est moins dangereux que l'acceptation unique d'une nourriture toxique. On

19. Johnson *et al.* (1991).

pourrait donc concevoir que la sélection des aliments se fasse en quelque sorte par défaut, au sens où seraient acceptables et donc préférés les aliments qui n'ont pas fait l'objet d'un apprentissage de rejet. En réalité, il a été montré que les deux processus existent, même si l'on a moins étudié les apprentissages appétitifs que les apprentissages aversifs.

Le premier exemple connu de préférence induite à la suite d'une carence a fait l'objet de nombreuses études depuis sa découverte par le physiologiste Richter dans les années 1930. Il s'agit de la préférence sélective innée pour le sel, ou natriophilie, manifestée par les animaux qui sont privés de chlorure de sodium[20]. La natriophilie a pour agents deux hormones, l'aldostérone et l'angiotensine II. Richter avait observé que des rats ayant subi l'ablation des glandes surrénales (productrices de l'aldostérone) étaient victimes d'une fuite importante de sodium dans l'urine et mouraient en quelques jours. Ils survivaient s'ils avaient accès à des sources de sel pour lequel ils montraient alors un appétit très accru.

Alors que la préférence pour le chlorure de sodium se présente comme une réponse innée à la privation de sel, parce qu'elle ne suppose aucun apprentissage préalable, un autre exemple de préférence, connu de longue date[21], fait bien intervenir un apprentissage : il s'agit de l'appétit spécifique pour une vitamine de la classe des vitamines B, la *thiamine*. Chez des rats carencés par un régime sans vitamine, la préférence apparaît lorsqu'on leur donne le choix entre deux boissons, l'une contenant la vitamine et l'autre non. Les rats choisissent la boisson enrichie en thiamine sur la base des effets bénéfiques de sa consommation sur leur organisme. Il s'agit bien d'un apprentissage puisque les animaux ne peuvent pas détecter la vitamine elle-même ; ils la repèrent par le goût de la boisson qui la contient et le goût est progressivement associé aux effets positifs de la vitamine retrouvée. Toutefois, il reste possible que les rats fassent le choix de la boisson vitaminée par défaut, en formant une aversion pour la nourriture carencée. En réalité, il semble bien que les deux mécanismes, évitement des nourritures carencées et préférence active pour la

20. Richter (1936).
21. Harris *et al.* (1933).

nourriture vitaminée, agissent de concert. Il en va de même pour les carences en certains acides aminés essentiels – ceux que l'organisme ne synthétise pas et qui doivent être trouvés dans la nourriture. La formation de préférences positives pour la nourriture enrichie en acide aminé est attestée.

## *Des apprentissages appétitifs*

Au cours des années 1960, les recherches sur l'apprentissage alimentaire étaient principalement orientées vers l'étude des aversions conditionnées qui avait été stimulée par les découvertes de Garcia et coll., dont nous parlerons au paragraphe suivant. L'idée qu'il existait aussi des préférences conditionnées s'appuyait sur les études des carences alimentaires sélectives que nous venons d'évoquer. S'ajoutaient également des observations sur la formation de préférences pour le goût des aliments consommés pendant la période de convalescence qui suit une intoxication. Le régime alimentaire est alors associé au sentiment de mieux-être qui accompagne le rétablissement et il devient préféré. Il fallut cependant attendre les années 1970 pour que soit fermement établie l'existence d'apprentissages positifs fondés sur la valeur nutritionnelle des aliments.

L'étude physiologique des préférences acquises[22] repose sur l'entraînement de rats à consommer des nourritures de contenus énergétiques différents, les unes nourrissantes, les autres moins. Ces nourritures sont marquées par des flaveurs distinctives. Pendant l'entraînement, les deux types de nourritures sont délivrés au cours de séances séparées afin que les conséquences de l'ingestion puissent être associées sans ambiguïté aux goûts des aliments. Lors de la vérification de l'apprentissage, deux aliments sont offerts au choix. L'un est marqué par la flaveur associée à un riche contenu en énergie, l'autre par la flaveur associée à un contenu plus pauvre. Ils diffèrent donc au plan sensoriel mais, pour le test, il est fait en sorte qu'ils soient de valeur nutritive identique : tous les deux sont formés du

22. Une importante contribution à l'étude des préférences acquises est due à l'équipe d'Anthony Sclafani aux États-Unis (Sclafani, 1995).

même mélange de nutriments très énergétiques et peu énergétiques. Le résultat principal est que, lors de ce test, les rats consomment de préférence l'aliment dont la flaveur a été apprise comme indice d'aliment riche lors de l'entraînement. Les rats ont donc acquis une préférence pour cette flaveur.

Le protocole expérimental comporte plusieurs variantes dont une est particulièrement habile : elle consiste à dissocier ce qui est ingéré par voie buccale de ce qui est effectivement reçu dans le tube digestif. L'animal est muni d'une canule œsophagienne par laquelle les aliments s'échappent au fur et à mesure de leur ingestion. Le dispositif permet de comparer les effets de l'alimentation vraie à ceux de l'alimentation simulée. Grâce à une opération préalable et la pose de tubes adéquats, les rats qui ingèrent un aliment en reçoivent en réalité un autre dans l'estomac ou l'intestin. Le conditionnement ainsi acquis est robuste et durable. La préférence pour la flaveur se maintient pendant plusieurs semaines, même si le nutriment riche n'est plus injecté dans l'estomac.

La méthode permet aussi une dissociation temporelle. Si on retarde l'arrivée du nutriment dans l'estomac par rapport au début de la prise orale, le conditionnement reste possible. De fait, dans l'alimentation normale, il s'écoule un délai plus ou moins long entre l'expérience sensorielle orale de l'aliment et les conséquences internes de son ingestion. En revanche, l'ordre inverse, l'estomac d'abord et la bouche ensuite, n'est efficace que si le délai ne dépasse pas quelques minutes. Que l'apprentissage ait cette exigence de chronologie doit être rapproché de l'ordre naturel de progression des aliments.

Pour associer le goût de l'aliment et les conséquences de son ingestion, il faut que le cerveau reçoive non seulement les informations sensorielles mais aussi d'autres informations sur le contenu ingéré et ses premières transformations. Quels signaux internes résultant de l'apport de nutriments dans le tube digestif conditionnent les préférences ? Les détecteurs dont nous avons déjà parlé (chapitre VIII) sont certainement mis en jeu car la section de la branche du nerf vague qui innerve le tube digestif et transmet au cerveau des informations sur son état supprime le conditionnement quand les nutriments sont introduits directement dans l'estomac. Cependant, lorsque les nutriments sont acheminés directement au-delà de l'estomac, dans le duodénum, le conditionnement se produit encore. Tous les récepteurs ne sont donc pas dans l'estomac. Le foie a aussi été envisagé parce que l'introduction de nutriments dans la veine porte hépatique est plus efficace que l'introduction dans d'autres veines.

Autre question : sur quelles propriétés des nutriments le conditionnement est-il fondé ? Les substances fournissent-elles des « signaux d'énergie », communs à plusieurs nutriments de nature chimique différente, ou leur identité est-elle individuellement détectée ? Un argument contre la première hypothèse est qu'elle n'explique pas comment les animaux peuvent distinguer entre plusieurs nutriments et former des préférences sélectives. Et pourtant, ils le font. Les rats peuvent apprendre à associer une flaveur avec l'introduction de glucides dans l'estomac et une autre flaveur avec l'introduction de protéines. Si on leur donne des protéines au début du repas, ils choisissent ensuite la flaveur associée aux glucides pour terminer ce repas ; inversement ils terminent le repas avec un aliment marqué par la flaveur protéine si la charge initiale a été glucidique. Puisque le tube digestif est abondamment pourvu de récepteurs, il est concevable que l'apprentissage des préférences implique plusieurs types de signaux internes, certains spécifiques des nutriments et d'autres seulement sensibles à leur contenu en énergie.

Des expériences récentes[23] tendent à prouver que les signaux recueillis par le tube digestif peuvent être utilisés pour déterminer la catégorie de nutriments ingérés. Les auteurs de ces expériences ont combiné deux méthodes : celle de Sclafani pour étudier les préférences conditionnées et celle de Garcia, dont il sera question bientôt, pour étudier les aversions conditionnées. Ils sont parvenus à montrer que des rats qui avaient reçu directement dans l'estomac l'injection d'une solution de glucides (maltodextrines) ou de lipides (huile de maïs), puis avaient été rendus malades par injection de chlorure de lithium, montraient une aversion spécifique pour celui des nutriments qui avait été associé aux malaises quand, par la suite, il leur était présenté pour la première fois par la voie buccale normale. Jamais perçu auparavant par les voies olfactive et gustative, le nutri-

23. Tracy *et al.* (2004).

ment était pourtant « reconnu ». L'article qui relate ces expériences est intitulé : « Le tractus gastro-intestinal *goûte* les nutriments. »

Dans les expériences dont nous avons fait état, les préférences trouvaient leur origine dans des processus physiologiques. Il existe d'autres mécanismes d'acquisition des préférences qui sont de nature sociale. Ils sont importants chez les humains mais peuvent être aussi mis en évidence chez des animaux. Les rats peuvent acquérir des préférences alimentaires au cours de leurs interactions avec des congénères[24]. Ainsi, les jeunes préfèrent la nourriture mangée par leur mère. Cette préférence est fondée en partie sur les flaveurs transmises par le lait maternel comme l'ont montré Le Magnen et Tallon[25] en administrant aux mères des injections journalières de citral. Les jeunes rats consomment davantage si un adulte est proche du récipient dans lequel ils se nourrissent, même si cet adulte est anesthésié. Les interactions sociales peuvent influencer les préférences alimentaires ultérieures des rats. Quand on leur offre le choix entre deux nouveaux régimes odorisés, les rats naïfs préfèrent le régime dont vient de se nourrir un congénère avec lequel ils ont eu au préalable des interactions, en absence de nourriture[26]. La préférence induite socialement n'est pas éphémère ; elle peut persister pendant plusieurs semaines.

## *Comment ne pas s'empoisonner*

Venons-en aux mécanismes de l'aversion et du rejet. L'analyse en revient aux travaux de John Garcia et de ses collaborateurs dans les années 1960[27]. Pour l'essentiel, l'apprentissage aversif, qui est clairement une défense contre l'empoisonnement, résulte de l'association des caractéristiques sensorielles d'un aliment consommé et des conséquences négatives de l'ingestion de cet aliment. Cet apprentissage ou *conditionnement* a des caractéristiques très particulières qui

24. Galef et Wigmore (1983).
25. Le Magnen et Tallon (1968).
26. Galef et Wigmore (*op. cit.*).
27. Garcia *et al.* (1966 ; 1974).

le distinguent d'un autre type de conditionnement, le conditionnement pavlovien. Il peut, en effet, être réalisé en un seul essai, c'est-à-dire à la suite d'un seul appariement du stimulus dit *conditionnel*, les propriétés sensorielles de l'aliment, et du stimulus dit *inconditionnel*, les douleurs digestives et les nausées résultant d'un début d'intoxication. De plus, ce conditionnement autorise un long délai séparant le stimulus conditionnel et le stimulus inconditionnel. Enfin, il est très durable.

Réalisées chez des rats, les expériences consistaient à offrir aux animaux une solution de saccharine à la place de l'eau pure qu'ils consommaient habituellement. Chez le rat, le premier contact avec une nourriture ou une boisson nouvelle met en œuvre une attitude de néophobie. L'animal se montre prudent, même si la substance doit se révéler palatable à l'usage. Quelques minutes ou dizaines de minutes après qu'ils avaient consommé un peu de cette boisson, les rats de Garcia recevaient l'injection d'une substance (par exemple de l'*apomorphine*) qui les rendait malades. Les animaux ne reliaient pas leurs malaises à leur vraie cause, l'injection, ni à d'autres propriétés éventuelles de l'eau, comme sa couleur, ni aux particularités de l'environnement. Ils les rattachaient à la saveur de l'eau saccharinée et refusaient ultérieurement de renouveler l'expérience malheureuse. Ils avaient acquis une aversion conditionnée pour l'eau saccharinée.

Ce qui est particulièrement original dans cette sorte d'apprentissage, c'est le long délai qui peut s'écouler, plusieurs heures dans certains cas, entre la perception des signaux sensoriels provenant de la substance consommée et le début des malaises viscéraux. Pour le comprendre, il faut supposer qu'à chaque fois qu'un organisme mange ou boit, son cerveau met en mémoire les signaux sensoriels reçus pendant la consommation, en prévision de les confronter, le cas échéant, avec des troubles qui pourraient survenir ensuite dans la sphère digestive. Bien entendu, les circuits neuraux qui réalisent ces opérations opèrent sans aucune intervention de la conscience. Le chapitre X nous a familiarisés avec cette idée que les signaux sensoriels agissent essentiellement en activant des mémoires.

La recherche du site cérébral où l'information est provisoirement stockée en attendant que se manifestent les conséquences du repas s'oriente vers la région latérale de l'hypothalamus[28]. En effet, après une lésion de cette aire, l'apprentissage aversif échoue si un long délai sépare l'exposition sensorielle à l'aliment des conséquences de l'ingestion, alors que l'aversion est bien apprise si ce délai est court (inférieur à 30 minutes). La même région hypothalamique semble jouer un rôle analogue de maintien du souvenir des saveurs dans le cas du conditionnement positif, appétitif, de long délai.

Tous les stimuli émis par l'aliment ne sont pas susceptibles, au même titre, de faire l'objet d'un apprentissage aversif. C'est une prérogative de la modalité gustative. Cependant, les signaux d'autres modalités, particulièrement les odeurs, entrent dans le processus de conditionnement quand ils sont associés aux stimuli gustatifs. Si, dans l'expérience décrite plus haut, la solution de saccharine avait été en outre aromatisée, l'odeur serait devenue également aversive et aurait occasionné le rejet d'une eau ainsi parfumée, même sans la saveur de la saccharine. C'est ce que l'on appelle le conditionnement à la *flaveur*. Par ailleurs, toute douleur consécutive à la prise d'un repas n'est pas susceptible de donner naissance à un conditionnement aversif. Une douleur somatique provenant de la peau ou d'un muscle n'a pas cet effet. Il est essentiel que les malaises soient d'origine intéroceptive, qu'ils prennent naissance dans les viscères.

Les signaux correspondant aux douleurs viscérales sont sans doute détectés et transmis par les fibres nerveuses, comme celles du nerf vague qui innervent les viscères et rejoignent des noyaux du tronc cérébral, le noyau du tractus solitaire notamment. Notons également que des substances toxiques qui passent dans la circulation sanguine peuvent être détectées par les neurones d'une région de ce même tronc cérébral, l'*area postrema*. La destruction de cette aire fait que les rats lésés se comportent comme les animaux témoins n'ayant reçu qu'une injection inoffensive de sérum physiologique : ils ne présentent pas l'apprentissage aversif.

L'Évolution a donc élaboré un moyen particulièrement efficace de détourner les organismes de l'ingestion de substances dangereu-

---

28. Touzani et Sclafani (2002).

ses. Les humains disposent de ce moyen qui se manifeste dans le dégoût et la nausée que l'on éprouve durablement pour certains aliments qui ont été consommés avant une indigestion ou un début d'intoxication. Il n'est pas assuré, cependant, qu'un tel apprentissage soit à l'origine de tous les refus de consommation car tous les aliments qui ne nous plaisent pas ne déclenchent pas nécessairement le dégoût. Il se peut aussi que des apprentissages moins violents que celui que nous venons de décrire soient en œuvre sans que l'organisme dans lequel ils se déroulent en ait la moindre conscience, comme c'est le cas dans les apprentissages positifs, créateurs de préférence, dont nous avons parlé plus haut.

Paul Rozin et ses collaborateurs ont montré que le rejet de certaines nourritures faisait appel, selon les cas, à l'une ou l'autre de quatre catégories psychologiques. Le « goût mauvais » est basé sur des caractéristiques sensorielles, parmi lesquelles la saveur vient en premier. La catégorie du « danger » est fondée sur l'appréhension d'une menace pour la santé. Le « dégoût » représente une forme d'aversion plus chargée affectivement que les précédentes. Enfin une dernière catégorie est le refus de consommer des substances qui n'ont pas les caractères d'une nourriture, qui sont « inappropriées » à la consommation.

Le dégoût a des propriétés particulières[29] : il est inspiré non seulement par des substances effectivement perçues par les sens mais également par leur seule évocation. De plus, les substances qui provoquent le dégoût ont pour autre caractéristique d'être des *contaminants*, c'est-à-dire de provoquer le rejet d'une nourriture du seul fait qu'ils sont présents à l'état de trace dans cette nourriture ou ont pu simplement être en contact avec elle. Il n'est pas nécessaire que les sujets aient formé un conditionnement aversif à la suite d'une expérience alimentaire malheureuse pour éprouver du dégoût pour les matières fécales et, dans nos sociétés, pour les insectes et les vers. La seule pensée de consommer une nourriture qui a été souillée par ces « contaminants » suffit à déclencher une forte émotion. Et le dégoût fait partie des émotions que l'on qualifie de fondamentales. Pour certains des dégoûts l'influence culturelle est évidente, mais il en est qui

29. Rozin *et al.* (1993).

sont plus largement partagés que d'autres ; l'attitude négative à l'égard des matières fécales paraît très générale.

Toutes les catégories psychologiques du rejet ne sont pas présentes chez les enfants comme cela a été observé[30] dans la tranche d'âge de 3 ans et demi à 12 ans. Elles apparaissent progressivement. Le refus de nourriture pour « mauvais goût » se manifeste en premier. Vient ensuite le rejet pour raison de danger. Les plus jeunes semblent d'ailleurs penser qu'une substance qui n'est pas bonne pour eux a mauvais goût. Bien que le rejet des substances qui inspirent le dégoût des adultes et des enfants plus âgés soit effectif chez les plus jeunes, la peur de la contamination par des traces ou par association est absente. Il suffit de retirer le contaminant : s'il n'est plus visible, la nourriture redevient acceptable.

À partir d'un fond de prédisposition génétique, sur lequel se greffent les acquis de l'expérience des aliments et de leurs qualités sensorielles, en liaison souvent étroite avec la physiologie digestive et en tenant compte, pour le meilleur et pour le pire, d'influences sociales multiples, les humains se constituent un système individuel de préférences et d'aversions alimentaires. Le bon équilibre nutritionnel dépend en partie de ce système de choix et de refus. C'est de l'échec possible de cet équilibre et de ses causes qu'il sera question dans le chapitre qui suit.

30. Fallon *et al.* (1984), cité par Rozin (1998).

Chapitre XII

# QU'EST-CE QUI NE VA PAS ?

*Le fait est que la seule physiologie ne parvient pas à réguler les réserves adipeuses d'une population qui mange trop et ne se dépense pas assez. Sans doute parce que la situation alimentaire, situation de pléthore, est radicalement nouvelle pour notre espèce avec son bagage génétique plus adapté à combattre la pénurie qu'à affronter l'abondance. Et la recherche peine à identifier un coupable incontestable parmi les nutriments.*

## *Où est le problème ?*

Le long du parcours qui nous a conduits des sens chimiques aux déterminants affectifs de la prise de nourriture et aux préférences alimentaires en passant par la physiologie du besoin et de la motivation, nous avons vu à l'œuvre des processus biologiques et physiologiques qui ont pour fonction d'assurer un bon équilibre qualitatif et quantitatif entre la consommation des aliments et leur utilisation par l'organisme. En bons physiologistes, nous étions spontanément enclins à célébrer la précision et l'efficacité des très nombreux mécanismes qui étaient supposés servir la réalisation de cet équilibre. Il nous faut pourtant reconnaître que nous avons décrit un *Homo sapiens* idéal et ignoré une multitude d'individus de par le monde qui, en ce début du troisième millénaire, sont autant de contre-exemples de l'efficacité des régulations pondérales. Un milliard d'humains seraient désormais en surpoids et trois cents millions franchement obèses si l'on se réfère aux critères généralement acceptés[1]. Bien qu'inégalement répartie sur les continents, et particulièrement inquiétante aux États-Unis, l'anomalie pondérale touche progressivement des pays aux cultures très différentes et aux revenus très inégaux.

Le physiologiste sait bien que les systèmes les mieux régulés se dérèglent ; c'est la maladie, et dans ce cas le médecin prend le relais. Mais, lorsque la norme cesse d'être respectée par un tiers à une moitié de la population, comme c'est le cas aux États-Unis, et bien près de l'être en Europe, la déviance perd son statut de singularité individuelle et pose des questions d'une tout autre ampleur.

Faut-il alors revoir la norme, admettre qu'elle évolue historiquement, étendre ses marges acceptables de variation ? Après tout, les humains sont aussi devenus plus grands, leur taille moyenne n'a fait que croître depuis quelques siècles, sans que l'on sache avec certitude à quoi l'attribuer – à la nourriture sans doute –, mais personne ne songe sérieusement à parler d'une épidémie devant laquelle il faudrait réagir. Il serait peut-être possible de traiter de même le surpoids si la possession d'une large masse adipeuse n'était qu'un caractère isolé et sans autres conséquences qu'esthétiques. La société pourrait être invitée à réviser ses idéaux de minceur, lesquels n'ont pas l'universalité à laquelle on feint de croire, et cesser de culpabiliser les gros. Mais ce serait faire trop peu de cas des pathologies caractérisées associées à l'obésité : les maladies cardio-vasculaires, l'hypertension, le diabète, certains cancers et leurs cortèges de misères. On estime que l'obésité est responsable de 280 000 à 325 000 morts par an dans les seuls États-Unis. Si peu portés que nous soyons à établir

1. Le système de graduation de l'obésité est basé sur la valeur de l'indice de masse corporelle (IMC ; en anglais BMI pour Body Mass Index), lui-même calculé comme le rapport entre le poids (en kilo) et le carré de la taille (en mètre). IMC entre 18 et 20 : sous-poids ; entre 20 et 24,9 : normal ; entre 25 et 29,9 : surpoids ; entre 30 et 40 : obésité ; plus de 40 : obésité sévère.

des frontières étanches entre le normal et le pathologique, il faut nous rendre à l'évidence : nous sommes bien en présence de dérèglements, de dysfonctionnements. Nous sommes en présence d'une défaillance des mécanismes de régulation que nous avions cru voir à l'œuvre dans notre modèle standard de mangeur et d'une défaillance massive de l'adaptation humaine à ses conditions de vie.

Qu'est-ce donc qui ne va pas ou qui ne va plus ? Mangeons-nous trop ? Nos aliments sont-ils inappropriés ? Ne dépensons-nous pas assez d'énergie pour acquérir notre nourriture ou pour résister au froid ? Pourquoi les mécanismes de rassasiement n'avertissent-ils pas plus efficacement le mangeur qu'il a suffisamment consommé ? Pourquoi certains restent-ils minces alors que beaucoup d'autres grossissent ? Notre propos n'est pas de dresser un bilan exhaustif de toutes les causes possibles de l'épidémie de surpoids qui alarme tous les observatoires de la santé. Parce que nous nous intéressons au goût, nous serons surtout attentifs à situer la responsabilité des messages sensoriels et des plaisirs qu'ils évoquent.

Comme nous l'avons laissé entendre au début de ce livre, nous explorerons l'idée que ce n'est évidemment pas l'homme biologique qui a changé. Il n'est pas devenu individuellement plus gourmand, une mutation pernicieuse de ses gènes ne s'est pas répandue en quelques dizaines d'années sur l'ensemble de la planète. Ce qui a changé, pensons-nous, c'est un ensemble de conditions qui, directement ou indirectement, déterminent le rapport des gens à la nourriture. Le fait important est que ces nouvelles conditions se sont installées à l'échelle d'une grande partie de la planète, d'une façon assez soudaine et radicale pour déborder des moyens de régulation et d'adaptation qui atteignent trop souvent leurs limites. Et ces moyens défaillent parce qu'ils ont été élaborés pour optimiser la survie dans un environnement de pénurie, très différent de celui que nous connaissons depuis peu. Mais, avant de caractériser les nouvelles conditions de vie qui défient les adaptations nutritionnelles, essayons de deviner celles qui prévalaient dans les époques reculées, quand se préparait le processus de l'hominisation.

### *Comment se nourrissent nos cousins ?*

Si nous estimons que les humains connaissent actuellement une défaillance de leur adaptation à leur milieu de vie, il peut être intéressant de reconstituer les conditions dans lesquelles cette adaptation s'est établie. Elle n'a pas débuté il y a quelques centaines ou quelques milliers d'années. Il faut remonter beaucoup plus loin, avant même l'apparition de l'ancêtre commun des humains et de certains des grands singes. Pascal Picq et Laurent Lemire[2] écrivent : « Cette dynamique de l'évolution qui s'est mise en place il y a plus de trente millions d'années nous concerne directement... Nos mains manipulatrices d'aliments, notre appétence pour certains d'entre eux, qui passe aussi bien par notre vision que par l'olfaction, notre position assise et notre service de trente-deux dents, en un mot toutes nos manières d'être à table, datent de plus de trente millions d'années. » Ainsi, faute de connaître le milieu dans lequel ont dû vivre les ancêtres directs de l'homme, il est possible d'examiner les habitudes alimentaires des espèces qui partagent une part de l'hérédité humaine, les primates actuels.

Les travaux réalisés sur l'évolution des comportements alimentaires chez les primates nous apprennent que ces comportements sont très variés, presque aussi diversifiés que ceux de l'ensemble des mammifères[3]. Les aliments végétaux dominent dans le menu de nombreuses espèces. L'abondance des feuilles et des jeunes pousses et le coût énergétique assez réduit de leur collecte compensent leur basse densité calorique et, grâce à un tube digestif volumineux, les *folivores* tirent un bon parti de cette nourriture peu dense. À l'opposé, les primates du groupe des *faunivores* se nourrissent surtout de proies animales de petite taille. Un troisième groupe, celui des *frugivores,* est représenté par des espèces qui s'alimentent principalement de la pulpe des fruits et de graines, aliments plus riches en énergie mais qui requièrent davantage de déplacements et dont la collecte est par conséquent énergétiquement plus coûteuse. Mais les proies animales

2. Picq et Lemire (2002).
3. Hladik (2002) ; Hladik et Pasquet (1999 ; 2002).

font aussi partie du régime, de sorte que ce groupe possède des caractères d'*omnivores*. Une cause de variabilité des aliments choisis est naturellement leur disponibilité. La saison des fruits ne dure qu'un temps. Le singe *Presbytis* du Sri Lanka étudié par Marcel Hladik, très majoritairement frugivore de mai à juillet, se nourrit surtout de feuilles en décembre et janvier.

Nous devons attacher une grande importance à une évidence dont tiennent grand compte toutes les approches écologiques de l'adaptation alimentaire, et pas seulement celles qui concernent les primates. La recherche de la nourriture, sa capture ou sa collecte et également sa transformation par l'organisme ont un coût qui n'a rien de négligeable par rapport au gain que représente la consommation. Quand les proies sont rares ou les fruits clairsemés, le chasseur et le cueilleur dépensent parfois plus d'énergie à se déplacer qu'ils n'en retirent de la digestion de leur maigre butin. On s'attend donc à ce que les aliments dont l'acquisition nécessite une forte consommation d'énergie, par exemple de longs déplacements, soient des aliments de grande valeur énergétique, à moins qu'ils ne représentent des nutriments de grande importance qualitative. En effet, la nutrition exige davantage que des calories. De l'énergie et du temps doivent aussi être consacrés à la couverture de besoins qualitatifs. C'est dans cette perspective, la recherche d'acides aminés que l'organisme ne synthétise pas, qu'a été interprété le comportement de cet animal de relativement grande taille qu'est le chimpanzé qui passe beaucoup de temps à la recherche de proies de très petite taille, les fourmis et les termites.

L'écologie des primates nous enseigne aussi qu'il existe des adaptations d'origine sensorielle. Nous avons vu à plusieurs reprises que les humains ont une préférence spontanée pour les sucres solubles tels que le fructose, le glucose et le saccharose, une préférence que les chats et autres félins ne montrent pas pour des raisons génétiques[4]. L'appétence pour les sucres est partagée par tous les groupes de primates. Chez ces derniers, cependant, le seuil de sensibilité au sucré est variable d'une espèce à l'autre, ce qui a fait penser que ce

4. Perte du caractère fonctionnel d'un gène du goût sucré (Li *et al.* 2005). Voir aussi chapitre V.

trait avait une valeur adaptative. De fait, une relation a été trouvée entre le seuil de perception pour le saccharose et le fructose et le format corporel des espèces[5]. Les espèces de grande taille perçoivent mieux les faibles concentrations que les espèces de petite taille. L'hypothèse avancée est que l'abaissement du seuil de perception permet d'élargir la gamme des fruits utilisables en incluant ceux qui n'ont qu'une faible teneur en sucre, ce qui est utile aux espèces de grande taille et l'est moins pour les espèces plus petites qui couvrent plus aisément leurs besoins. L'homme, primate de taille respectable, a de fait une bonne sensibilité au sucré. Les humains sont donc convenablement équipés pour consommer en relativement grande quantité des nourritures faiblement sucrées. Des pommes, par exemple. Ce n'est pas précisément ce qu'ils font quand ils s'approvisionnent en barres chocolatées et autre *junk food* au distributeur le plus proche.

Pour situer l'espèce humaine par rapport aux autres mangeurs primates, il faut tenir compte de la grande diversité des régimes que les humains sont capables d'adopter, du plus carné chez les Inuits, au plus végétarien chez les Hindous. C'est au groupe des frugivores-omnivores qu'il convient de rattacher notre espèce car ce groupe réalise de fait une grande variété de régimes. On peut en trouver la confirmation dans un trait anatomique, la morphologie du tube digestif. La mesure de la surface des muqueuses absorbantes de cet organe en fonction du format corporel place les humains sur la même droite de régression que celle qui caractérise les primates et autres mammifères à régime frugivore. C'est sans doute cette morphologie digestive de type frugivore qui permet à l'espèce humaine de manifester une grande flexibilité d'adaptation à la nature des nourritures disponibles.

Certains auteurs ont insisté sur une contrainte énergétique imposée par l'hominisation et le développement du cerveau. Cet organe, toujours en activité, est un grand consommateur d'énergie puisque son fonctionnement, rapporté à son poids, nécessite jusqu'à 9 fois plus de calories que celui d'autres parties du corps[6]. Certains

5. Simmen et Hladik (1998).

6. Les besoins nutritionnels spécifiques du cerveau humain sont détaillés dans l'ouvrage de Jean-Marie Bourre (1990).

ont même supposé que l'expansion du cerveau avait nécessité la réduction de la taille du tube digestif, lui-même gros consommateur de calories, avec pour conséquence l'obligation, pour les organismes, d'orienter leur régime vers la consommation de nourritures qui ont une haute densité en énergie comme les graisses et les protéines. Hladik et Pasquet doutent pourtant que la morphologie de l'intestin humain ait évolué vers un régime carné car ils n'en trouvent pas la preuve dans leurs mesures.

La possession d'un cerveau gros par rapport au corps et la grande quantité de substances lipidiques que requiert la myélinisation des fibres nerveuses pourraient être à l'origine d'une particularité des nouveau-nés humains, celle de posséder un surplus de graisse par rapport aux autres mammifères. On a montré que l'excès de graisse à la naissance favorisait la croissance du cerveau au cours des deux premières années en apportant la matière première nécessaire au processus de myélinisation. La myéline qui forme une gaine autour des axones de nombreux nerfs est, en effet, de nature lipidique.

## *Où l'on reparle des gènes*

Il peut sembler à première vue que la situation la plus favorable pour une espèce soit celle de l'abondance et de la diversité des produits nutritifs disponibles dans son environnement immédiat. Ce n'est vrai, cependant, que si cette espèce adopte le comportement de consommation qui convient dans cette situation. Il se peut très bien, au contraire, que l'avantage se transforme en handicap si le comportement reste celui qui convenait dans les situations de pénurie. Lorsque l'énergie dépensée pour se nourrir diminue substantiellement, il faut que décroisse parallèlement la propension à consommer, sans quoi le bilan énergétique devient positif et les réserves lipidiques s'accumulent. Qu'elles s'accumulent sur une période courte est évidemment encore un avantage lorsque les conditions écologiques sont celles d'une variation cyclique de l'approvisionnement, en quantité ou en valeur énergétique. Les réserves permettront de compenser le manque à consommer aux périodes de vache maigre. Mais il en va tout autrement si les conditions sont celles de l'abondance soutenue.

Besoins en énergie réduits et nourriture abondante sont des conditions nouvelles, assez éloignées de celles auxquelles l'évolution a préparé notre espèce. Soit. Il reste à comprendre où se situe la défaillance des capacités de régulation pondérale chez ceux qui en souffrent. Cet examen va nous conduire à nous informer sur ce qu'apportent des considérations d'ordre génétique. Il est notoire que certains restent minces sans surveiller particulièrement leurs habitudes alimentaires tandis que d'autres grossissent malgré un souci constant de maintenir leur poids. Les gros mangeurs ne sont pas tous obèses et les petits mangeurs ne sont pas tous minces. Il est évident que nous ne sommes pas égaux devant le risque de surpoids et que notre hérédité individuelle nous prédispose à tomber dans une catégorie plutôt que dans l'autre.

Que l'hérédité soit en cause ne fait pas de doute. Dans quelle proportion intervient-elle par rapport à l'influence des conditions de vie ? Pierre Roubertoux[7] nous ferait sans doute remarquer que cette question est inappropriée dans la mesure où milieu et gènes ne contribuent pas de façon additive au comportement et à ses effets, mais interagissent. Des études ont été menées pour estimer l'héritabilité de l'obésité, c'est-à-dire le pourcentage de la variation de l'indice de masse corporelle (IMC) dans la population qui peut être expliqué par la transmission génétique. L'IMC de vrais jumeaux a été comparé à celui de faux jumeaux, ou encore à l'indice de vrais jumeaux élevés séparément. Ces études ont fourni les niveaux d'héritabilité les plus élevés : les valeurs se situent autour de 70 % ; des études d'adoption ont donné, cependant, des valeurs nettement plus basses, environ 30 %. L'écart, on le voit, est considérable. L'estimation retenue le plus souvent est de 25 à 40 %[8], ce qui laisse une grande place aux effets de l'environnement.

La carte des gènes humains d'obésité ayant été établie, il apparaît que plus de 40 gènes ont une relation probable avec l'obésité[9]. Plus aisés que les études chez les humains, les travaux sur la souris qui possède elle-même de nombreux gènes associés au surpoids ont

7. Roubertoux (2004).
8. Bouchard (1996).
9. Barsh *et al.* (2000).

permis de découvrir que ces gènes commandaient chacun plusieurs caractères et que la tendance à l'obésité n'était qu'un trait phénotypique parmi d'autres. Les données dont nous avons pris connaissance (au chapitre VIII) nous ont familiarisés avec l'idée que le contrôle de la prise alimentaire, pour ne rien dire des processus métaboliques eux-mêmes, repose sur un grand nombre de molécules et de structures qui interviennent dans beaucoup d'autres fonctions que la régulation nutritionnelle. Il n'est donc pas surprenant que la modification d'un gène qui perturbe la synthèse d'un neurotransmetteur ou d'un type de récepteur, ou encore d'une enzyme du métabolisme, retentisse simultanément sur plusieurs processus parmi lesquels certains n'ont aucun rapport avec la nutrition.

Les travaux de génétique sur la souris ont servi de base à la détection de gènes susceptibles d'être mutés chez des sujets humains obèses. C'est ainsi qu'ont été découverts de rares cas de mutation du gène de la leptine, de même que du gène du récepteur de ce signal d'adiposité (chapitre VIII). Du fait même de leur gravité ces mutations sont très peu répandues et ne rendent nullement compte des cas d'obésité, même des plus sévères. Une autre mutation découverte est celle qui affecte la production d'un neuropeptide de l'hypothalamus, la pro-opiomélanocortine (POMC), libéré par l'un des groupes de neurones qui relaient l'effet inhibiteur de la leptine sur la prise alimentaire. Comme la mutation des gènes de la leptine et de son récepteur, celle du gène de la POMC est très peu répandue. Il n'en va pas de même pour des mutations d'un récepteur de neuropeptide, appelé MC4R, que l'on trouve chez près de 5 % des patients très obèses (IMC supérieur à 40). MC4R est un récepteur membranaire qui reçoit les signaux des neurones libérant la POMC. Il existe pourtant des mutations du même récepteur qui n'entraînent pas l'obésité de leurs porteurs.

L'enseignement qui peut être raisonnablement tiré de ce genre d'études est que le statut pondéral des humains dépend de nombreux gènes dont les domaines d'intervention se recouvrent suffisamment pour que des compensations partielles existent lorsque certains d'entre eux sont défaillants. Dans une telle situation, l'influence des facteurs non génétiques s'exerce pour minimiser ou amplifier la traduction phénotypique des effets du génome, c'est-à-dire le statut pondéral de l'individu. Ainsi, de petites différences d'adiposité entre deux souches consanguines de souris sont amplifiées par un régime riche en graisses.

Comme l'expriment G. Barsh et coll.[10] : « [...] La susceptibilité à l'obésité est largement déterminée par des facteurs génétiques mais l'environnement détermine l'expression phénotypique. » Il n'est pas exclu, par conséquent, que des traits de physiologie ou de comportement qui se montrent défavorables à la survie d'un organisme dans un certain environnement se révèlent moins défavorables et peut-être bénéfiques dans un autre. Pourquoi alors ne pas imaginer que la pression de sélection se soit montrée, dans le passé de notre espèce, tolérante à l'égard de gènes dont l'action conduisait à emmagasiner dans l'organisme des réserves nutritives utiles pour franchir des périodes de disette ?

Faut-il placer dans cette perspective le phénomène dit de *résistance à la leptine*, le fait que chez nombre d'obèses, le signal d'adiposité leptine cesse de jouer son rôle de frein de la prise alimentaire alors que l'hormone est présente, et en grande quantité ? Il existe une situation physiologique dans laquelle cette résistance à la leptine est observée, c'est la gestation, précisément quand l'organisme maternel a besoin de constituer des réserves. Les dispositifs qui réagissent normalement à ce signal paraissent avoir perdu leur sensibilité à l'hormone, mais on ne sait pas encore comment. Il en va de même pour cet autre signal qu'est l'insuline à l'égard duquel se manifestent aussi des phénomènes de résistance comme ceux que l'on trouve dans le diabète de type 2, caractérisé par une forte concentration sanguine d'insuline.

## *La transition nutritionnelle*

Plusieurs grandes périodes ont été reconnues dans l'histoire de l'alimentation humaine[11]. Après le très long temps de la cueillette et de la chasse vint l'avènement de l'agriculture et la croissance démo-

10. Barsh *et al.* (*op. cit.*).
11. Popkin (2002) ; Scalbert (2003).

graphique qui fut aussi l'époque des famines. Cette ère prit fin, pour l'Europe, avec la grande famine qui sévit en Irlande il y a à peine plus de 150 ans. Ce fut ensuite une époque de moindre disette avec la révolution industrielle et l'augmentation de la productivité agricole dans les sociétés industrialisées. Nous atteignons maintenant l'ère des « maladies de civilisation » et de la prise de conscience des conséquences de notre alimentation sur la santé, l'ère dite de la *transition nutritionnelle.*

Il est entendu que deux facteurs majeurs sont en jeu dans le développement massif de l'obésité : la plus grande disponibilité d'une nourriture riche en énergie et la réduction de l'effort physique que les individus doivent réaliser pour l'obtenir. Le premier facteur inclut l'augmentation des apports énergétiques dans l'alimentation, une modification considérable de la répartition de ces apports entre lipides, glucides et protéines et la diversification des aliments offerts à la consommation. Cet état de choses résulte largement du développement de l'agriculture et du transport des denrées, ainsi que de l'expansion des industries agroalimentaires qui permettent à un nombre croissant d'individus de disposer régulièrement d'une nourriture riche en énergie à un coût abordable dès que le niveau de vie s'accroît. Le second facteur englobe les changements des modes de vie qui entraînent la diminution des dépenses énergétiques : réduction du travail physique du fait de la mécanisation, réduction des déplacements pédestres, réduction du temps consacré à la préparation de la nourriture...

## *Trop de sucres ou trop de graisses au menu ?*

Puisque la consommation alimentaire est basée sur trois classes de macronutriments, glucides, protéines et lipides, il est utile de savoir si l'une de ces classes a une responsabilité particulière dans le surpoids. Qu'en est-il pour les glucides ? Les études épidémiologiques indiquent que la consommation préférentielle de glucides est plutôt associée à la minceur qu'à l'obésité. D'autres travaux comportant la mesure de l'appétence pour des solutions sucrées n'ont pas trouvé de relation systématique entre les préférences pour le sucré et le poids du corps, ce qui paraît indiquer que l'on ne devient pas obèse simplement parce que l'on aime les aliments sucrés ou parce que l'on a une sensibilité supérieure au goût sucré. On a pu dire du saccharose, ce sucre aux propriétés hédoniques particulièrement marquées, qu'il occupait une place à part parmi les glucides parce que le plaisir qu'il procure déborde les mécanismes régulateurs de la prise d'aliment normalement mis en jeu par les autres glucides. Les preuves manquent pourtant pour lui conférer ce statut particulier[12].

Il est possible, toutefois, que sujets obèses et sujets de poids normal diffèrent sur un autre terrain qui est celui de la sensibilité aux signaux d'une forme particulière de satiété que l'on dit sensoriellement spécifique[13]. Cette satiété n'implique pas le refus de toute consommation mais s'exerce plus particulièrement vis-à-vis des propriétés sensorielles des aliments qui viennent d'être consommés. La réduction de la valeur hédonique des aliments après leur consommation, phénomène dénommé *alliesthésie*[14], a ainsi une composante spécifique. Les obèses seraient moins sensibles que les sujets minces à la satiété sensori-spécifique. Alors qu'un sujet normal cesse de désirer manger un aliment dont il vient d'ingérer une certaine quantité, un obèse poursuit plus longtemps l'ingestion du même aliment. Le volume moyen du repas des sujets obèses pourrait donc être plus grand que celui des sujets de poids normal parce que le déclin du désir de manger se fait plus lentement chez les premiers. Il subsiste cependant un point de désaccord entre les spécialistes sur la question de savoir si la réduction du désir de manger se confond ou non avec la réduction du plaisir sensoriel[15].

Pour ce qui concerne les protéines, elles ne paraissent pas contribuer massivement au surpoids. Il est vrai que leur association avec les corps gras est particulièrement prisée par les obèses masculins, alors que chez les femmes obèses, l'association préférée est celle des graisses et des sucres. Il faut aussi signaler qu'un régime riche en

12. Anderson (1995).
13. Rolls *et al.* (1981).
14. Cabanac (1971).
15. Mela et Rogers (1998).

protéines donné au jeune enfant pourrait augmenter le risque d'obésité[16].

Le consommateur est-il plus menacé lorsque sa ration contient beaucoup de lipides que lorsqu'elle contient surtout des glucides ? Si seul comptait le contenu calorique, la réponse serait évidente : les lipides étant plus de deux fois plus énergétiques que les glucides, à poids égal ingéré, la consommation de corps gras est plus susceptible que la consommation de glucide de créer une surcharge calorique. Toutefois, on s'en doute, le problème n'est pas de simple arithmétique. Les mécanismes de contrôle de la prise alimentaire peuvent s'exercer plus sévèrement sur une catégorie de nutriments que sur l'autre par l'entremise des mécanismes du rassasiement.

La prise d'énergie sous forme de graisses est considérée comme excessive dans de nombreux pays. Par exemple, la prise moyenne pour les hommes au Royaume-Uni était de 102 g par jour en 1995, soit 40,3 % de l'énergie prise. Elle était de 73,8 g par jour pour les femmes, soit 40,4 %[17]. Rappelons que le pourcentage qu'il est conseillé de ne pas dépasser est 30 %. Certaines enquêtes concluent que l'obésité est plus fréquente chez les consommateurs d'aliments riches en lipides que chez les consommateurs d'aliments qui en sont pauvres mais les causes d'erreur sont suffisamment nombreuses pour recommander la prudence dans les conclusions. Il est aisé de faire remarquer qu'aux États-Unis l'obésité a augmenté de façon massive au cours des 30 dernières années, alors que le pourcentage de l'énergie consommée sous forme de graisse ne cessait de décliner depuis le début des années 1970.

Une question qui fait l'objet de débats est celle de savoir si les régimes riches en lipides conduisent à une prise élevée d'énergie en raison d'une appétence particulière des mangeurs pour les lipides – ce que l'on appelle *surconsommation active* – ou parce que les lipides sont riches en énergie et ont un faible pouvoir rassasiant au cours du repas, calorie pour calorie, par rapport à celui des glucides et surtout des protéines – *surconsommation passive.* Cette hyperphagie pour des aliments riches en graisse a des conséquences

---

16. Rolland-Cachera *et al.* (1995).
17. Blundell *et al.* (1995).

d'autant plus grandes sur le poids que les réponses physiologiques à l'ingestion de graisses paraissent faibles au regard des propriétés sensorielles des corps gras, propriétés puissantes – encore que mal identifiées – qui incitent à les consommer. En effet, le taux d'oxydation des graisses est peu lié à la quantité ingérée, comme si l'organisme ne mettait pas une forte priorité à équilibrer l'utilisation et la consommation de ces macronutriments. La sélection du carburant métabolique est surtout dominée par le besoin de maintenir un équilibre des glucides pour lesquels les capacités de réserves sont limitées, environ cent fois plus faibles que celles des lipides.

Le contrôle de l'appétit chez les gros mangeurs de graisse et chez les petits mangeurs est assez différent pour que certains[18] considèrent qu'ils forment deux types distincts de consommateurs. Les gros consommateurs mangent un poids constant de nourriture, comme s'ils n'étaient sensibles qu'à la distension de leur estomac, et donc surconsomment passivement, tandis que cet effet est faible chez les petits consommateurs qui absorbent plutôt une quantité constante d'énergie. Les premiers ne pourraient pas distinguer entre des aliments riches en lipides et des aliments plus pauvres, en raison d'un manque de sensibilité chimique à l'égard des corps gras, tandis que les petits consommateurs auraient cette sensibilité. Cependant, même avec un régime riche en lipides, le développement de l'obésité n'est pas inévitable.

De même, il ne va pas de soi que les régimes riches en graisse soient la cause primaire de la forte prévalence du surpoids chez nos contemporains. Par exemple, dans des études au cours desquelles des sujets en surpoids ont été soumis pendant quelques jours à un régime contenant un pourcentage de lipides faible, la réduction du poids attendue est bien observée, mais elle est modeste. Au cours d'expériences portant sur une durée plus longue, de l'ordre de l'année, le contenu en graisse du corps devient largement indépendant du pourcentage des lipides dans le régime, et ceci dans une gamme étendue allant de 18 à 40 %[19]. En résumé, il apparaît que le surpoids et l'obésité dépendent surtout d'un excès de prise d'énergie par rapport à la

18. Cooling et Blundell (1998).
19. Willett (1998).

dépense et qu'il n'y a pas de raison sérieuse de jeter l'anathème sur les lipides en tant que tels, au moins pour ce qui concerne la charge pondérale.

En termes de maladies cardio-vasculaires les lipides ont mauvaise presse, mais l'adiposité de nos compatriotes bénéficie, comme la presse s'en est largement fait l'écho, du *French paradox* : les Français ont un taux de mortalité par accidents cardio-vasculaires nettement inférieur à celui des Américains, alors que nos compatriotes consomment une nourriture plus riche en lipides totaux et en lipides saturés, et ont un niveau de cholestérol en moyenne plus élevé. Il faut dire que leur IMC moyen est aussi plus faible que celui des Américains. Au moins cinq facteurs, parmi lesquels une plus grande consommation de vin en France, ont été invoqués pour expliquer cette bienheureuse anomalie. Une étude franco-américaine récente[20], très simple dans son principe, propose une nouvelle interprétation. L'enquête écologique de Paul Rozin et de ses collègues aboutit à la constatation que les portions individuelles de nourriture proposées dans les restaurants, dans les McDonald's et les supermarchés, et jusqu'aux quantités préconisées dans les livres de recettes de cuisine, sont significativement plus grandes aux États-Unis qu'en France. Il est donc possible qu'en raison de leurs habitudes culturelles, les Américains mangent tout simplement plus que les Français et sont davantage en surpoids. Si l'on veut bien admettre que le risque d'accident cardio-vasculaire spécifiquement lié à la consommation de graisse a été quelque peu surévalué[21], le *French paradox* trouverait une explication.

## *L'obésité des pauvres ou de la difficulté économique à se bien nourrir*

Nous avons jusqu'à maintenant adopté un point de vue principalement biologique sur la consommation alimentaire, sans insister sur ses dimensions sociales et culturelles pourtant très importantes

20. Rozin *et al.* (2003).
21. Taubes (2001).

comme l'étude de Rozin *et al.* le fait percevoir. Il est impossible de ne pas prendre en compte d'autres facteurs, non biologiques, qui se révèlent impliqués de façon majeure dans la prévalence de l'obésité. Il s'agit des conditions socio-économiques. Leur influence sur le statut pondéral des individus est maintenant bien connue. Dans les pays en voie de développement, une relation forte existe entre le statut socio-économique et l'obésité. Cette relation est positive : plus élevé est le statut, plus fréquente est l'obésité. Mais il en va autrement dans les sociétés globalement plus riches. Dans les pays développés, c'est de façon négative que le niveau socio-économique est relié au surpoids : plus bas est le niveau social, plus fréquente est l'obésité, particulièrement chez les femmes. Aux États-Unis, ce sont les femmes et les « non-Blancs » qui sont particulièrement touchés[22].

On relève aisément que, par rapport aux populations de plus fort niveau socio-économique, les populations défavorisées des pays industrialisés ont une alimentation de qualité nutritionnelle plus médiocre caractérisée par la dominance de céréales raffinées et de produits gras ou simultanément gras et sucrés. La consommation des fruits, du poisson et des légumes est notoirement insuffisante si on la compare aux recommandations du Programme national nutrition-santé[23]. Avant d'imputer cet état de fait à une éducation alimentaire insuffisante ou inexistante – même si l'éducation est effectivement en cause – il n'est pas inutile d'envisager la question économique elle-même.

Des chercheurs[24] se sont demandé s'il existait une relation de cause à effet entre le montant du budget alimentaire d'un individu et la composition de son alimentation. Peut-on, à budget constant, et dûment pénétré des principes du bien-manger, remplacer une nourriture fortement énergétique mais peu équilibrée par une nourriture plus diversifiée et plus satisfaisante au plan nutritionnel ? On le peut, en effet, mais l'éducation a des limites. Elle ne peut conduire à des

22. Solomon et Manson (1997).
23. Une brochure intitulée « La santé vient en mangeant – Le guide alimentaire pour tous » a été élaborée sous l'égide du Programme national nutrition-santé et largement distribuée.
24. Darmon et Briend (2003).

choix alimentaires satisfaisants que si les contraintes budgétaires sont modérées. C'est qu'en termes de rapport coût/énergie les différentes composantes de notre alimentation sont hiérarchisées : les produits carnés frais, les fruits et les légumes sont les sources d'énergie les plus chères ; les produits abondamment sucrés et les matières grasses constituent les sources d'énergie les moins chères. Les simulations informatiques montrent qu'en dessous d'un budget de l'ordre de la moitié du coût de la ration moyenne observée dans la population, seuls sont accessibles des aliments de qualité nutritionnelle médiocre, riches en énergie, en sucres et en graisse. « Il y a [donc] une logique économique à les choisir préférentiellement aux fruits et aux légumes quand on est soumis à une forte contrainte budgétaire. »

Qu'est-ce qui ne va pas ? demandions-nous en débutant ce chapitre. Il aurait été plus satisfaisant de désigner un coupable. « À l'issue de 50 ans de recherche et après avoir dépensé des centaines de millions de dollars à diaboliser le gras dans l'alimentation, la science de la nutrition n'est pas parvenue à prouver que consommer un régime à faible contenu en graisses vous aidera à vivre plus longtemps. » C'est la phrase clé d'un long article que la revue *Science* consacrait au sujet en 2001[25]. Il ne faut pas y voir une invitation à libérer nos tendances lipophages mais seulement le constat qu'il n'est pas scientifiquement légitime de réduire à un seul facteur, si lourd qu'il puisse paraître, une conjonction de faits aussi complexes que ceux qui caractérisent la transition nutritionnelle. Il n'est pas plus légitime de confier l'enquête à une seule branche du savoir.

---

25. Taubes (*op. cit.*).

# CONCLUSION

Le sujet que nous avons abordé au long de ces pages nous a conduits sur plusieurs chemins. Aucune de ces voies n'était une large avenue bien balisée. L'expérience sensorielle des aliments a été notre base de départ. À la recherche de la nature du goût, nous nous sommes engagés dans des zones encore assez obscures du domaine des sens que l'on dit chimiques où sous les noms d'odeur, de saveur, de sensibilité trigéminale, nous avons trouvé des sensations à peu près indicibles, des ressentis à peine objectivables, de l'éprouvé à l'état presque pur. Chemin faisant, nous avons cependant rencontré quelques balises, fanaux et autres précieux indices laissés par les tentatives réussies des chercheurs d'apporter de l'intelligibilité à ces états qui nous sont si familiers, si intimes, que nous avons du mal à croire qu'ils doivent – et qu'ils peuvent – eux aussi être expliqués. Pourtant, la richesse affective de notre vécu de mangeurs ne pouvait nous dispenser de porter un regard objectif sur les phénomènes sous-jacents à la genèse de nos sensations.

S'il fallait résumer en peu de phrases ce qui ressort de notre enquête sur les sens chimiques, nous dirions que ce qui fait leur grande singularité biologique, par rapport aux autres sens, c'est l'importance considérable qu'y tiennent les récepteurs disposés à la surface des cellules du nez et de la bouche. Ces grosses molécules, si nombreuses, qui s'activent avec plus ou moins de sélectivité quand elles rencontrent les molécules plus petites s'aventurant dans le nez et la bouche font le plus gros du travail. Certes, le cerveau s'empare des messages des récepteurs et les met en forme, mais l'essentiel de ce qui parvient à la conscience ou qui va, plus silencieusement, influencer notre humeur ou aiguiser notre appétit est déjà inscrit dans l'activité relative des cellules réceptrices. C'est si vrai qu'un sens comme celui de l'odorat a fait l'économie des multiples étapes que d'autres sens comme la vision ont disposées sur les voies qui conduisent aux aires des niveaux les plus élevés d'intégration. Pour l'olfaction, beaucoup de gènes mobilisés pour la première étape, mais comparativement moins, sans doute, pour ce qui suit ; un choix qu'imposait au système la nature éminemment diverse des stimuli à détecter et surtout à reconnaître dans leur singularité.

Il en va de l'exploration du cerveau comme de la promenade en forêt : on risque moins de se perdre sur les chemins des lisières qu'au cœur du massif forestier. Comprendre comment naissent les arômes et les saveurs, c'est encore cheminer en lisière car le travail des organes sensoriels est assez facilement identifiable. Ils produisent des sensations connues et l'on sait de quoi on parle, au moins un peu. On sait aussi où elles prennent naissance et où il faut accrocher le fil d'Ariane avant de s'enfoncer plus avant. Lorsque nous avons poursuivi notre route vers les origines du plaisir à manger, les repères clairs se sont faits plus rares. C'est que si l'expérience du plaisir et celle du déplaisir s'imposent avec force et évidence à celui qui les éprouve, le concept scientifique correspondant est beaucoup plus incertain. Qu'est-ce que cet état mental dans lequel certains arômes et certaines saveurs plongent celui qui les perçoit ? S'agit-il d'une variété d'émotion s'apparentant tantôt à la joie, tantôt à la douleur, tantôt au dégoût ? Sans doute parfois, mais pas toujours. Peut-on au moins identifier un organe qui le produise ? Visiblement pas. On ne peut même plus désigner un « centre » cérébral localisé depuis que cette notion est apparue plus nuisible qu'utile. En réalité, ce que notre cheminement a révélé c'est que des processus cérébraux qui ne sont ni purement sensoriels ni purement moteurs, de loin les plus nombreux – le plaisir est de ceux-là – se déroulent dans des réseaux neuronaux généralement très étendus, fortement bouclés sur eux-mêmes, où des neurotransmetteurs et autres neuropeptides en grand nombre règlent la circulation des influx.

Comment progresser dans cette jungle ? Pas à pas. En identifiant des circuits neuronaux qui ont une influence plus décisive que d'autres : c'est la distinction entre des voies cognitives et des voies affectives dans les systèmes sensoriels, c'est la reconnaissance du rôle des noyaux du striatum ventral, du cortex frontal orbitaire, du gyrus cingulé, des noyaux de l'amygdale. En repérant des neuromédiateurs sinon exclusifs, mais dont le rôle est manifeste dans les affects : la dopamine, la sérotonine, les opiacés endogènes... Mais, en interaction avec les recherches expérimentales, nous avons aussi vu fonctionner des travaux plus conceptuels conduisant, par exemple, à reconnaître la dimension d'incitation à l'action que recèle potentiellement le plaisir.

Ce lien du plaisir et de l'incitation à agir nous a conduits sur une pente familière au biologiste qui est de considérer que les phénomènes qui se déroulent chez les vivants ne sont pas par hasard ce qu'ils sont et qu'ils servent à quelque chose. C'est au moins le postulat implicite qui fonctionne jusqu'à preuve du contraire – et la preuve du contraire est bien difficile à établir. La physiologie de la faim et de la satiété a donné en effet de la consistance à l'idée que la finalité des affects entourant la prise alimentaire était, avec l'appui de la mémoire et des apprentissages, de réguler finement au long terme la quantité, et dans une certaine mesure la qualité, de la nourriture consommée. Signaux nerveux viscéraux, hormones, métabolites, convergent au centre du cerveau comme autant de témoins du besoin ou de sa satisfaction et les circuits du plaisir en tirent les conséquences.

Des doutes sont pourtant venus modérer notre confiance en la sagesse de la nature qui semblait avoir doté les humains et autres mammifères de tous les mécanismes utiles pour manger ce qu'il faut et quand il faut. Les échecs patents de cette merveilleuse régulation, le surpoids et l'obésité dont souffrent nombre de nos contemporains, nous ont incités à suivre une autre piste et à réfléchir à une notion parente de celle de finalité, l'adaptation. La piste passait par les forêts et les savanes où ont vécu nos lointains ancêtres et où vivent encore ce qui reste de nos cousins primates. Nous avons cru retirer de cette excursion et de quelques autres considérations l'idée que l'essentiel des mécanismes adaptatifs que notre espèce a reçus en héritage ont été façonnés par rapport à un environnement dans lequel la nourriture était parfois rare, soumise au rythme des saisons, souvent peu énergétique et coûteuse à obtenir. Nous comprenons mieux ainsi que nous ayons développé une appétence spontanée pour des nutriments riches en énergie et encouragé le maintien dans notre bagage génétique des gènes ou allèles de gènes plus tolérants à l'égard des processus qui constituent et conservent les réserves nutritionnelles qu'à ceux qui les limitent ou les évacuent.

*Homo sapiens* a vécu ainsi pendant des centaines de milliers d'années son destin d'omnivore opportuniste, gagnant sa pitance à la sueur de son front, survivant tant bien que mal aux famines grâce à la souplesse de son potentiel adaptatif. Mais voici qu'en quelques dizaines d'années, un clignement d'yeux à l'échelle des temps où opère l'Évolution, le monde se met à changer profondément. Ceux qui courent encore la campagne après le gibier ne le font plus le ventre creux et ils mangeront le soir, même s'ils rentrent bredouilles. Les cerises et autres baies sucrées pourrissent sur les arbres. Il n'y a que les plus pauvres parmi les pauvres qui peinent encore à faire le plein de calories alimentaires. Et la conséquence de cette abondance qui pourrait être bienheureuse est un malheur sur lequel l'humanité n'a pas encore pris l'habitude de s'apitoyer. Les nutritionnistes nous donnent une explication : les nourritures qui nous sont offertes, regorgeant la plupart du temps de sucres et de graisses, sont trop riches par rapport à nos besoins de sédentaires. Et l'homme ne vit pas seulement de glucides et de lipides. Il a certes besoin de protéines, mais aussi d'un grand nombre de micronutriments qu'il ne trouve pas dans les aliments conçus pour seulement le rassasier.

Il nous faut maintenant clore notre tour d'horizon en revenant sur le goût et sur le plaisir. Leur pouvoir de séduction sur le mangeur, leur pouvoir d'incitation à consommer sont-ils coupables des dérèglements pondéraux qui nous alarment ? Sommes-nous victimes d'une recherche excessive d'arômes appétissants et de délicieuses saveurs ? Que faut-il faire ?

Deux réponses s'offrent à nous. La première est inspirée par une confiance sans réserve en la sagesse de la Nature. Mangez ce qui vous plaît, tant qu'il vous plaît, quand il vous plaît, car la Nature qui guide vos désirs fait bien les choses et sait ce qui est bon pour vous. On sait pourquoi cette réponse ne tient pas. Est-il besoin de dire que la Nature telle qu'elle est invoquée ici n'existe pas ? Quant à l'adaptation physiologique héritée de l'évolution des espèces, version plus réaliste de l'idée de nature, nous avons vu qu'elle opère dans certaines limites et fait défaut au-delà.

À l'opposé, le discours rigoriste n'est pas davantage convaincant. Jeter l'anathème sur les plaisirs qu'apportent saveurs et arômes n'est ni justifié ni réaliste. Ce n'est pas justifié, car ce qui est en cause, ce n'est pas le plaisir en tant que tel mais la nature des aliments à la consommation desquels il est associé. Ce n'est pas réaliste, car les campagnes de culpabilisation n'auront d'efficacité, une triste efficacité, que sur les gens pour qui l'acte de manger est déjà une source de tourments psychologiques.

Les réponses simples sont tout simplement de mauvaises réponses. Le plaisir lié au goût des aliments est certes un facteur puissant d'incitation à consommer, mais il n'est qu'un élément du tableau, encore très flou, des multiples facteurs qui se liguent pour défier les régulations physiologiques. Nous savons que ce n'est pas l'homme biologique lui-même qui a changé, mais les conditions de son alimentation qui sont profondément bouleversées. Ces changements sans précédent ont pour origine une synergie efficace entre les progrès technologiques issus de l'accroissement des connaissances et de puissants intérêts économiques, tant bien que mal régulés par les États et les organisations internationales. Mais il ne peut y avoir d'un côté bouleversement des modes de vie, transformation de l'environnement et, de l'autre, laisser-aller des pratiques alimentaires. D'autres connaissances et d'autres forces doivent en combattre les effets négatifs. Il n'est pas dans notre intention, ni de notre compétence, de décliner les mesures qui devraient être prises. Contentons-nous de regarder du côté du goût.

À propos du goût, il est temps de se souvenir qu'il n'est pas contenu dans l'aliment mais qu'il naît de la rencontre de l'aliment et des appareils sensoriels de celui qui le consomme. Et qui plus est, il est pour une bonne part appris, c'est-à-dire qu'il peut être éduqué. Nous avons dit que les réponses simples étaient de mauvaises réponses. Éduquer le goût n'est pas précisément une réponse simple, mais c'est une réponse. Loin de réduire la valeur incitative des goûts, il s'agit au contraire de la multiplier en élargissant l'éventail des arômes et des saveurs qui peuvent faire l'objet de préférences. Familiariser le jeune consommateur avec une grande variété de flaveurs est une façon de limiter l'hégémonie hédonique du sucré et du gras. Encore faut-il prendre garde, la variété préconisée est celle qui porte sur l'ensemble des nourritures acceptables par le mangeur, non celle des mets qui composent individuellement chacun de ses repas[1]. On sait bien, en effet, que la consommation augmente quand croît la diversité de la nourriture. Même les rats de laboratoire s'y laissent prendre.

Dans le monde tel qu'il va, l'éducation du goût aurait toute chance de rester un vœu pieux si elle se heurtait aux intérêts des industries agroalimentaires car la nourriture du futur sera industrielle plus encore qu'aujourd'hui et la préparation domestique des plats une survivance festive mais marginale. Il n'est heureusement pas certain que l'uniformisation du goût et le sacrifice de la diversité des qualités gustatives aux impératifs de la consommation de masse soit, au plan économique même, la meilleure stratégie. Et c'est ce qui peut nous rendre optimistes. Les entreprises ont su répondre aux exigences de sécurité alimentaire. Elles commencent à prendre en compte la demande de diversité. Puisque leur intérêt bien compris est de plaire aux consommateurs[2], c'est à ces derniers qu'il appartient de placer la qualité gustative assez haut dans la hiérarchie de leurs revendications et de veiller tout particulièrement à ce que la sensibilité des plus jeunes ne soit pas tôt canalisée vers quelques saveurs universellement efficaces, le sucré et le gras, car ces saveurs qui marquent la richesse énergétique ne sont pas les meilleurs incitateurs à la consommation d'aliments nutritionnellement équilibrés.

Un mot encore. Puisque la technologie permet, par l'addition de flaveurs, de dissocier la substance de l'aliment de son goût, n'oublions pas que les processus régulateurs de la prise alimentaire ont besoin, pour fonctionner efficacement, de repérer des relations

1. C'est un point relevé par Vincent Boggio (communication personnelle).
2. « Notre devoir d'industriel : être irréprochable et le prouver », écrit Thomas Derville (2003).

stables entre les propriétés sensorielles et les propriétés nutritives. Si ces relations sont arbitraires et aléatoires parce que l'on veut valoriser des produits en leur ajoutant des flaveurs qui ont prouvé leur valeur de séduction dans d'autres cas, le risque est de perturber encore davantage les régulations, d'affaiblir ainsi le plaisir et de renforcer, à juste titre, le sentiment d'homogénéisation des goûts. Sans tomber dans les excès d'une idéologie du naturel, le plus simple est donc de revendiquer que les choses aient le goût de ce qu'elles sont[3].

3. C'est Jean-Pierre Poulain (2003) qui nous rappelle les propos tenus en 1654 par Nicolas de Bonnefons dans *Les Délices de la campagne* : « Il faut que la soupe aux choux sente le chou, aux poireaux, le poireau [...], j'entends que ce principe-là serve de loi à tout ce qui se mange. »

# BIBLIOGRAPHIE


ACHESON K. J., RAUSSIN E., WAHREN J. et JÉQUIER E., « Thermic effect of glucose in man. Obligatory and facultative thermogenesis », *Journal of Clinical Investigation*, 1985, 74, p. 1572-1580.

ADLER E., HOON M. A., MUELLER K. L. *et al.*, « A novel family of mammalian taste receptors », *Cell*, 2000, 100, p. 693-702.

AMAT J.-M. et VINCENT J.-D., *Pour une nouvelle physiologie du goût*, Paris, Odile Jacob, 2000.

AMOORE J. E., « Specific anosmia : a cue to the olfactory code », *Nature*, 1967, 214, p. 1095-1098.

AMOORE J. E., « Specific anosmia and the concept of primary odors », *Chemical Senses and Flavor*, 1977, 2, p. 267-281.

ANAND B. K. et BROBECK J. R., « Hypothalamic control of food intake in rats and cats », *Yale Journal of Biology and Medicine*, 1951, 24, p. 123-146.

ANDERSON G. H., « Sugars, sweetness and food intake », *American Journal of Clinical Nutrition*, 1995, 62 (suppl.), p. 195S-202S.

ANDERSON A. K., CHRISTOFF K., STAPPEN I. *et al.*, « Dissociated neural representation of intensity and valence in human olfaction », *Nature Neuroscience*, 2003, 6, p. 196-202.

BARSH G. S., FAROOQI I. S. et O'RAHILLY S., « Genetics of body-weight regulation », *Nature*, 2000, 404, p. 644-651.

BARTOSHUK L. M., « Comparing sensory experiences across individuals : recent psychophysical advances illuminate genetic variation in taste perception », *Chemical Senses*, 2000, 25, p. 447-460.

BAYLIS L. L. et ROLLS E. T., « Responses of neurons in the primate taste cortex to glutamate », *Physiology and Behavior*, 1991, 49, p. 973-979.

BELLISLE F., DEMOZAY F., BLAZY D., LOUIS-SYLVESTRE J. et LE MAGNEN J., « Cephalic phase of insulin secretion and food stimulation in humans : a new perspective », *American Journal of Physiology*, 1985, 249, p. E639-E645.

BERGLUND B., BERGLUND U., LINDVALL T. et SVENSSON L. T., « A quantitative principle of perceived intensity summation in odor mixtures », *Journal of Experimental Psychology*, 1973, 100, p. 24-38.

BERNARDIS L. L. et BELLINGER L. L., « The lateral hypothalamic area revisited : neuroanatomy, body weight regulation, neuroendocrinology and metabolism », *Neuroscience and Biobehavioral Review*, 1993, 17, p. 141-193.

BERRIDGE K. C., « Food reward : brain substrates of wanting and liking », *Neuroscience and Biobehavioral Review*, 1996, 20, p. 1-25.

BERRIDGE K. et ROBINSON T. E., « What is the role of dopamine in reward : hedonic impact, reward learning, or incentive salience ? », *Brain Research Reviews*, 1998, 28, p. 309-369.

BERTHOZ A., *La Décision*, Paris, Odile Jacob, 2003.

BIRCH L. L., MCPHEE L., STEINBERG L. et SULLIVAN S., « Conditioned flavor preferences in young children », *Physiology and Behavior*, 1990, 47, p. 501-505.

BLUNDELL J. E., COTTON H., DELARGY H. *et al.*, « The fat paradox : fat-induced satiety signals versus high fat overconsumption », *International Journal of Obesity*, 1995, 19, p. 832-835.

BOUCHARD C., « Genetics of obesity in humans : current issue », *in The Origin and Consequences of Obesity*, Chichester, Wiley, 1996, p. 108-117.

BOURRE J.-M., *La Diététique du cerveau*, Paris, Odile Jacob, 1990.

BOUVET J.-F., DELALEU J.-C. et HOLLEY A., « Olfactory receptor cell function affected by trigeminal nerve activity », *Neuroscience Letter*, 1987, 77, p. 181-186.

BRONDEL L., FRICKER J. et FANTINO M., « Postprandial thermogenesis and alimentary sensory stimulation in human subjects », *International Journal of Obesity*, 1999, 23, p. 34-40.

BUCK L. et AXEL R., « A novel multigene family may encode odorant receptors : a molecular basis for odor recognition », *Cell*, 1991, 65, p. 175-187.

CABANAC M., « Physiological role of pleasure », *Science*, 1971, 173, p. 1103-1107.

CABANAC M. et RICHARD D., « The nature of the ponderostat : Hervey's hypothesis revived », *Appetite*, 1996, 26, p. 45-54.

CAICEDO A. et ROPER S. D., « Taste receptor cells discriminate between bitter stimuli », *Science*, 2001, 291, p. 1567-1560.

CAIN W. S., STEVENS J. C., NICKOU C. M. *et al.*, « Life-span development of odour identification, learning, and olfactory sensitivity », *Perception*, 1995, 24, p. 457-472.

CATERINA M. J., SCHUMACHER M. A., TOMINAGA M. *et al.*, « The capsaicin receptor : a heat-activated ion channel in the pain pathway », *Nature*, 1997, 389, p. 816-824.

CERF B., VAN DE MOORTELE P. F., GIACOMINI E. *et al.*, « Correlation of perception to temporal variations of fMRI signal : a taste study », *Proceedings ISMRM*, New York, 1996, p. 280.

CERF-DUCASTEL B. et MURPHY C., « fMRI activation in response to odorant orally delivered in aqueous solutions », *Chemical Senses*, 2001, 26, p. 625-637.

CHATAIGNER Y. et RICHARD H. M. J., « Formulation d'arômes : une expérience pédagogique », *Science des aliments*, 2003, 23, p. 331-348.

CHAUDHARI N., LANDIN A. et ROPER S., « A metabotropic glutamate receptor variant functions as a taste receptor », *Nature Neuroscience*, 2000, 3, p. 113-119.

CHREA C., « Odeurs et catégorisation : à la recherche d'universaux olfactifs », thèse de doctorat de l'université de Bourgogne, 2005.

CLÉMENT K., VAISSE C., LALHOU, N. *et al.*, « A mutation in the human leptin receptor gene causes obesity and pituitary dysfunction », *Nature*, 1998, 392 p. 398-401.

COLLINGS V. B., « Human taste response as a function of locus of stimulation on the tongue and soft palate », *Chemical Senses*, 1974, 16, p. 169-174.

COOLING J. et BLUNDELL J., « Are high-fat and low-fat consumers distinct phenotypes ? Differences in the subjective and behavioural response to energy and nutrient challenges », *European Journal of Clinical Nutrition*, 1998, 52, p. 193-201.

DADE L.A., ZATORRE R. J. et JONES-GOTMAN M., « Olfactory learning : convergent findings from lesion and brain imaging studies in humans », *Brain*, 2002, 125, p. 86-101.

DAHL M., ERICKSON R. P. et SIMON S. A., « Neural responses to bitter compounds in rats », *Brain Research*, 1997, 756, p. 22-34.

DAMASIO A. R., *L'Erreur de Descartes. La raison des émotions*, Paris, Odile Jacob, 1995.

DAMASIO A. R., *Spinoza avait raison. Joie et tristesse, le cerveau des émotions*, Paris, Odile Jacob, 2003.

DARMON N. et BRIEND A., « L'alimentation à deux vitesses », *NAFAS*, 2003, 1, p. 53-58.

DAVIDSON R. J., SHACKMAN A. et MAXWELL J. S, « Asymmetries in face and brain related to emotion », *Trends in Cognitive Science*, 2004, 8, p. 389-391.

DEGEL J. et KÖSTER E. P., « Odors : implicit memory and performance effects », *Chemical Senses*, 1999, 24, p. 317-325.

DELAUNAY E. A., MARLIER L. et SCHAAL B., « Human infants' memory for an odour acquired during breast-feeding : positive retention tests at 7 and 21 months », Congrès de l'ECRO, Dijon, 2004 (résumé), en ligne sur www.chemse.oupjournals.org.

DEMYTTENAERE J., MACURA S., DE KIMPE N. et VERHÉ R., « Production of pyrazines and 2-acetyl-1-pyrroline by *Bacillus cereus* strains », *in* Le Quéré J.-L. et Etiévant P.-X. (éds), *Flavour Research at the Dawn of the Twenty-first Century*, Londres, Paris, New York, Lavoisier et Intercept Ltd., 2003, p. 344-349.

DERVILLE T., « Attentes et interrogations du consommateur », *in Le Mangeur du XXIe siècle*, Dijon, Éducagri, 2003, p. 35-41.

DOTY R. L., BRUGGER W. E., JURS P. C. *et al.*, « Intranasal trigeminal stimulation from odorous volatiles : psychometric responses from anosmic and normal humans », *Physiology and Behavior*, 1978, 20, p. 175-187.

DREWNOWSKI A., « Taste preferences and food intake », *Annual Review of Nutrition*, 1997, 17, p. 237-253.

DUCHAMP-VIRET P., CHAPUT M.-A. et DUCHAMP A., « Odor response properties of rat olfactory receptor neurons », *Science*, 1999, 284, p. 2171-2174.

ERICKSON R. P., « Sensory neural patterns and gustation », *in* Zotterman Y. (éd.), *Olfaction and Taste*, Vol. 1, Oxford, Pergamon Press, 1963, p. 205-213.

ERICKSON R. P., « Studies on the perception of taste : do primaries exist ? », *Physiology and Behavior*, 1982, 28, p. 57-62.

ERICKSON R. P., « The evolution of neural coding ideas in the chemical senses », *Physiology and Behavior*, 2000, 69, p. 3-13.

FALLON A. E., ROZIN P. et PLINER P., « The child's conception of food : the development of food rejection with special reference to disgust and contamination sensitivity », *Child Development*, 1984, 55, p. 566-575.

FARMER L. J., BAILLEUL A., CHEUNG C., HAGAN, T. D. J. et GORDON A., « Aroma volatiles in peaches and nectarines and their contribution to sensory quality », *in* Le Quéré J.-L. et Etiévant P.-X. (éds), *Flavour Research at the Dawn of the Twenty-first Century*, Londres, Paris, New York, Lavoisier et Intercept Ltd., 2003, p. 488-493.

FAURION A., « Le goût : un défi scientifique et intellectuel », *Psychologie française*, 1996, 41-3, p. 217-225.

FAURION A., SAITO S. et MAC LEOD P., « Sweet taste involves several distinct receptor mechanisms », *Chemical Senses*, 1980, 5, p. 107-121.

FINGER T. E., BÖTTGER B., HANSEN A., ANDERSON K. T., ALIMOHAMMADI H. et SILVER W. L., « Solitary chemoreceptor cells in the nasal cavity serve as sentinels of respiration », *Proceedings of the National Academy of Sciences of the USA*, 2003, 100, p. 8981-8986.

FISCHLER C. et CHIVA M., « Food likes, dislikes and some of their correlates in a sample of French children and young adults », *in* Diehl J.-M. et Leitzmann C. (éds), *Measurements and Determinants of Food Habits and Food Preferences*, Euronut report 7, The Netherlands Nutrition Foundation, Wageningen, 1986, p. 137-156.

FRANK M., « The classification of mammalian afferent taste nerve fibers », *Chemical Senses and Flavour*, 1974, 1, p. 53-60.

FRIEDMAN J. M., « Obesity in the new millennium », *Nature*, 2000, 404, p. 632-634.

GALEF B. G. Jr. et WIGMORE S. W., « Transfer of information concerning distant foods : a laboratory investigation of the "information-centre" hypothesis », *Animal Behaviour*, 1983, 31, p. 748-758.

GALLESE V., KEYSERS C. et RIZZOLATTI G., « A unifying view of the basis of social cognition », *Trends in Cognitive Science*, 2004, 8, p. 396-403.

GARCIA J., ERVIN F. R. et KOELLING R. A., « Learning with prolonged delay of reinforcement », *Psychonomic Science*, 1966, 5, p. 121-122.

GARCIA J., HANKINS W. G. et RUSINIAK K. W., « Behavioral regulation of the milieu interne in man and rat », *Science*, 1974, 185, p. 824-831.

GESTELAND R. C., LETTVIN J. Y. et PITTS W. H., « Chemical transmission in the nose of the frog », *Journal of Physiology*, Londres, 1965, 181, p. 525-559.

GETCHELL M. L., BOUVET J. F., FINGER T. E. HOLLEY A. et GETCHELL T. V., « Peptidergic regulation of secretory activity in amphibian olfactory mucosa : immunohistochemistry, neural stimulation and pharmacology », *Cell Tissue Research*, 1989, 256, p. 381-389.

GILAD Y., WIEBE V., PRZEWORSKI M., LANCET D. et PÄÄBO S., « Loss of olfactory receptor genes coincides with the acquisition of full trichromatic vision in primates », *Plos. Biology*, 2004, 2, p. 120-125.

GOREN-INBAR N., ALPERSON N., KISLEV M. E. *et al.*, « Evidence of Hominin control of fire at Gesher Benot Ya'aqov, Israel », *Science*, 2004, 304, p. 725-727.

GUICHARD E., « Interactions between flavor compounds and food ingredients influencing flavor perception », *Food Review International*, 2002, 18, p. 49-70.

GUILLOT M., « Anosmies partielles et odeurs fondamentales », *Comptes rendus de l'Académie des sciences*, Paris, 1948, 226, p. 1307-1309.

HALLER R., RUMMEL C., HENNEBERG S., POLLMER U. et KÖSTER E. P., « The influence of early experience with vanillin on food preference later in life », *Chemical Senses*, 1999, 24, p. 465-467.

HARRIS L. J., CLAY J., HARGREAVES F. et WARD A., « Appetite and choice of diet : the ability of the vitamin B deficient rat to discriminate between diets containing and lacking the vitamin », *Proceedings of the Royal Society*, Londres, series B, 1933, 113, p. 161-190.

HEATH R. G., « Electrical self-stimulation of the brain in man », *American Journal of Psychiatry*, 1963, 120, p. 571-577.

HLADIK C. M., « Le comportement alimentaire des primates : de la socio-écologie au régime éclectique des hominidés », *Primatologie*, 2002, 5, p. 421-466.

HLADIK C. M. et PASQUET P., « Évolution des comportements alimentaires : adaptations morphologiques et sensorielles », *Bull. et Mém. de la Société d'anthropologie de Paris*, 1999, 11, p. 307-332.

HLADIK C. M. et PASQUET P., « Origine et évolution des perceptions gustatives chez les primates non humains et chez l'homme », *Primatologie*, 2002, 6, p. 293-211.

HOLLEY A., *Éloge de l'odorat*, Paris, Odile Jacob, 1999.

HOON M. A., ADLER E., LINDEMEIER J. *et al.*, « Putative mammalian taste receptors : a class of taste-specific GPCRs with distinct topographic selectivity », *Cell*, 1999, 96, p. 541-551.

HUDSON R. et DISTEL H., « Nipple location by newborn rabbits : evidence for pheromonal guidance », *Behaviour*, 1983, 85, p. 260-275.

HUMMEL T. et KOBAL G., « Differences in human evoked potentials related to olfactory or trigeminal chemosensory activation », *Electroencephalography and Clinical Neurophysiology*, 1992, 84, p. 84-89.

JELLINEK J. S. et KÖSTER E. P., « Perceived fragrance complexity and its relation to familiarity and pleasantness », *Journal of the Society for Cosmetic Chemistry*, 1979, 30, p. 253-262.

JOHNSON S. L., MCPHEE L. et BIRCH L. L., « Conditioned preferences : young children prefer flavours associated with high dietary fats », *Physiology and Behavior*, 1991, 50, p. 1245-1251.

KENNEDY G. C., « The role of depot fat in the hypothalamic control of food intake in the rat », *Proceedings of the Royal Society (B)*, 1953, 140, p. 578-592.

KIYATKIN E. A., « Functional significance of mesolimbic dopamine », *Neuroscience and Biobehavioral Review*, 1995, 19, p. 573-598.

KOELEGA H. S., « Prebuscent chidren may have specific deficits in olfactory sensitivity », *Perceptual and Motor Skills*, 1994, 78, p. 191-199.

KRUMBEIN A. et PETERS P., « Changes of aroma volatiles in tomato in post-harvest », *in* Le Quéré J.-L. et Etiévant P.-X. (éds), *Flavour Research at the Dawn of the Twenty-first Century*, Londres, Paris, New York, Lavoisier et Intercept Ltd., 2003, p. 405-408.

LAFFORT P. et DRAVNIEKS A., « Several models of suprathreshold quantitative olfactory interactions in humans applied to binary, ternary and quaternary mixtures », *Chemical Senses*, 1982, 7, p. 153-174.

LAING D. G., « Sensory analysis – What children can do », *Food Australia*, 2003, 55, p. 47-51.

LAING D. G. et FRANCIS D. W., « The capacity of humans to identify odors in mixtures », *Physiology and Behavior*, 1989, 46, p. 809-814.

LAUGERETTE F., PASSILLY-DEGRACE P., PATRIS B. *et al.*, « CD36 involvement in orosensory detection of dietary lipids, spontaneous fat preference, and digestive secretions », *The Journal of Clinical Investigation*, 2005, 11, p. 3177-3184.

BLANC J. et BRONDEL L., « Role of palatability on meal-induced thermogenesis on human subjects », *American Journal of Physiology*, 1985, 248, p. E333-E336.

LEDOUX, J., *The Emotional Brain*, Londres, Phoenix, 1999.

LE MAGNEN J. et TALLON S., « Préférence alimentaire du jeune rat induite par l'allaitement maternel », *Comptes rendus des séances de la Société de biologie*, Paris, 1968, 162, p. 387-390.

LI X., LI W., WANG H. *et al.*, « Pseudogenization of a sweet-receptor gene accounts for cat's indifference toward sugar », *PLoS Genetics*, 2005, 1, p. 27-35

LINDEMANN B., « Taste reception », *Physiological Review*, 1996, 76, p. 719-766.

LINDEMANN B., « Receptors and transduction in taste », *Nature*, 2001, 413, p. 219-225.

LINFORTH R. S. T., INGHAM K. E. et TAYLOR A. J., « Time course profiling of volatile release from foods during the eating process », *in* Taylor A. J. et Mottram D. (éds), *Flavour Science : Recent Developments*, Cambridge, Royal Society of Chemistry, 1996, p. 361-368.

LIVERMORE A et LAING D. G., « The influence of odor type on the discrimination and identification of odorants in multicomponent odor mixtures », *Physiology and Behavior*, 1998, 65, p. 311-320.

LOUIS-SYLVESTRE J. et LE MAGNEN J., « A fall in blood glucose level precedes meal onset in free feeding rats », *Neuroscience and Biobehavioral Reviews*, 1980a, 4 (suppl. 1), p. 13-15.

LOUIS-SYLVESTRE J. et LE MAGNEN J., « Palatability and preabsorptive insulin-release », *Neuroscience and Biobehavioral Review*, 1980b, 4 (suppl. 1), p. 43-46.

MARLIER L. et SCHAAL B., « Human newborns prefer human milk : conspecific milk odor is attractive without postnatal exposure », *Child Development*, 2005, 76, p. 155-168.

MCKEMY D. D., NEUHAUSSER W. M. et JULIUS D., « Identification of a cold receptor reveals a general role for TRP channels in thermosensation », *Nature*, 2002, 416, p. 52-58.

MATSUNAMI H., MONTMAYEUR J. P. et BUCK L. B., « A family of candidate taste receptors in human and mouse », *Nature*, 2000, 404, p. 601-604.

MATTES R. D., « The taste of fat elevates postprandial triacylglycerol », *Physioloy and Behavior*, 2001, 74, 343-348.

MAYER J., « Regulation of energy intake and body weight, the glucostatic theory and lipostatic hypothesis », *Annals of the New York Academy of Sciences*, 1955, 63, p. 15-43.

MELA D. J. et ROGERS P. J., *Food, Eating and Obesity. The Psychobiological Basis of Appetite and Weight Control*, Londres, Chapman & Hall, 1998, p. 36-37.

MENASHE I., MAN O., LANCET D. et GILAD Y., « Different noses for different people », *Nature Genetics*, 2003, 34, p. 143-144.

MENELLA J. A. et BEAUCHAMP G. K., « Flavor experiences during formula feeding are related to preferences during childhood », *Early Human Development*, 2002, 68, p. 71-82.

MENELLA J. A., PEPINO Y. et REED D. R., « Genetic and environmental determinants of bitter perception and sweet preferences », *Pediatrics*, 2005, 115, p. 216-222.

MOGENSON G., JONES D. et YIM C. Y., « From motivation to action : functional interface between the limbic system and the motor system », *Progress in Neurobiology*, 1980, 14, p. 69-97.

MOMBAERTS P., « Odorant receptor gene choice in olfactory sensory neurons : the one receptor-one neuron hypothesis revisited », *Current Opinion in Neurobiology*, 2004, 14, p. 31-36.

MONTMAYEUR J. P. et MATSUNAMI H ., « Receptors for bitter and sweet taste », *Current Opinion in Neurobiology*, 2002, 12, p. 1-6.

NESSE R. M. et BERRIDGE K. C., « Psychoactive drug use in evolutionary perspective », *Science*, 1997, 278, p. 63-66.

NICOLAÏDIS S., « Le goût, pour quoi faire ? », *Le Goût*, actes du troisième colloque transfrontalier, Dijon, 1998.

OLDS J., « Hypothalamic substrates of reward », *Physiological Review*, 1962, 42, p. 554-604.

OLDS J. et MILNER P., « Positive reinforcement produced by electrical stimulation of the septal area and other regions of the rat brain », *Journal of Comparative Physiological Psychology*, 1954, 47, p. 419-428.

OOMURA Y., « Significance of glucose, insulin and free fatty acid on the hypothalamic feeding and satiety neurons », *in* Novin D., Wyrwicka W. et Bray G. (éds), *Hunger : Basic Mechanisms and Clinical Implications*, New York, Raven Press, 1976, p. 357-367.

OSEPIAN V. A., « Development of the function of the taste analyser in the first year of life », *Pavlov Journal of Higher Nervous Activity*, 1958, 8, p. 766-772.

PFAFFMANN C., « Gustatory afferent impulses », *Journal of Cellular and Comparative Physiology*, 1941, 17, p. 243-258.

PFAFFMANN C., « Taste and smell », *Annual Review of Psychology*, 1956, 7, p. 391-408.

PHILLIPS M. L., YOUNG A. W., SENIOR C. *et al.*, « A specific neural substrate for perceiving facial expressions of disgust », *Nature*, 1997, 389, p. 495-498.

PICQ P. et LEMIRE L., *À la recherche de l'homme*, Paris, Nils Éditions, 2002.

POELLINGER A., THOMAS R., LIO P. *et al.*, « Activation and habituation in olfaction. An fMRI study », *Neuroimage*, 2001, 13, p. 547-560.

POPKIN B. M., « The dynamic of the dietary transition in the developing world », *in* Caballero B. et Popkin B. M. (éds), *The Nutrition Transition : Diet and Disease in the Developing World*, Amsterdam, Academic Press, 2002.

POULAIN J.-P., « Le mangeur du XXI^e siècle », *in Le Mangeur du XXI^e siècle*, 2003, Dijon, Éducagri, p. 27-34.

POWLEY T. L. et KEESEY R. E., « Relationship of body weight to the lateral hypothalamic feeding syndrome », *Journal of Comparative Physiology and Psychology*, 1970, 70, p. 25-36.

REED D. R., NANTHAKUMAR E., NORTH M. *et al.*, « Localization of a gene for bitter taste perception to human chromosome 5p15 », *American Journal of Human Genetics*, 1999, 64, p. 1478-1480.

RESSLER K. J., SULLIVAN S. L. et BUCK L. B., « Information coding in the olfactory system : evidence for a stereotyped and highly organized epitope map in the olfactory bulb », *Cell*, 1994, 79, p. 1245-1255.

RICHTER C. P., « Increased salt appetite in adrenalectomized rats », *American Journal of Physiology*, 1936, 115, p. 155-161.

RIZZOLATTI G., FADIGA L., GALLESE V. et FOGASSI L., « Premotor cortex and the recognition of motor actions », *Cognitive Brain Research*, 1996, 3, p. 131-141.

RIZZOLATTI G. et CRAIGHERO L., « The mirror-neuron system », *Annual Review of Neuroscience*, 2004, 27, p. 169-192.

ROLLAND-CACHERA M. F., DEHEEGER M., AKROUT M. et BELLISLE F., « Influence of macronutrients on adiposity development : a follow up study of nutrition and growth from 10 months to 8 years of age », *International Journal of Obesity*, 1995, 19, p. 573-578.

ROLLS B. J., ROLLS E. T., ROWE E. A. et SWEENEY K., « Sensory specific satiety in man », *Physiology and Behavior*, 1981, 27, p. 137-142.

ROLLS E. T., *The Brain and Emotion*, Oxford University Press, 1999.

ROSCH E., « Principles of categorization », *in* Rosch E. et Lloyd B. B. (éds), *Cognition and Categorization*, Hillsdale (NJ), L. Erlbaum, 1978.

ROUBERTOUX P., *Existe-t-il des gènes du comportement ?*, Paris, Odile Jacob, 2004.

ROUQUIER S., BLANCHER A., et GIORGI D., « The olfactory receptor gene repertoire in primates and mouse : evidence for reduction of the functional fraction in primates », *Proceedings of the National Academy of Sciences of the USA*, 2000, 97, p. 2870-2874.

ROYET J. P., HUDRY J., ZALD D. H. *et al.*, « Functional neuroanatomy of different olfactory judgments », *Neuroimage*, 2001, 13, p. 506-519.

ROZIN P., LEVIN E. et STOESS C., « Chocolate craving and liking », *Appetite*, 1991, 17, p. 199-212.

ROZIN P., HAIDT J. et MCCAULEY C. R., « Disgust », *in* Lewis M. et Haviland J. M. (éds), *Handbook of Emotions*, New York, The Guilford Press, 1993, p. 575-594.

ROZIN P., *Towards a Psychology of Food Choice*, Institut Danone, 1998.

ROZIN P., KABNICK K., PETE E. *et al.*, « The ecology of eating : smaller portions sizes in France than in the United States help explain the French paradox », *Psychological Science*, 2003, 14, p. 450-454.

SALAMONE J. D., COUSINS M. S. et BUCHER S., « Anhedonia or anergia ? Effects of haloperidol and nucleus accumbens dopamine depression on instrumental response selection in a T-maze cost/benefice procedure », *Behavioral Brain Research*, 1994, 65, p. 221-229.

SALAMONE D., COUSINS S. et SNYDER B. J., « Behavioral functions of nucleus accumbens dopamine : empirical and conceptual problems with the anhedonia hypothesis », *Neuroscience and Biobehavioral Reviews*, 1997, 21, p. 341-359.

SAUVAGEOT F., « Sait-on, en 1996, décrire le goût d'un aliment ou d'une boisson ? », *Psychologie française*, 1996, 41, p. 289-300.

SAVIC I., BERGLUND H., GULYAS B. et ROLAND P., « Smelling of odorous sex hormone-like compounds causes sex-differentiated hypothalamic activations in humans », *Neuron*, 2001, 31, p. 661-668.

SCALBERT A., « La transition nutritionnelle », *NAFAS*, 2003, 1, p. 47-51.

SCHAAL B., MARLIER L. et SOUSSIGNAN R., « Human foetuses learn odours from their pregnant mother's diet », *Chemical Senses*, 2000, 25, p. 729-737.

SCHAAL B., COUREAUD D., LANGLOIS D. *et al.*, « Chemical and behavioural characterization of the rabbit mammary pheromone », *Nature*, 2003, 424, p. 68-72.

SCHIFFMAN S., « Physicochemical correlates of olfactory quality », *Science*, 1974, 185, p. 112-117.

SCHLICH P., « Preference mapping : relating consumer preferences to sensory or instrumental measurements », *Bioflavour 95*, INRA, Paris, 1995, p. 135-150.

SCHWARTZ M. W., WOODS S. C., PORTE D. *et al.*, « Central nervous system of food intake », *Nature*, 2000, 404, p. 661-671.

SCLAFANI A., « How food preferences are learned : laboratory animal models », *Proceedings of the Nutrition Society*, 1995, 54, p. 419-427.

SCOTT T. R., YAXLEY S., SIENKIEWICZ Z. J. et ROLLS E. T., « Gustatory responses in the frontal opercular cortex of the alert Cynomolgus monkey », *Journal of Neurophysiology*, 1986, 56, p. 876-890.

SCOTT T. R., « Coding in the gustatory system », *in* Finger T. R. et Silver W. L. (éds), *Neurobiology of Taste and Smell*, New York, John Wiley & Sons, 1987, p. 355-378.

SCOTT T. R. et PLATA-SALAMAN C. R., « Taste in the monkey cortex », *Physiology and Behavior*, 1999, 67, p. 489-511.

SETLOW B., SCHOENBAUM G. et GALLAGHER M., « Neural encoding in ventral striatum during olfactory discrimination learning », *Neuron*, 2003, 38, p. 625-636.

SEWARDS T. V., « Dual separate pathways for sensory and hedonic aspects of taste », *Brain Research Bulletin*, 2004, 62, p. 271-283.

SIMMEN B. et HLADIK C. M., « Sweet and bitter taste discrimination in primates : scaling effects across species », *Folia Primatologica*, 1998, 69, p. 129-138.

SINGER T., SEYMOUR B., O'DOHERTY J. *et al.*, « Empathy for pain involves the affective but not the sensory components of pain », *Science*, 2004, 303, p. 1157-1162.

SKINNER B. F., *L'Analyse expérimentale du comportement*, traduit de l'anglais (États-Unis) par A. M. et M. Richelle, Charles Dessart, Bruxelles, 1971.

SMALL D. M., JONES-GOTMAN M., ZATORRE R. J. *et al.*, « Flavor processing : more than the sum of its parts », *Neuroreport*, 1997, 8, p. 3913-3917.

SMALL D. M., ZATORRE R. J., DAGHER A. *et al.*, « Changes in brain activity related to eating chocolate : from pleasure to aversion », *Brain*, 2001, 124, p. 1720-1733.

SMALL D., VOSS J., MAY Y. E. *et al.*, « Experience-dependent neural integration of taste and smell in the human brain », *Journal of Neurophysiology*, 2004, 92, p. 1892-1903.

SMITH A. C., BUCHANAN-SMITH H. M., SURRIDGE A. K., OSORIO D. et MUNDY N. I., « The effect of colour vision status on the detection and selection of fruits by tamarins (*Saguinus spp.*) », *Journal of Experimental Biology*, 2003, 206, p. 3159-3165.

SOLOMON C. G. et MANSON J. A., « Obesity and mortality : a review of the epidemiologic data », *American Journal of Clinical Nutrition*, 1997, 66 (suppl.), p. 1044S-1050S.

SPRENGELMEYER R., RAUSCH M., EYSEL U.T. et PRZUNTEK H., « Neural structures associated with recognition of facial expressions of basic emotions », *Biological Sciences*, Proceedings of the Royal Society, Londres, série B, 1998, 265, p. 1927-1931.

TARTAGLIA L. A., DEMBSKI M., WENG X. *et al.*, « Identification and expression cloning of a leptin receptor, OB-R », *Cell*, 1995, 83, p. 1263-1271.

TATARANNI P. A., GAUTIER J. F., CHEN K. *et al.*, « Neuroanatomical correlates of hunger and satiation in humans using positron emission tomography », *Proceedings of the National Academy of Sciences of the USA*, 1999, 96, p. 4569-4574.

TAUBES G., « The soft science of dietary fat », *Science*, 2001, 291, p. 2536-2545.

TEUBER H. L. et PROCTOR F., « Some effects of basal ganglia lesions in subhuman primates and man », *Neuropsychologia*, 1964, 2, p. 85-93.

TOUZANI K. et SCLAFANI A., « Lateral hypothalamic lesions impair flavour-nutrient and flavour-toxin trace learning in rats », *European Journal of Neuroscience*, 2002, 16, p. 2425-2433.

TRACY A. L., PHILLIPS R. J., CHI M. M. *et al.*, « The gastrointestinal tract "tastes" nutrients : evidence from the intestinal taste aversion paradigm », *American Journal of Physiology, Regulatory, Integrative and Comparative Physiology*, 2004, 287, p. R1086-R1100.

VASSAR R., CHAO S. K., SITCHERAN R., NUNEZ J. M., VOSSHALL L. B. et AXEL R., « Topographic organization of sensory projections to the olfactory bulb », *Cell*, 1994, 79, p. 981-991.

VERMEULEN C. et COLLIN S., « Combinatorial synthesis and sensorial properties of polyfunctional thiols », *in* Le Quéré J.-L. and Etiévant P.-X. (éds), *Flavour Research at the Dawn of the Twenty-first Century*, Londres, Paris, New York, Lavoisier et Intercept Ltd., 2003, p. 309-312.

WYSOCKI C. J., DORRIES K. M. et BEAUCHAMP G. K., « Ability to perceive androstenone can be acquired by ostensibly anosmic people », *Proceedings of the National Academy of Sciences USA*, 1989, 86, p. 7976-7978.

WANG H. W., WYSOCKI C. J. et GOLD G. H., « Induction of olfactory receptor sensitivity in mice », *Science*, 1993, 260, p. 998-1000.

WILLETT W. C., « Is dietary fat a major determinant of body fat ? », *American Journal of Clinical Nutrition*, 1998, 67 (suppl.), p. 556S-562S.

WILSON D. A. et STEVENSON R. J., « Olfactory perceptual learning : the critical role of memory in odor discrimination », *Neuroscience Biobehavioral Review*, 2003, 27, p. 307-328.

WISE R. A., « Neuroleptics and operant behavior : the anhedonia hypothesis », *Behavioral Brain Science*, 1982, 5, p. 39-89.

WU S. V., ROZENGURT N., YANG M., YOUNG S. H., SINNETT-SMITH J. et ROZENGURT E., « Expression of bitter taste receptors of the T2R family in the gastrointestinal tract and enteroendocrine STC-1 cells », *Proceedings of the National Academy of Sciences of the USA*, 2002, 99, p. 2392-2397.

YOSHIDA M., « Psychometric classification of odours », *Chemical Senses*, 1975, 1, p. 443-465.

ZHANG J. V., REN P. G., AVSIAN-KRETCHMER O. *et al.*, « Obestatin, a peptide encoded by the ghrelin gene, opposes ghrelin's effects on food intake », *Science*, 2005, 310, p. 996-999.

ZHANG Y., PROENCA R., MAFFEI M., BARONE M., LEOPOLD L. et FRIEDMAN J. M., « Positional cloning of the mouse obese gene and its human homologue », *Nature*, 1994, 372, p. 425-432.

ZHANG X. et FIRESTEIN S., « The olfactory receptor gene superfamily of the mouse », *Nature Neuroscience*, 2002, 5, p. 124-133.

ZWAARDEMAKER H., *L'Odorat*, Paris, Octave Doin, 1925.

# GLOSSAIRE

**Acides aminés :** Constituants des protéines et des peptides, au nombre de vingt. Certains ne sont pas synthétisés par l'organisme et doivent être apportés par l'alimentation. Ils sont alors dits essentiels.

**Acides gras :** Ils sont les constituants de la plupart des lipides. On les distingue selon la longueur de leur chaîne d'atomes de carbone (courte, moyenne ou longue) et selon le fait qu'ils sont saturés ou non (saturés, monoinsaturés, polyinsaturés). Certains acides gras polyinsaturés sont dits essentiels car ils ne sont pas synthétisés par l'organisme et doivent être apportés par l'alimentation (ex : l'acide linoléique).

**Activation :** Employé dans le contexte de l'imagerie cérébrale fonctionnelle, le terme fait référence à l'état d'activité d'une zone cérébrale qui est le siège d'une augmentation du flux sanguin cérébral local ; les neurones de la zone activée sont supposés plus actifs que dans les zones qui ne présentent pas d'activation.

**Adaptation sensorielle :** Processus par lequel les effets excitateurs d'un stimulus sont atténués ou entièrement supprimés lorsque l'organe sensoriel est soumis à l'action de ce stimulus de façon durable ou répétée. Le terme d'adaptation remplace désormais le terme plus ancien de *fatigue sensorielle*. L'adaptation prend place principalement au niveau des récepteurs. Toutefois, dans le système olfactif, il existe également une composante centrale de l'adaptation.

**Additivité :** Les sensations évoquées par les composantes d'un mélange odorant montrent de l'additivité quand ce mélange est perçu comme plus intense que lorsque les composantes sont senties isolément.

**Amygdale :** Ensemble de noyaux cérébraux situés dans la profondeur du lobe temporal du télencéphale. L'amygdale est traditionnellement rattachée, avec le septum et l'hippocampe, au *système limbique*.

**Anabolisme :** Aspect du métabolisme qui tend à préserver ou restaurer les réserves énergétiques de l'organisme, par exemple par la réduction des dépenses énergétiques et l'augmentation de la prise alimentaire. À l'opposé, le *catabolisme* correspond à un accroissement des dépenses et une diminution de l'entrée d'énergie. Adjectif : anabolique.

**Anosmie :** Absence d'odorat. L'anosmie peut être totale ou partielle. Elle est dite *sélective* lorsqu'elle porte seulement sur certaines catégories d'odorants, alors que la sensibilité est normale pour tous les autres.

**Aphagie :** Absence complète de prise de nourriture ; forme plus radicale que l'anorexie. Adjectif : aphagique.

**Aromatologie :** Art de composer des préparations aromatisantes. À distinguer de l'*aromacologie* (ou aromachologie) qui est une discipline regroupant les recherches sur les propriétés psychologiques et psychophysiologiques des odeurs et spécialement des fragrances, dans le but de procurer du bien-être, et l'*aromathérapie* qui désigne l'art de mettre à profit les vertus de produits odorants, le plus souvent extraits des plantes, dans une perspective curative.

**Astringence :** Propriété sensorielle de certains composés tels que les polyphénols présents dans le feuillage, la peau des fruits et l'écorce des arbres. Exemple, l'acide tannique.

**Axone :** Partie du neurone, parfois désignée comme fibre nerveuse, qui transmet à d'autres neurones ou à des cellules effectrices (musculaires, glandulaires) des influx nerveux ou potentiels d'action.

**Bulbe olfactif :** Premier relais de la voie olfactive. Les axones des neurones récepteurs y font synapse avec les neurones de deuxième ordre, les cellules mitrales. Les axones des cellules mitrales forment le *tractus olfactif latéral* qui rejoint le cortex olfactif.

**Calorie :** Unité de mesure de l'énergie. Dans le domaine du métabolisme, le terme de « calorie » est souvent employé à la place de celui de « kilocalorie » qui serait le terme physiquement exact. Un repas de 1 000 calories est en réalité un repas de 1 000 kilocalories.

**Canal ionique :** Voie de passage des ions à travers les membranes cellulaires. Un canal ionique est formé d'une ou plusieurs protéines. Les canaux sont souvent sélectifs vis-à-vis de la nature des ions. Les cellules gustatives comportent des canaux ioniques sensibles aux ions hydrogène (goût acide), d'autres aux ions sodium (goût salé).

**Catabolisme :** Voir Anabolisme. Adjectif : catabolique.

**Chromatographe :** Appareil d'analyse permettant aux chimistes de séparer les constituants d'un mélange chimique sur la base de leurs différentes propriétés physiques d'adsorption sur des supports.

**Cils olfactifs :** Fines expansions de la cellule olfactive. Les cils olfactifs, d'un diamètre de 1/10$^{e}$ de micron environ et d'une longueur de plusieurs dizaines de microns, naissent à l'extrémité renflée de la dendrite du neurone récepteur et forment une touffe. Ils contiennent les récepteurs moléculaires des odorants.

**Conditionnement :** Forme d'apprentissage. Le conditionnement « classique » (pavlovien) est réalisé par association d'un stimulus dit conditionnel et d'un stimulus inconditionnel. Avant le conditionnement, seul le stimulus inconditionnel est capable d'induire une réponse (inconditionnelle) de l'organisme. Le stimulus conditionnel devient efficace *à condition d'*être associé selon des modalités adéquates au stimulus inconditionnel. Dans une autre conception du conditionnement, le conditionnement opérant, l'accent est mis sur le « renforcement » associé à la production d'un acte de comportement. Le renforcement augmente la probabilité de réalisation de l'acte renforcé.

**Cortex cérébral :** Tissu nerveux formant l'enveloppe des hémisphères cérébraux. On distingue plusieurs variétés de cortex. Le *néocortex,* phylogénétiquement le plus récent, est le plus étendu chez les mammifères supérieurs, et aussi le mieux structuré en couches distinctes de neurones. Le *paléocortex* est d'origine plus ancienne et comporte moins de couches. Le *cortex piriforme* qui est une partie du cortex olfactif primaire est un paléocortex. En revanche, le cortex olfactif secondaire, dans la région frontale orbitaire du cerveau, appartient au néocortex.

**Dendrite :** Expansion de la cellule nerveuse qui en constitue le pôle récepteur. Les dendrites sont habituellement contactées par les axones d'autres neurones, au niveau de synapses. Le neurone récepteur olfactif porte une seule dendrite ; beaucoup d'autres neurones en portent plusieurs.

**Descripteur :** Terme qui permet de désigner un aspect de la qualité sensorielle (en particulier olfactive ou gustative) d'un produit. La recherche de bons descripteurs est une préoccupation importante des spécialistes de l'analyse sensorielle et de tous ceux qui cherchent à fournir une description des parfums, arômes et saveurs.

**Diabète :** Trouble du métabolisme du glucose ayant pour conséquence une hyperglycémie (niveau anormalement élevé de glucose dans le sang) et la présence de glucose dans les urines. On reconnaît deux types de diabètes : 1) le diabète de type I, résultant d'une production insuffisante d'insuline, corrigé par l'injection d'insuline, et 2) le diabète de type II caractérisé par la « résistance » des tissus à l'action de l'insuline. Cette dernière forme est souvent associée à l'obésité.

**Dominance hémisphérique :** Rôle prépondérant de l'un des hémisphères cérébraux dans une fonction mentale ou comportementale. Par exemple, l'hémisphère gauche est dominant pour ce qui est du langage chez la plupart des sujets. La fonction pour laquelle un hémisphère est dominant est dite *latéralisée*.

**Édulcorant :** Produit peu calorique conférant aux aliments une saveur sucrée, sans être un sucre au sens chimique.

**Enzyme :** Molécule (protéine) qui, en interagissant avec un substrat, oriente et facilite (catalyse) une réaction organique. La synthèse d'enzymes est une fonction très importante des gènes.

**Espace de tête :** Terme désignant le volume de gaz situé dans un récipient clos au-dessus d'un liquide ou d'un solide qui libère ses molécules volatiles dans cet espace. Le contenu de l'espace de tête est analysé en prélevant un échantillon de ce contenu et en l'injectant dans un chromatographe. En anglais : *headspace.* Par analogie, le *nose space* et le *mouth space* correspondent respectivement aux cavités nasale et buccale dont on prélève le contenu gazeux à des fins d'analyse chromatographique.

**Fibres alimentaires :** Composantes de certains fruits, légumes et céréales complètes, de peu de valeur énergétique, non digérées par l'intestin grêle et qui favorisent le transit intestinal.

**Flaveur :** Terme synonyme de « goût » au sens le plus courant. Correspond donc aux sensations évoquées par les sens chimiques, le sens olfactif, le sens gustatif et la sensibilité du nerf trijumeau.

**Fragrance :** Odeur agréable d'origine naturelle ou synthétique. Le terme a un sens plus général que celui de parfum.

**Génome :** Ensemble des gènes d'un organisme.

**Glomérules (olfactifs) :** Structures de forme sphérique, histologiquement bien individualisables, qui rassemblent les synapses entre les terminaisons des axones récepteurs et les extrémités des dendrites des neurones-relais. Cette forme originale d'organisation des contacts synaptiques est caractéristique du système olfactif des vertébrés et des insectes.

**Hyperphagie :** Consommation alimentaire supérieure à la norme.

**Hypothalamus :** Région du diencéphale comprenant plusieurs noyaux (comme le noyau ventromédian) et une partie latérale traversée par le *faisceau médian du télencéphale*. L'hypothalamus, largement connecté aux composantes du *système limbique* et au système olfactif, intervient dans la vie végétative et dans de nombreux comportements (prise alimentaire, activité sexuelle). Il a également, en liaison avec l'hypophyse voisine, un rôle essentiel dans le contrôle de l'activité hormonale.

**Imagerie cérébrale :** Ensemble de méthodes permettant d'accéder, de façon non invasive, à l'anatomie du cerveau humain (imagerie anatomique) ou à la représentation spatiale de son activité (imagerie fonctionnelle). Les appareils de résonance magnétique nucléaire (RMN) fournissent d'excellentes images de coupes virtuelles du cerveau. Parmi les méthodes les plus usuelles qui donnent accès à l'activité fonctionnelle, on distingue : la *tomographie d'émission de positons* (TEP), *l'imagerie de résonance magnétique nucléaire fonctionnelle* (RMNf), et la *magnéto-encéphalographie* (MEG). Les signaux électriques de l'*électroencéphalogramme* peuvent également être traités pour fournir des cartes de l'activité du cortex cérébral. Ne pas confondre imagerie cérébrale et imagerie mentale.

**Imagerie mentale :** Désigne les états mentaux au cours desquels des représentations largement fondées sur des souvenirs surgissent à la conscience sous une forme qui présente des analogies avec les représentations de la perception. Les images mentales du domaine visuel sont de loin les plus familières mais elles ne sont pas restreintes à ce domaine. Il existe une imagerie mentale olfactive, sans doute inégalement développée selon les sujets.

**Interneurone :** Neurone, souvent de petite taille, qui sert d'intermédiaire entre les neurones principaux d'une structure nerveuse. Les ramifications d'un interneurone restent confinées à la structure qui contient son corps cellulaire.

**Intéroceptif :** Se rapporte à la sensibilité d'origine interne, viscérale, par opposition à la sensibilité *extéroceptive* relative au monde extérieur (vue, ouïe, tact) et à la sensibilité *proprioceptive* relative aux muscles et aux organes de l'équilibre.

**Ligand :** Molécule qui a la propriété de se lier à un récepteur et de l'activer. La nicotine est un des ligands du récepteur de l'acétylcholine.

**Macronutriments – micronutriments :** Les *nutriments* sont répartis en macronutriments et micronutriments. Les premiers forment la majeure partie de la masse des substances alimentaires ingérées (glucides, lipides, protéines) tandis que les seconds (vitamines, minéraux, oligoéléments) n'en constituent, en poids, qu'une partie minime, sans valeur énergétique, mais ils sont vitaux pour l'organisme.

**Macrosmate – microsmate :** Les deux termes correspondent à une catégorisation sommaire des animaux fondée sur leur acuité olfactive. Les macrosmates ont un appareil olfactif bien développé et une grande sensibilité olfactive ; les microsmates ont un appareil olfactif plus restreint et des performances plus réduites.

**Mémoire de travail :** Forme de mémoire à court terme qui regroupe les éléments de souvenirs nécessaires à l'action consciente immédiate.

**Métabolisme :** Ensemble des transformations chimiques et physiques qui s'accomplissent dans un organisme vivant.

**Microvillosités :** Fines expansions, plus courtes que les cils olfactifs, qui ornent certaines cellules épithéliales et notamment les cellules gustatives des bourgeons du goût.

**Nerfs trijumeaux :** Cinquième paire de nerfs crâniens innervant la face. Le nerf trijumeau a des fonctions sensorielles multiples (toucher, douleur, sensibilité thermique) parmi lesquelles une sensibilité chimique aux molécules qualifiées d'irritantes qui atteignent des récepteurs situés dans ses ramifications au sein du nez, de la bouche et à la surface de l'œil.

**Neuropeptide :** Peptide (chaîne d'acides aminés) produit par le tissu nerveux. Les peptides ont des fonctions de communication cellulaire (neurotransmetteurs, hormones).

**Neurotransmetteur :** Élément clé du fonctionnement de la synapse. Molécule libérée par un neurone au niveau d'une synapse et assurant la transmission d'un signal électrique du neurone présynaptique au neurone postsynaptique.

**Noyau :** Le terme est employé en deux sens différents : 1) le sens d'organite cellulaire contenant principalement le matériel génétique. La cellule possède un noyau ; 2) le sens de regroupement anatomique, assez bien individualisé, de neurones. On oppose souvent le cortex, tissu nerveux bien organisé en couches cellulaires, et les noyaux dont l'organisation est en général moins repérable.

**Opiacés endogènes :** Le cerveau synthétise et libère des molécules apparentées aux substances opiacées. Ces opiacés endogènes, c'est-à-dire d'origine interne, sont des molécules de communication qui agissent sur des récepteurs neuronaux. Les opiacés exogènes exercent leurs effets en se servant des récepteurs des opiacés endogènes.

**Palatable :** Se dit d'un aliment dont la consommation est désirable par le sujet qui est stimulé par cet aliment. La *palatabilité* d'un aliment repose sur ses qualités sensorielles et leur valeur hédonique positive. La palatabilité est modulée par l'état interne de faim ou de satiété.

**Phéromone :** Signal chimique de communication animale. Les phéromones émises par un organisme influencent le comportement d'autres organismes et/ou leur physiologie.

**Polymorphisme :** En génétique, désigne le fait qu'une région étroitement définie d'un chromosome, ou même un seul gène, détermine plusieurs traits phénotypiques, plusieurs manifestations comportementales ou physiologiques dans une population donnée d'individus.

**Potentiel d'action (PA) :** Événement électrique bref (de l'ordre de la milliseconde) correspondant à la dépolarisation, rapidement réversible, de la membrane d'une cellule électriquement excitable. Propagés sans diminution d'amplitude le long des axones des neurones, les PA forment le support de l'information nerveuse transitant par ces neurones. La fréquence à laquelle ils sont émis traduit le degré d'excitation des neurones. Dans un neurone sensoriel comme la cellule olfactive, l'intensité du stimulus (concentration de l'odorant) est *codée* par la fréquence des potentiels d'action.

**Potentiel évoqué (PE) :** Variation transitoire et locale du champ de potentiel électrique cérébral consécutive à une stimulation sensorielle ou à la stimulation électrique d'une voie nerveuse. Les PE ont plusieurs composantes, positives et négatives ; leur cours temporel dépend du système sensoriel stimulé et de la région cérébrale où ils sont enregistrés. Les PE étant de faible voltage, il est souvent nécessaire de répéter de nombreuses fois les stimulations et de sommer les réponses recueillies pour les distinguer des ondes lentes spontanées.

**Pseudogène :** Séquence d'ADN dans laquelle on peut reconnaître un gène de nature définie (par exemple un gène de récepteur olfactif), mais qui n'est pas fonctionnelle : une mutation a rendu le gène impropre à contrôler la synthèse d'une protéine.

**Psychophysique :** Discipline qui se préoccupe d'établir des relations quantifiées entre les propriétés physiques des stimuli et les caractéristiques (seuil, intensité...) des sensations correspondantes.

**Sapide :** Qualité d'une substance qui stimule le système gustatif.

**Second messager :** Ou messager intracellulaire. Molécule qui intervient dans les étapes de la transduction en prenant le relais du stimulus initial ou premier messager. L'AMP cyclique est un second messager dans la transduction olfactive.

**Seuil :** Niveau d'intensité physique d'un stimulus (par ex. la concentration d'un odorant) à partir duquel ce stimulus peut être perçu par un sujet. En dessous du seuil, la stimulation est dite *infra-liminaire* ; au-dessus du seuil, elle est dite *supra-liminaire.* En olfaction, on a coutume de distinguer le seuil de détection, lorsque la présence du stimulus peut tout juste être décelée, du seuil de reconnaissance, un peu plus élevé, lorsque le stimulus peut être reconnu. Les seuils varient selon les sujets et selon la nature du stimulus.

**Stimulus conditionnel, inconditionnel :** Voir Conditionnement.

**Transduction :** Ensemble des processus par lesquels les cellules sensorielles convertissent les signaux physiques ou chimiques qui les atteignent en variations de potentiel électrique. La transduction fait suite à la *réception* du stimulus et précède la *transmission* du message sensoriel.

**Voie rétronasale :** Parcours des molécules émises par les aliments dans la cavité orale, qui remontent dans la cavité nasale en suivant un trajet de sens opposé à celui suivi par l'air inhalé lors du flairage et de l'inspiration.

# REMERCIEMENTS

Le projet de ce livre est né au Centre européen des sciences du goût (CESG), à Dijon. Il a été nourri des réflexions qu'il m'a fallu conduire, avec mes collègues, il y aura bientôt six ans, pour actualiser le programme de recherche de ce centre. J'avais alors pour point d'appui mes souvenirs de l'enseignement de Jacques Le Magnen dont j'avais eu la chance de bénéficier au début de ma carrière. J'avais aussi une longue expérience des travaux sur l'odorat acquise au cours des années passées avec mes amis et collaborateurs de Lyon. Je remercie tous ceux qui m'ont aidé à comprendre un peu comment fonctionnent les sens chimiques et à démêler leurs relations avec la physiologie de la motivation de la faim, le plaisir et le comportement de prise d'aliments. Ils ne sont pas, bien entendu, responsables de ce que je n'ai pas compris.

Mes remerciements s'adressent tout particulièrement à Benoist Schaal, directeur du CESG, pour sa lecture du manuscrit, ses conseils, ses encouragements et pour une amicale et déjà ancienne complicité.

Max de Ceccaty, qui ne s'exprime pas à demi-mots, a su trouver des formules chaleureuses pour m'encourager dans mon entreprise et m'a fait de très utiles suggestions. Merci.

# TABLE

Chapitre I – INTRODUCTION : LE GOÛT, À QUOI ÇA SERT ? ................ 9
*La menace* ........................................................................ 9
*En guise de menu* .............................................................. 11
*Une idée troublante* ........................................................... 12

Chapitre II – LES ALIMENTS ET LEURS FLAVEURS ............................ 17
*Les sciences du goût* .......................................................... 17
*Le goût, qu'est-ce que c'est ?* ............................................... 18
*À la recherche des arômes :*
*le mariage du nez et du chromatographe* ................................. 21
*Complexité chimique et richesse sensorielle* ............................ 24
*De la libération des arômes piégés* ....................................... 27
*Ne pas sous-estimer l'emballage* ........................................... 29
*Donner du goût à ce qui n'en a pas* ....................................... 30
*Introspection sensorielle à usage industriel* ............................ 32

Chapitre III – LA NAISSANCE DES ARÔMES ....................................... 37
*Un avant-goût* .................................................................... 37
*Points de vue sur les arômes* ............................................... 38
*Complexité moléculaire et complexité sensorielle* ..................... 43
*Peut-on classer les odeurs ?* ................................................ 44

*Ce qu'il faut expliquer* ........ 47
*Un nombre impressionnant de récepteurs olfactifs* ........ 49
*La construction de l'« image olfactive »* ........ 53
*Une interprétation* ........ 56

Chapitre IV – L'HÉRITAGE OLFACTIF DE L'HOMME ........ 59
*Les gènes olfactifs humains : les vrais et les pseudos* ........ 60
*Mieux voir les couleurs mais sentir un peu moins ?* ........ 62
*Tous les gens n'ont pas le même nez* ........ 65

Chapitre V – LA RÉCEPTION DES SAVEURS ........ 69
*Ultime contrôle avant l'entrée* ........ 69
*Les modalités de la saveur* ........ 70
*Le continu ou le discontinu dans le monde des saveurs* ........ 72
*Papilles, bourgeons et cellules* ........ 73
*Lignes dédiées ou codage combinatoire* ........ 75
*Les récepteurs des saveurs* ........ 79
*Conclusion provisoire* ........ 88

Chapitre VI – UNE SENSIBILITÉ MOINS CONNUE ........ 91
*Tous les sens mobilisés* ........ 91
*Le nerf à trois branches* ........ 93
*Ça vous chatouille ou ça vous gratouille ?* ........ 93
*Comment le menthol se déguise en glaçon et la capsaïcine en charbon ardent* ........ 97
*Un nerf qui ne fait rien comme les autres* ........ 98
*Des influences réciproques : quand les dents aiguisent le goût* ...... 100
*Des plaisirs que l'on n'attendait pas* ........ 102

Chapitre VII – AUX SOURCES DU PLAISIR À MANGER ........ 105
*Une expérience familière et mystérieuse* ........ 105
*Une impulsion à agir* ........ 106
*Méli-mélo de questions préliminaires* ........ 108
*La rencontre du plaisir et du besoin* ........ 110
*Récompense et renforcement* ........ 113
*Des animaux qui consomment de l'électricité* ........ 115
*Où l'on reparle de l'impulsion à agir* ........ 117

*Les drogues :*
*du plaisir à la pernicieuse habitude* ........ 118

Chapitre VIII – LA FAIM ET LA SATIÉTÉ ........ 121
*Le ballet des calories* ........ 122
*Les voix de la faim et de la satiété* ........ 125
*Des molécules qui signalent l'adiposité* ........ 127
*Les signaux de la satiété* ........ 131
*L'hypothalamus* ........ 133
*Un peu d'histoire* ........ 135
*L'explication moléculaire* ........ 136
*Le court et le long terme des régulations* ........ 137

Chapitre IX – LES CARTES CÉRÉBRALES DES ODEURS, DES SAVEURS ET DU PLAISIR À MANGER ........ 141
*Voir dans le cerveau* ........ 141
*Le cerveau qui sent* ........ 143
*Le cerveau qui goûte* ........ 150
*La synergie du sentir et du goûter* ........ 153
*Les cartes de la faim et de la satiété* ........ 155
*En mangeant du chocolat* ........ 156
*Le goût et le dégoût* ........ 158

Chapitre X – AIMER, DÉSIRER, CHOISIR ........ 163
*Le rôle essentiel des mémoires* ........ 164
*Proscrire l'homoncule* ........ 167
*L'enseignement des stimulations artificielles* ........ 170
*Le rôle intrigant de la dopamine* ........ 172
*Des notions moins claires qu'on le souhaiterait* ........ 175

Chapitre XI – PRÉFÉRENCES ET AVERSIONS ........ 179
*Introduction : choisir* ........ 179
*De la difficulté d'être omnivore* ........ 180
*La délicieuse synergie du sucre et des graisses* ........ 182
*Tendances générales et choix individuels* ........ 183
*Une transition entre l'inné et l'acquis :*
*le lapereau et la phéromone mammaire* ........ 184
*Il faut remonter avant la naissance...* ........ 185

*La sensibilité de l'enfant et l'évolution de ses préférences* ............. 188
*Quand les carences orientent les préférences* ............. 192
*Des apprentissages appétitifs* ............. 194
*Comment ne pas s'empoisonner* ............. 197

Chapitre XII – QU'EST-CE QUI NE VA PAS ? ............. 203
*Où est le problème ?* ............. 203
*Comment se nourrissent nos cousins ?* ............. 206
*Où l'on reparle des gènes* ............. 209
*La transition nutritionnelle* ............. 212
*Trop de sucres ou trop de graisses au menu ?* ............. 213
*L'obésité des pauvres ou de la difficulté économique à se bien nourrir* ............. 217

Conclusion ............. 221

Bibliographie ............. 229

Glossaire ............. 239

Remerciements ............. 249

DU MÊME AUTEUR
CHEZ ODILE JACOB

*Éloge de l'odorat*, 1999.

Ouvrage proposé par Bénédicte de Boysson Bardies

CET OUVRAGE A ÉTÉ TRANSCODÉ
ET MIS EN PAGES CHEZ NORD COMPO (VILLENEUVE-D'ASCQ)
ET ACHEVÉ D'IMPRIMER SUR ROTO-PAGE
PAR L'IMPRIMERIE FLOCH À MAYENNE
EN FÉVRIER 2006

N° d'impression : 64955
N° d'édition : 7381-1696-X
Dépôt légal : février 2006
*Imprimé en France*